KB048081

# LAND MONEY POWER

# 땅, 돈, 힘

# LAND MONEY POWER

## 땅, 돈, 힘

정치경제와 지정학으로 배우는 금융투자 이야기

신환종 지음

포레스트북스

들어가며

# 땅이 돈을 움직이는 시대

코로나19라는 전대미문의 전염병과의 싸움이 서서히 걷혀가고 있는 2022년, 우리는 러시아의 우크라이나 침공이라는 또 다른 충격을 지켜보았습니다. 전염병이라는 공공의 적과 싸우느라 드러나지 못했던 인간들끼리의 갈등이 이제 전쟁이라는 형태로 진행되는 것일까요?

이 책은 코로나19 사태를 전후하여 변화하고 있는 국가 간의 갈등, 국내외 정치적 혼란 등을 정치철학, 지정학과 국제정치학, 정치경제적 시각에서 본격적으로 다루고자 합니다. 지난 수십 년간 우리는 1998년 외환위기, 2008년 글로벌 금융위기, 2020년 코로나19 사태 등 많은 위기를 겪어왔습니다. 그런 뒤 집중된 사후 관리를 통해 "이미 알고 있는 위기는 진정한 위기가 아니다"라는 사실을 알게 되었습니다. 더불어 "위기는 진화한다"는 것과 "대응도 함께 진화한다"는 깨달음도 얻게 되었습니다, 실제 지난 수십 년간 금융시장이 예측해온 많은 위기는 경제적인 현상이었습니다. 그렇다면 다음 위기도 계속 경제적인 문제에서 발생하게 될까요?

이 책의 1장에서는 2020년대 겪게 될 위기에 대한 고민이 중심을 이루고 있습니다. 그중에서도 코로나19와 같은 전염병, 자연재해, 사이버 안보 등과 함께, 지정학적 리스크와 정치사회적 혼란이 과거와는 다른 강도로 부각될 수 있다고 봅니다.

금융시장을 예측하는 일이 경제 분석만으로 충분한 설명이 되지 않을 때 어떻게 해야 할까요? 특히 지난 20년 동안 글로벌 경제와 금융 자산의 사이클은 경제 지표로 설명하기에는 너무나 변화무쌍했습니다. 기업 실적 등 숫자로 투자 의견을 제시하는 애널리스트들은 불확실한 정치적 이슈를 알 수 없는 영역으로 여기거나 때로는 음모설로 치부하기도 합니다. 이런 이슈가 부상한다면 경제라는 프리즘을 통한 분석은 한계를 가질 수밖에 없습니다.

역사상 유례없는 안정기가 계속되어왔던 지난 30년은 경제라는 그물로 대부분 설명이 가능했습니다. 1990년 소비에트가 붕괴하면서 신자유주의를 기치로 세계화가 펼쳐졌고 큰 전쟁과 폭력적인 이벤트 없이 평화롭게 경제적인 관점에서 시장 분석이 가능했던 시기를 살았던 것입니다. 이런 상황에서 지정학적, 정치사회적 리스크는 시장 경제에 큰 영향을 끼치지 않았습니다. 그러나 수 년 전부터 심화되고 있는 미국과 중국의 갈등, 러시아의 우크라이나 침공과 서방세계의 초강력 제재 등을 보면서 경제라는 한쪽 렌즈만으로는 분석이 한계를 지닐 수밖에 없다는 결론에 이르렀습니다. 해외 투자를 할 때, 특히 신흥국 투자에서 항상 뒷북을 치고 실패했던 원인을 돌아볼 때 투자의 타이밍을 결정짓는 순간이 '경제지표'가 아닌 '정치적 변화'에서 시작되는 경우가 많았던 것도 중요한 경험이었습니다. 중국 금융시장이 개방될 때 금융기관들이 서로 먼저 깃발을 꽂아야 한다며 대규모 자금을 유입했다가 손실을 보았던 경험도 같은 맥락입니다.

달라진 현실을 설명하고 전망하기 위해서는 정치철학, 국제정치, 정치경제 등 추가로 다양한 분석의 그물들을 사용해야 합니다. 만일 공부할 시간이 더 있다면, 인문학(사회, 문학, 철학)이란 그물도 사용해볼 만하다고 생각합니다. 정치학, 사회학, 국제정치, 지역학 등 이미 다양한 학문의 영역에서는 충분한 이론적인 논의들이 진행되고 있습니다.

이 책에서 사용하고 있는 그물(접근 방법론)은 크게 세 가지입니다. 첫 번째는 지정학과 국제정치학으로 2장에서 집중적으로 설명해놓았습니다. 2차 세계대전 때 히틀러가 지정학을 이용하여 독일의 침략 행위를 정당화하면서, 이후 국제정치학에서 지정학이라는 용어는 수십 년간 금기어가 되었습니다. 국가 간 갈등의 근원이 무엇인가를 연구해온 가장 오래된 학문이 국제정치학입니다. 이 책에서는 다양한 지정학 이론과 국제정치학적 접근을 어렵지 않게 습득할 수 있습니다.

두 번째는 정치철학으로, 갈등의 배경이 되는 생각의 차이를 연구하는 것입니다. 경제적인 동기, 개인의 인성, 팽창주의적 야욕 등으로 설명할 수 없는 사람들의 정체성Identity에 대한 연구로 3장의 주제입니다. 러시아와 중국, 그리고 이슬람 국가들이 인권을 중심으로 하는 서방의 가치관에 동의하지 않으면서 그들은 다르다고 얘기하는 근거는 무엇인지를 보편성과 특수성의 관점에서 분석해 보았습니다. '비교정치철학'적인 접근이라고 생각하시면 됩니다.

세 번째는 정치경제학으로 4장의 주제입니다. 굳이 학문으로 분류하자면, '비교정치경제학'이라고 할 수 있습니다. 국가별로 정치경제적인 상황을 비교해 왜 어떤 국가들은 성공하고 다른 국가들은 실패하는지를 연구하는 것입니다. 실제 지난 15년 동안 각 국가들을 분석하고 실사를 진행하면서 현지에서 많은 전문가를 만났습니다. 그분들은 당연히 현지에 대해 더 많은 정보를 가진 분들이었지만 한편으로는 현지 국가에 대한 편향이 컸고 현지 국가의 명암에 의해 이해가 걸려 있는 경우가 많았습니다.

좀 더 객관적인 판단을 하기 위해서는 오히려 여러 국가를 돌아

다니면서 비교하는 것이 적절하다고 생각합니다. 이 책에서 제시하는 방법론도 그러한 경험을 바탕으로 쓰였습니다. 해당 국가의 역사와 문화를 통해 깊이 있는 감정 이입을 할 수 있다면, 특히 선거와 같은 주요한 변곡점에서 현지인들이 어떤 판단을 할 것인지를 유추하는 데 도움이 됩니다. 또한 글로벌 흐름과 동일한 이슈에 대해서 A 나라는 이렇게 반응하고, B 나라는 다르게 반응하는 이유를 비교 분석하는 것도 중요합니다.

이 세 가지 방법론을 바탕으로 5장에서는 글로벌 투자자들이 어떤 방식으로 투자 대상 국가를 분석하는지를 소개합니다. 주요 경제와 금융 지표를 통해, 애널리스트들이 실질적으로 많이 참고하는 지표가 어떤 것인지 알 수 있게 했습니다. 그리고 오래전부터 해외 투자를 나섰던 글로벌 투자자들이 국가를 비교 분석할 때 사용하는 다양한 지표와 그 의미를 풀어보았습니다. 그리고 6장에서는 이러한 시각에서 ESG(환경, 사회, 거버넌스) 분석을 국가 차원으로 확대하고 있는 흐름을 엿볼 수 있습니다. 기업의 ESG와 국가의 ESG는 매우 다르고 특히 신흥국 투자에 있어서 국가 ESG는 앞으로 더욱 중요해질 것입니다.

7장과 8장에서는 미국과 중국의 갈등, 그리고 러시아의 우크라이나 침공을 정치철학, 지정학과 국제정치, 정치경제적 시각에서 분석했습니다. 중국의 권위주의 정치철학과 러시아의 신유라시아주의는 내용은 조금 다르지만 유사한 측면을 많이 갖고 있습니다. 우크라이나 침공 이후 어떤 국가가 러시아 제재에 동참하느냐에 따라 세계 경제에 미칠 충격이 달라질 수 있습니다. 이러한 논의를 바탕으로 9장에서는 우크라이나 전쟁이 글로벌 경제에 미칠 영향을 분석하고, 향후 국제 정치구도의 변화를 전망해보았습니다. 이에 따라 다섯 가지의 시나리오를 제시하고 그 가능성도 평가해보았습니다.

이 책에서는 지정학과 국제정치학, 정치철학, 정치경제라는 세 가지 렌즈를 사용했습니다만, 더 깊이 있는 이해를 위해서는 인문학적인 인사이트가 필요합니다. 이를 위해서는 꾸준히 관련 서적을 읽고 경험을 늘리는 것이 중요합니다. 책 마지막 부분에 더 공부하고 싶은 분들을 위해 지침이 될 만한 책들을 소개해두었으니 참고하시길 바랍니다. 이 책이 독자 여러분들의 올바른 투자 전략을 세우는 데 도움이 되시길 기원합니다.

CONTENTS

## 3장 생각의 차이, 비교정치철학의 접근



## 4장 경제정책의 변화, 비교정치경제적 접근

## 5장 투자 대상 국가를 어떻게 분석할까?



## 6장 국가 ESG, 향후 전쟁터가 될 것



## 7장 미중 갈등이란 거대한 지정학적 충격

## 8장 미국 패권에 도전하는 러시아의 유라시아주의



## 9장 2020년대 정치경제, 지정학으로 본 금융 투자

# 1장

L A N D M O N

# 경제로
# 설명할 수 없는 문제들,
# 이벤트 리스크와
# 진화하는 위기

Y P O W E R

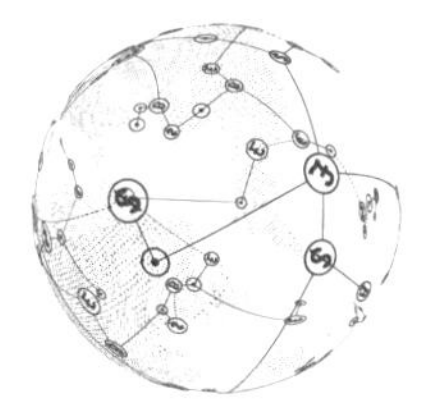

## 코로나19 이후 경제 회복, 복병은?

다양한 방식으로 반복되는 금융 위기는 우리에게 매번 많은 가르침을 주고 있습니다. 1998년 신흥국 외환위기, 2008년 서브프라임발 글로벌 금융위기, 2020년 코로나19 팬데믹은 지금까지 경험하지 못했던 위기 상황을 만들었고 그에 맞춰 정부의 대응도 새롭게 변화하는 것을 확인했습니다. 시간이 지나고 나서 당시의 상황을 잘 설명한 책을 통해 뒤돌아본다면 원인과 결과가 명확해 보이지만, 위기 발생 상황을 복기한다면 같은 상황이 반복된다 해도 대응하기 쉽지 않다는 것을 알 수 있습니다. "시장이 이미 알고 있는 위기는 위기가 아니다"라는 말은 "위기는 진화한다"는 말과 같습니다.

2020년 코로나 사태로 급락했던 글로벌 경제는 2021년 백신 접종과 함께 빠르게 회복되었으며 2022년 이후에도 그 추세를 이어갈 것으로 보입니다. 이에 대해서는 여러 전문가 사이에도 별다른 이견이 없는 듯 합니다. 그런데 갑자기 러시아의 우크라이나 침공으로 예상치 못한 지정학적 리스크가 경제지표를 변화시키고 있습니다. 글로벌 경제는 코로나 사태 직전 수준의 경제 성장을 이루어내며 안정세에 접어들 수 있을까요? 코로나 사태와 우크라이나 전쟁 이후 세계 경제를 정확히 예측하기 위해서는 어떤 지표를 살펴봐야 할까요? 또다시 코로나와 맞먹을 정도의 위력을 지닌 위기가 다가오지 않을까요?

이 책에서는 기존의 경제적인 접근이 아닌 좀 더 다차원적인 관점에서 2020년대 경제 성장과 금융투자에 대해서 분석해보고자 합니다.

여러 이벤트 리스크Event risk, 그중에서도 국내외 정치적인 사건들, 생각의 차이, 지정학적 충돌에 대한 분석을 통해 새로운 그물망을 파악하고 이를 통해 미래 글로벌 경제 생태계를 전망해보겠습니다.

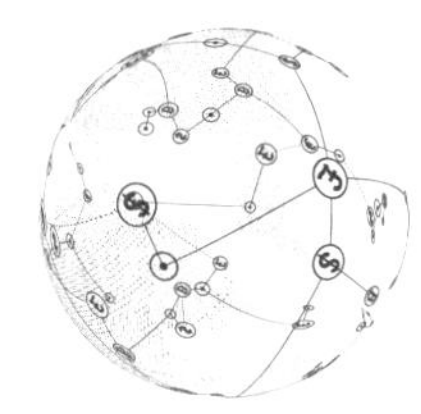

## 5가지 이벤트 리스크

코로나 팬데믹 이후 기후 변화, 지정학적 리스크, 정치사회 충격 등 또 다른 이벤트 리스크 발생에 대한 우려가 어느 때보다 높아지고 있습니다. 따라서 금융 자산에 투자할 때 이 점을 반드시 고려하는 것이 좋습니다.

다음 표는 정치 경제, 환경 등 여러 이벤트 리스크의 발생 가능성과 충격의 강도를 예측한 그림입니다. 이벤트 리스크에는 가뭄, 홍수와 같은 자연재해는 물론 코로나19와 같은 사회적 위협, 자산버블, 금융위기 등 경제적 요인도 포함되어 있습니다. 그림에서 확인할 수 있듯이 그중에서도 기후 대응 실패에 대한 충격 정도가 가장 높음을 알 수 있습니다.

| 다양한 이벤트 리스크의 발생 가능성과 충격 정도 |

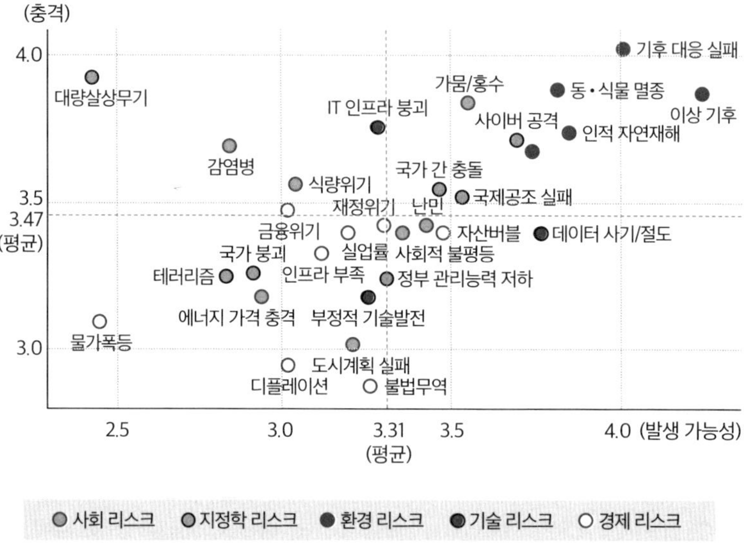


◈ 출처 : World Economic Forum

## 1) 환경 및 기후 변화 리스크: 인도와 중국 하늘이 맑아져도 지구 온도는 더욱 높아져

첫 번째 예상되는 이벤트 리스크는 기후 변화와 환경 문제입니다. 최근 기후 변화로 인한 사회적 비용이 높아지고 있으며 자연재해로 인한 피해는 경제 및 사회 전반적으로 큰 영향을 미치고 있습니다. 환경 및 기후 변화 리스크를 줄이기 위해서 각국의 에너지 산업이 저탄소 중심으로 이행을 모색 중에 있습니다. 환경 및 기후 변화 문제가 이벤트 리스크의 최전선에 등장하면서 최근

**| 이벤트 리스트 사이의 연결망 |**

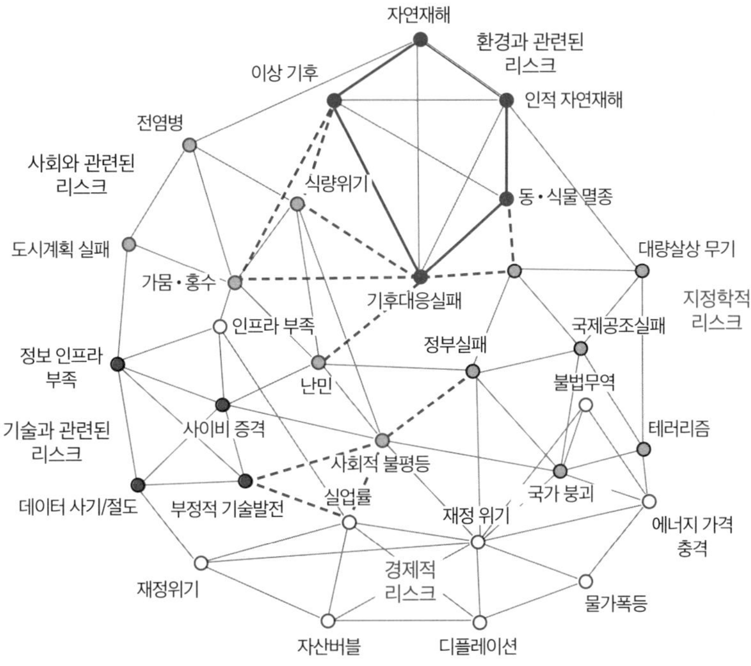


◈ 출처 : World Economic Forum

ESG Environment, Social, Governance 투자에 대한 관심이 높아지는 것도 같은 맥락이라 할 수 있습니다.

2000년대 들어 10억 달러 이상의 경제적 피해를 입힌 이벤트 리스크가 급증하고 있습니다. 최근 미국에서 홍수, 심한 폭풍우로 인한 피해가 압도적으로 크게 늘고 있음이 확인되었고 규모 면에서도 최근 5년간 연평균 1,000억 달러 수준에서 최근 3년간 연평균

**| 환경 및 기후 변화 리스크 상호관계도 |**

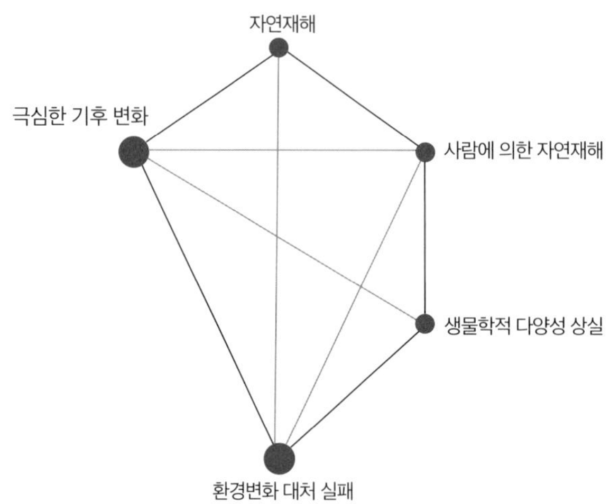


◈ 출처 : World Economic Forum

1,500억 달러 이상으로 급증하였습니다.

이런 피해는 미국에만 국한된 이야기가 아닙니다. 전 세계 다양한 지역에서 지구 온난화로 인한 여러 재해가 발생하고 있습니다. 호주에서 발생한 대형 산불은 최소 440억 호주달러(약 35조 2천억 원) 이상의 경제적 피해를 발생시켰으며, 코로나19 사태가 확산되는 가운데 발생한 캘리포니아의 화재는 대한민국의 25%에 달하는 면적을 전소시켜버렸습니다. 아프리카와 중동에서는 메뚜기떼가 농작물을 습격하면서 농산물 가격이 급등했고, 중국에선 대규모 홍수로 산샤댐이 붕괴 위기를 겪기도 했습니다.

**| 환경 문제 해결을 위한 저탄소 발전 비중 추이 |**

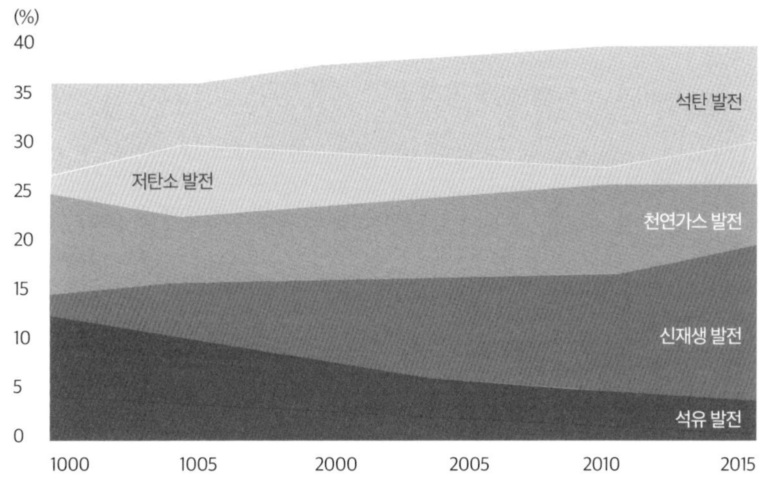


◈ 출처 : World Economic Forum

이런 기존에 보지 못한 사건들이 기후 변화에 의해 발생하면서, 지구온난화를 저지하기 위한 전 지구적 노력에 관심이 모아지고 있습니다.

세계경제포럼WEF에서는 앞으로 기후 변화에 따른 대응이 없을 경우 자연재해 관련 비용이 1조 달러로 급증할 것으로 전망하고 있습니다. 국제결제은행BIS은 이런 기후 변화의 충격으로 인해 전 세계가 엄청난 충격을 받게 되는 것을 '그린 스완Green Swan'으로 명명했습니다.

BIS는 그린 스완이 블랙 스완Black Swan(도저히 일어나지 않을 것 같은 일이 실제로 일어나는 현상을 이르는 말)과 세 가지가 다르다고 주장합니다. 첫째는, 기후 변화 충격은 매우 불확실하지만 한 가지 확실한 것은 미래 어느 시점에 물리적 리스크와 전환 리스크가 어떤 방식으로든 복합된 형태로 실현될 것이라는 점입니다. 둘째, 기후 변화로 인한 재앙은 대부분의 시스템적 금융위기보다 훨씬 끔찍할 것이며 인류에게 실존적 위협existential threat을 안겨줄 것이라는 점이죠. 마지막으로 기후 변화 위기는 블랙 스완과는 비교가 되지 않을 정도의 복잡한 연쇄작용과 캐스케이드cascade(폭포수) 효과를 일으켜 전혀 예측할 수 없는 환경적·지정학적·사회적·경제적 피해를 불러올 것이라는 점입니다.

**| 환경 및 기후 변화 리스크의 현실화 가능성과 충격 정도 |**

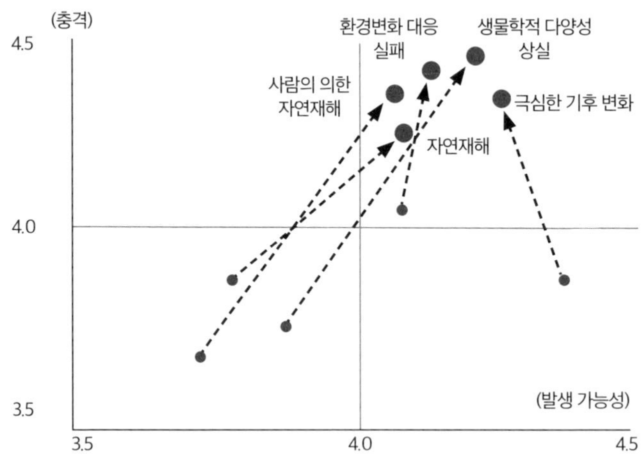


◈ 출처 : World Economic Forum

| 미국에서 10억 달러 이상 피해를 끼친 이벤트 건수 |

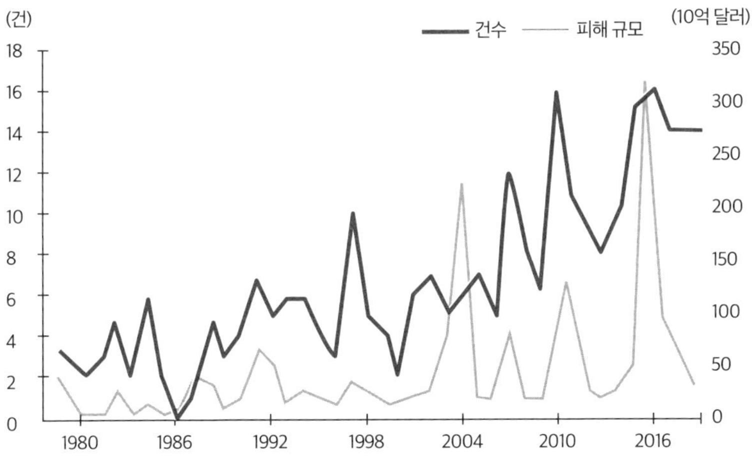


◈ 출처 : World Economic Forum

## 2) 지정학적 리스크: 보다 현실적인 이슈

발생 가능성이 높은 두 번째 이벤트 리스크는 지정학적 리스크입니다. 이는 보다 현실적인 이슈인데요. 지정학적 리스크의 핵심 문제는 글로벌 거버넌스Governance(지배구조)입니다. 국가 통치체제의 혼란으로 글로벌 문제에 대한 공조 시스템이 파괴되는 것이죠.

국가 간 공조 시스템의 파괴는 글로벌 차원의 다른 중요 리스크(환경, 경제, 기술, 사회)를 적기에 대처하지 못하도록 만들었습니다. 지정학적 리스크의 구성 요인 중 산발적인 테러의 가능성은 낮아졌다고 평가되고 있으나 주요 지정학적 리스크인 국가들의 갈등이

**| 지정학적 리스크의 상호관계도 |**

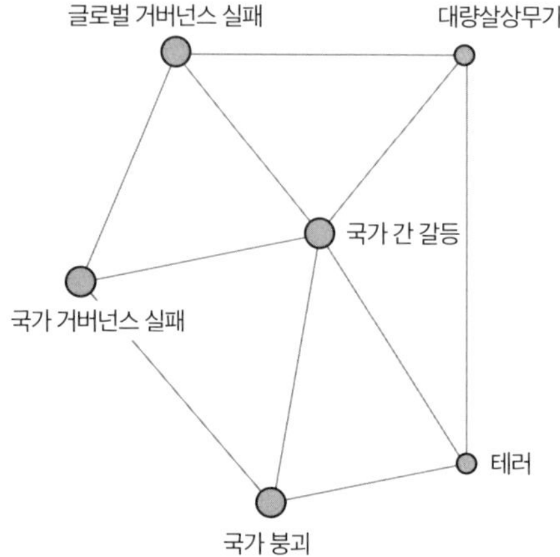


◈ 출처 : World Economic Forum

**| 지정학적 리스크 요인에 대한 WEF 참가자들의 평가 |**

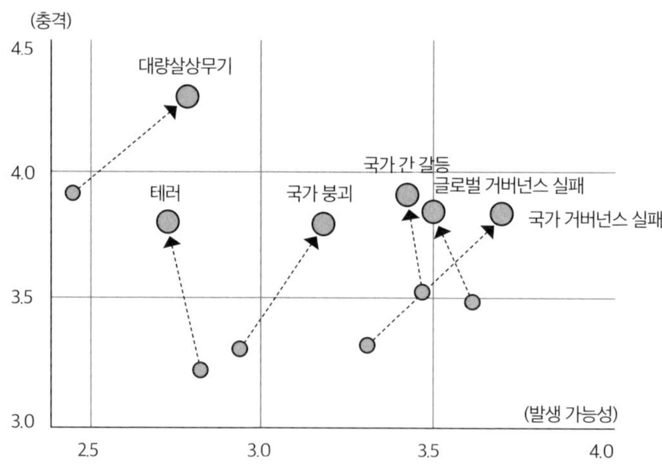


◈ 출처 : World Economic Forum

심화되고 있다는 것입니다. 특히 2022년에는 러시아가 우크라이나를 침공하고 미국과 유럽연합이 다시 러시아에 대해 초강력 경제제재를 가하면서 원자재 가격이 급등하고 있습니다.

그러나 향후 가장 중요한 지정학적 리스크는 미국과 중국의 갈등이 될 것으로 전망됩니다. 2018년 무역갈등으로 시작된 미중갈등은 중국에서 시작된 코로나19 바이러스가 전 세계로 확산되면서 중국에 대한 반감이 크게 확대된 상태입니다. 이런 분위기는 2020년 미국 대선 직후 중국의 홍콩 인권 탄압을 계기로 더욱 심화되고 있습니다. 이에 현실적으로 2020년대 코로나19 바이러스 사태 이후 가장 큰 이벤트 리스크는 미중 갈등으로 인한 지정학적 리스크로 전망됩니다.

### 3) 사회적 리스크: 어떤 충격과 파장을 갖고 올 것인가?

세 번째는 사회적인 리스크입니다. 사회적 리스크는 식량 위기, 감염병, 비자발적 이주 등 사회 불안정을 초래하는 여러 가지 요인을 의미합니다. 2012년 아랍의 봄(2010년 튀니지에서 아랍, 중동 국가 및 북아프리카 일대로 확산된 반정부 시위 운동) 이후 식량 위기, 난민 확대 등이 불거지며 사회적 리스크의 중요성에 대한 인식이 확대되었습니다. 코로나 팬데믹으로 입증했듯이 감염병 피해가 경제에 미치는 영향은 더 이상 간과할 수 없습니다. 바이러스로 인한 감염병 피해가 경제에 미치는 엄청난 피해도 최근 금융시장 변동성과

| 사회적 리스크의 상호관계도 |

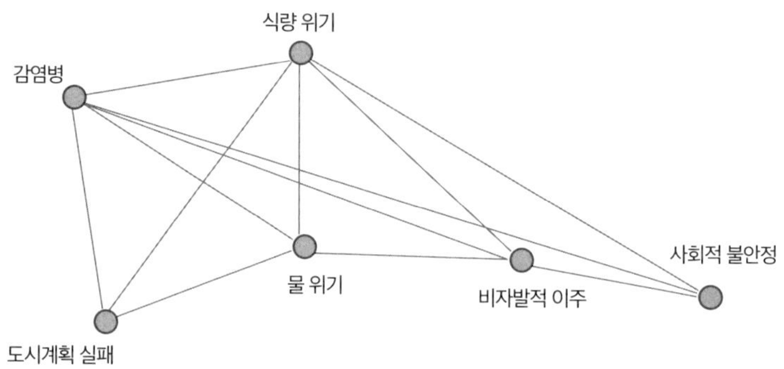


◈ 출처 : World Economic Forum

| 사회적 리스크 주요 요인들에 대한 중요성 인식 변화 |

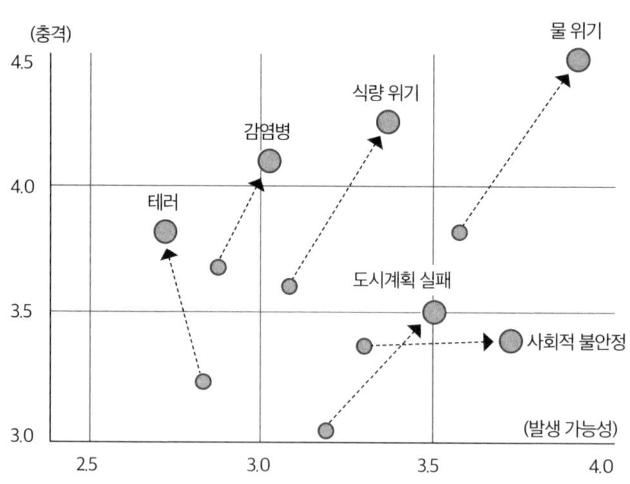


◈ 출처 : World Economic Forum

가격 변화를 통해 입증된 바 있습니다.

2012년 식량 위기가 초래한 아랍의 봄과 이로 인한 사회적 혼

**| 전 세계 주요 국가의 곡물 수출량 |**

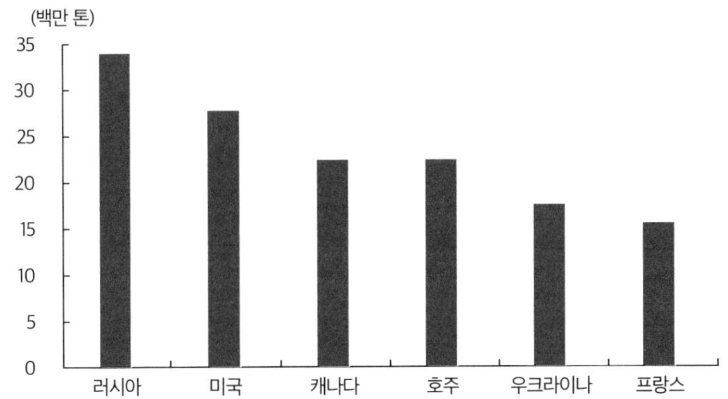


◈ 출처 : World Economic Forum

**| 전 세계 주요 난민 발생국과 수용국의 비교 |**

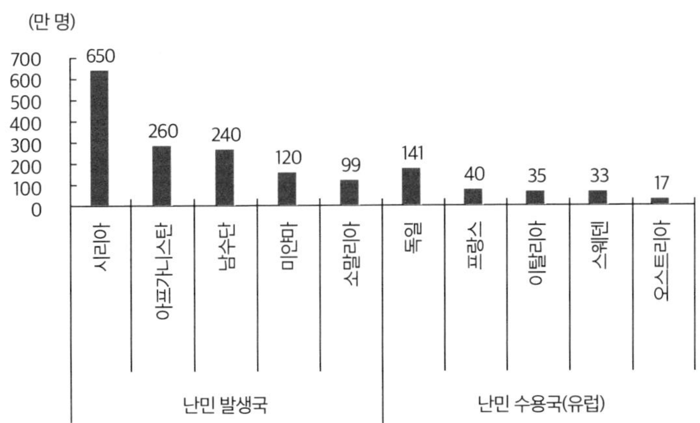


◈ 출처 : World Economic Forum

란은 내전을 야기했습니다. 이는 비자발적 이주(난민) 문제로 이어지며 난민 이동 경로에 있는 국가들에 경제, 사회, 정치적 문제를 불러일으켰습니다. 실제로 시리아 난민 문제는 아직도 묘연한 상황으로 난민 수용국인 유럽 국가의 부담으로 작용하고 있습니다.

만일 작물 생산에 차질이 생기면서 대형 농산물 수출국가들이 곡물 수출 제한 조치를 한다면 곡물을 수입해야 하는 국가에서는 식료품 물가 폭등이라는 경제적 문제가 발생할 수 있으며 이 현상이 계속되면 정권 붕괴라는 사회적 리스크로 연결될 가능성도 있습니다.

### 4) 사이버 리스크: 보안 실패는 또 다른 리스크로 확대

네 번째 발생 가능성 높은 이벤트 리스크는 사이버 위기입니다. 글로벌 사이버 범죄행위는 2009년 1,240만 건에서 2018년 8억 1,267건까지 증가했고, 이에 따른 지출 비용도 2012년부터 2026년까지 연평균 약 7.8%씩 증가할 전망입니다.

여러 국가들은 자국 내 지적재산권 및 개인정보의 보호를 위해 어마어마한 비용을 지불하고 있으나 발달된 기술을 악용하는 사례 또한 급증하고 있습니다. 여기에 지적재산권을 유용하고 개인정보를 탈취하며 사이버 공격을 통한 시설물을 파괴하는 등의 문제가 국가 간 분쟁의 씨앗으로 부각될 수 있습니다.

**| IT/첨단기술 리스크의 상호관계도 |**

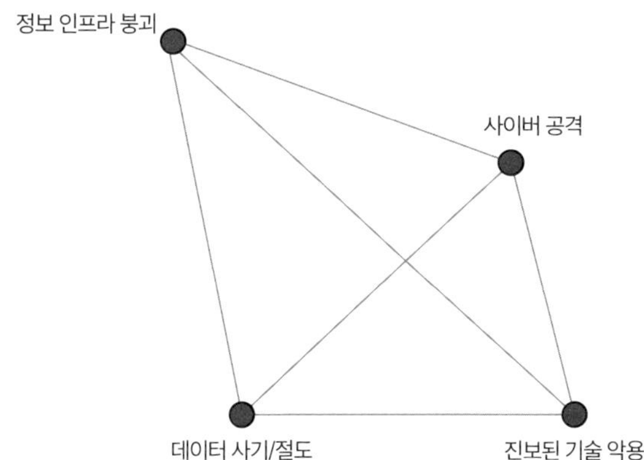


◈ 출처 : World Economic Forum

**| 사이버 리스크로 인한 충격 정도 변화 |**

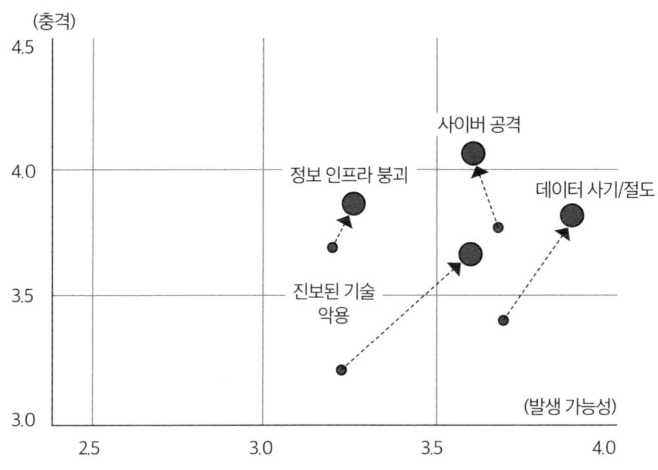


◈ 출처 : World Economic Forum

미중 무역분쟁의 주요 원인 중 하나로 중국의 미국 지적재산권 탈취를 꼽을 만큼 사이버상의 갈등은 꽤 심각한 수준이라고 볼 수 있습니다.

사이버 공격이 단순히 멀웨어malware(소유자의 승낙 없이 컴퓨터 시스템에 침입하거나 시스템을 손상하기 위해 설계된 소프트웨어) 등을 통해 재산상의 이익을 편취하고 경제적 피해를 입히는 것에서 더 나아가 현실세계에 직접적인 손해를 끼치기 시작했습니다. 2010년 이란에서 스툭스넷Stuxnet이라는 바이러스가 핵 원심분리기 1,000개가량을 파괴했는데요. 이 사건으로 인해 사이버 공격이 현실세계에 피해를 줄 수 있음이 확인되었습니다. 개인정보 유출로 인한 사이버 보안 실패가 사회적 불안정, 경제적 피해 등 다른 리스크로 전이될 수 있음을 보인 것입니다.

이러한 사이버 공간에서의 충돌은 인명피해가 발생할 가능성이 낮기 때문에 무력충돌로 이어지지는 않는 반면 충돌의 유형은 다양해지고 있습니다. 절대적 기술우위를 노리는 강대국 간의 치열한 경쟁으로 인해 기술, 데이터, 인터넷 거버넌스를 둘러싼 전방위적 갈등이 심화되고 있습니다. 특히 이념적 갈등의 골이 깊어지며 사이버 공간에서의 갈등을 '실존적 투쟁'으로 간주하는 기류가 강대국 간에 강해지고 있습니다.

**| 글로벌 사이버 보안 지출 비용 추이 |**

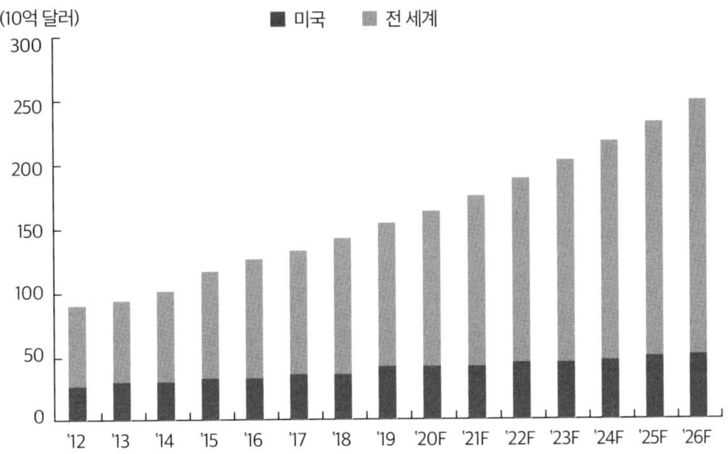


◈ 출처 : World Economic Forum

**| 사이버 보안 리스크 피해 사례 |**

| 유형 | 피해자 | 피해규모 | 내용 |
|---|---|---|---|
| 알웨어 (스툭스넷) | 이란 | 핵 원심분리기 1000개 | 이란 소재 핵 원심분리기의 회전수변화를 반복하여 모터에 심한 진동과 왜곡을 일으켜 파괴 |
| 비즈니스 메일 사기 | JAL | 3억 8천만 엔 | 항공기 임차료 및 지상업무위탁비 등 가짜 이메일을 통해 송금 |
| 지적재산권 | 발뮤다 | - | 발뮤다 제품 제조 책임자 중국 스카우트 이후 표절 제품 대량생산 |
| 개인정보 유출 | 미국 일반 시민 | - | 미 대선 전 페이스북 사용자 8,700만 명의 정보를 게임브리지 애널리티카가 입수하여 유출 |

◈ 출처 : World Economic Forum

## 5) 경제적 리스크: 다양한 사회적 혼란을 야기

코로나19로 인한 피해는 사회 혼란뿐만 아니라 이를 완화하기 위한 각국의 막대한 재정 및 금융지원으로 연결되었습니다. 사회적 리스크로 인한 실업, 그로 인한 재정 부담은 각종 경제적 리스크로 전이될 가능성을 내포하고 있습니다.

**| 경제적 리스크의 상호관계도 |**

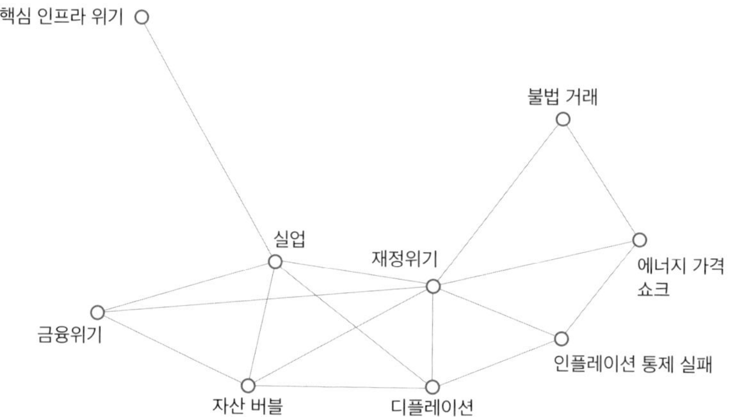


◈ 출처 : World Economic Forum

**| 코로나19로 발생한 경제적 위기를 극복하는 과정에서 발생한 부채 비율 |**

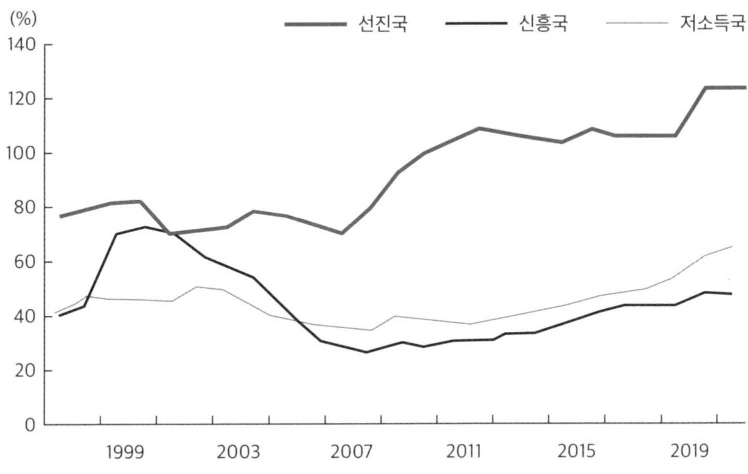


◈ 출처 : World Economic Forum

**| 최근 10년 WEF가 예상한 주요 글로벌 리스크 |**

| 2012 | 2013 | 2014 | 2015 | 2016 | 2017 | 2018 | 2019 | 2020 | 2021 | 2022 |
|---|---|---|---|---|---|---|---|---|---|---|
| 금융 위기 | 금융 위기 | 재정 위기 | 물 부족 | 기후 변화 대응 실패 | 군사적 충돌 | 군사적 충돌 | 군사적 충돌 | 기후 변화 대응 실패 | 전염병 | 기후 변화 대응 실패 |
| 물 부족 | 물 부족 | 기후 변화 대응 실패 | 전염병 | 군사적 충돌 | 혹한 혹서 | 혹한 혹서 | 기후 변화 대응 실패 | 군사적 충돌 | 기후 변화 대응 실패 | 혹한 혹서 |
| 식량 부족 | 재정 불균형 | 홍수 가뭄 | 군사적 충돌 | 물 부족 | 물 부족 | 자연 재해 | 혹한 혹서 | 멸종 위기 동물 | 군사적 충돌 | 멸종 위기 동물 |
| 재정 불균형 | 군사적 충돌 | 실업률 | 내전 | 난민 | 자연 재해 | 기후 변화 대응 실패 | 물 부족 | 혹한 혹서 | 멸종 위기 동물 | 민생 위기 |
| 에너지 가격 | 기후 변화 대응 실패 | 인프라 부족 | 기후 변화 대응 실패 | 에너지 가격 | 기후 변화 대응 실패 | 물 부족 | 자연 재해 | 물 부족 | 자원 위기 | 사회 통합 혼란 |

◈ 출처 : World Economic Forum

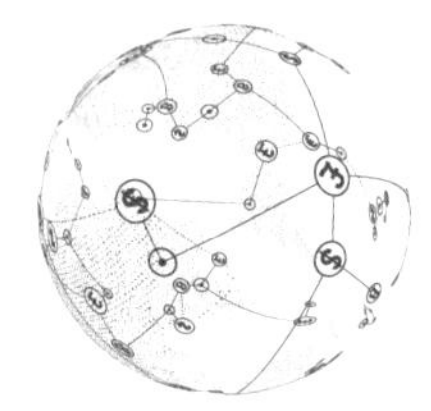

## 블랙스완인가, 회색 코뿔소인가?

금융위기는 항상 새롭습니다. 1930년대 대공황, 1998년 신흥국 외환위기, 2008년 서브프라임으로 촉발된 글로벌 금융위기 등 다양한 방식으로 반복되는 금융위기는 우리에게 매번 많은 가르침을 주었습니다. 1998년 외환위기를 통해 우리는 외환 단기 부채에 대한 신중한 관리의 중요성을 배웠습니다. 2008년은 은행을 어떻게 관리해야 금융 시스템이 붕괴하지 않는지를 가르쳐주었습니다. 또한 부외부채를 통한 다양한 파생상품을 거래소를 통해 투명하게 관리함으로써 금융 시스템의 리스크를 상당 부분 통제할 수 있게 됐습니다. 그래서일까요? 당시 재닛 옐런Janer Yellen 연준 의장은 "내 생애 금융위기는 없다"라고 호언장담하기도 했습니다. 물론 다음 날 황급히 취소하긴 했지만.

"시장이 이미 알고 있는 위기는 위기가 아니다"라는 유명한 격언처럼, 2020년에 대해 부정적인 전망을 내놓았던 전문가들조차 중국발 금융위기, 글로벌 부채 과잉과 순환적 경기 침체 가능성을 언급했을 뿐 코로나19발 금융위기를 예상한 것은 아니었습니다. 2020년 코로나19 사태는 '위기는 진화한다'는 사실을 다시 한번 가르쳐주며 우리에게 뼈저린 교훈을 남기고 있습니다.

약 10년 간격으로 반복되는 금융위기를 경험하면서 금융기관들은 낮은 부채비율, 풍부한 외환보유고 확보를 통한 유동성 관리, 위기 시 긴급지원을 받을 수 있는 주요 국가들과의 채널 확보, 금융시스템 관리감독 강화를 통한 자본적정성 유지 등의 위기 관리 능력을 갖출 수 있었습니다.

그리고 금리, 주식, 환율, 부동산, 원자재 등의 가격 변화를 감내할 수 있을 정도의 금융 시스템을 갖춰놓았습니다. 그러나 이번 코로나19 사태는 실제로 감당하기 어려운 충격을 가져왔고 팬데믹 초기 대부분의 자산가격이 급락하면서 신용경색이 발생했습니다. 경제적 대응 능력은 항상 준비를 하고 있지만 경제 외적인 이벤트 리스크에는 매우 취약한 현실을 보여주고 있는 것입니다.

이번 코로나 사태는 전염병이란 테일 리스크tail risk에서 시작됐습니다. 전염병 확산, 동일본 대지진과 같은 자연재해, 미중 충돌 같은 지정학적 리스크 등 경제 외적인 부문에서 엄청난 충격이 발생하는 위험을 '이벤트 리스크'라고 합니다.

그동안 영화에서나 나올 법한 얘기였기 때문에 금융시장이 등한시해왔지만, 앞으로는 언제 어느 때 현실화될지 모르는 중요한 위협요인으로 제기되고 있습니다. 과거에는 경제사이클에 따라 약 10년에 한 번씩 경제위기가 오곤 했었는데, 이제는 회복국면이 몇 년 이어지다가 갑자기 이벤트가 발생하면서 다시 록다운과 경제 충격이 발생하는 상황이 나올 수도 있다는 얘기입니다. 이런 이벤트 리스크는 금융기관이 제대로 준비하지 못한 영역이라 예상보다 충격의 강도가 매우 큽니다.

이러한 이벤트 리스크는 재무자료와 경제지표 등으로 예측할 수 있는 것이 아니기 때문에 분석 또한 대단히 어렵습니다. 2020년 1월 중국에서 코로나19가 빠르게 확산되고 2월에 한국을 휩쓸 때, 대부분의 애널리스트들과 투자자들은 오래가지 않는 단기 이벤트라고 분석했습니다. 2002~2003년에 벌어진 사스SARs와 거의 유사한 상황이니 잠시 흔들릴 수는 있어도 이내 안정되고 이후 오히려 주가가 상승할 것이라고 판단했던 것입니다. 반면에 어떤 애널리스트는 그 이전의 전염병 사태를 면밀하게 분석한 뒤 이번 코로나19는 사스와 다를 것이라고 주장하기 시작했습니다. 두 애널리스트의 분석은 무슨 차이가 있었던 것일까요?

현재 우리나라 금융시장에서 활동하는 애널리스트들과 투자자들의 경험은 고작 20~30년에 불과합니다. 미국 등 선진국의 애널리스트들과 투자자들의 경험도 구루로 불리는 워런 버핏Warren Buffett 등을 제외하면 30년을 넘는 경우가 많지 않습니다. '경험론적 분석 방법론'을 따르는 애널리스트와 투자자들은 대부분 본인의 경험 안에서 판단하는 경우가 많습니다. 가장 최근의 경험치를 높게 신뢰하는 오류죠.

2008년 글로벌 금융위기 때도 마찬가지입니다. 대부분의 애널리스트들은 2008년 2월 JP모건의 베어스턴스 인수로 이제 정점을 치고 끝났다고 판단했습니다. 그래서 거의 모두 한국 주식을 '강력 매수'해야 한다고 주장했죠. 그런데 어떤 이들은 서브프라임발 부실자산 추정을 통해 상황은 훨씬 더 악화될 것이라고 주장했습니다. 무슨 차이였을까요?

당시도 대부분의 애널리스트은 20~30년 경력을 가진 이들이었습니다. 대부분 1980년에서 90년대에 직장에 입사한 분들이죠. 그분들이 가진 데이터로는 2008년 서브프라임발 글로벌 금융위기와 유사한 사태는, 1987년 블랙먼데이 사태, 1990년 미국의 주택대부조합S&L 사태, 1998년 신흥국 외환위기와 롱텀캐피탈 사태, 2001년 IT버블 붕괴 정도였습니다. 특히 부동산 버블로 인한 사태는 1990년 미국의 주택대부조합 사태가 유일했기 때문에 이 경험을 토대로 유사한 일이 반복될 것이라고 판단한 경우가 많았습니다.

실제 재닛 옐런도 고백했듯이 미국 대부분의 애널리스트와 경제학자들도 1990년 주택대부조합 사태, 2001년 IT버블 사태 정도로 파악하고 충분히 감당할 수 있다고 판단한 사람이 많았습니다. 그런데 일부 애널리스트들은 그 이상이 될 수도 있다고 생각했습니다. 2008년 3월 서브프라임발 글로벌 금융위기로 인한 부실 자산 규모를 추정했을 때, IMF는 약 3,000억 달러, UBS는 2,000억 달러를 제시했습니다. 그러나 일부 애널리스트는 그 부실의 충격이 1990년 주택대부조합의 상황을 넘어서게 될 것이라고 판단했고 대공황 당시의 부도율과 회수율 데이터를 토대로 부실 규모를 약 9천억 달러로 추정하게 됩니다.

대부분의 애널리스트들이 글로벌 금융위기를 20~30년 이내 발생했던 사건, 즉 1990년 주택대부조합 사태와 유사하게 될 것이라고 판단했는데, 왜 어떤 애널리스트는 그것을 넘어서는 1929년 대공황에 준하는 충격을 가져오게 될 것이라고 판단했을까요? 왜 많은 애널리스트들이 코로나19가 2002년 사스와 유사한 충격을 주게 될 것이라고 보았을 때, 왜 어떤 애널리스트는 그것을 상회하는 충격의 가능성을 제기했을까요? 역사적 배경에 대한 심층적인 이해에서 비롯한 인사이트가 달랐기 때문입니다.

흔히 발생 가능성이 낮고 상상하기 어려운 일이 벌어졌을 때 '블랙스완'이라는 표현을 사용합니다. 특히 2008년 글로벌 금융위기 때 많이 회자되었죠. 그러나 실제 2008년 글로벌 금융위기는 주택 시장 거품과 다양한 파생상품에 대한 경고가 있었습니다. 블랙스완은 예측할 수 없기 때문에 그것을 대비함에 있어서 아무것도 할 수 없다는 것을 의미합니다. 이런 유형의 사고 방식은 운명론을 조장하고, 책임을 거부하며, 단기 성과주의와 의도적인 무지에 고개를 끄덕여줌으로써 상황을 더 악화시킵니다. 다가오는 2020년대의 위험을 대비하기 위해 우리는 블랙스완의 운명론을 회색 코뿔소의 건설적인 실용주의로 대체해야 합니다.

이벤트 리스크는 분석하는 것이 매우 어렵기 때문에 실무에서는 이벤트 리스크 자체보다는 충격이 발생했을 때의 정부, 기업, 자산이 대처할 수 있는 능력을 따집니다. 이벤트 리스크 대응 능력은 '국가 외부로부터 발생한 갑작스러운 위험에 대한 대응 능력', 즉 그럴듯한 최악의 시나리오에 대처하는 능력을 말합니다. 외부사건이란 국가의 경제적 탄력성, 정치적 자본, 재정 안정성, 외환유동성, 통화정책과 금융안정성에 미칠 수 있는 리스크의 강도를 나타냅니다.

외부 사건은 지진이나 태풍, 해수면 상승과 같은 기후 변화로 인한 자연재해일 수도, 국가 간 전쟁이나 테러의 위협으로 인한 제재Sanction 같은 지정학적인 문제일 수도 있습니다. 보호무역주의로 인한 무역 분쟁과 채무국의 부도 선언처럼 채권자를 위협하는 경제적인 문제일 수도 있으며, 커다란 무역 블록이 통합되거나 해체되면서 발생하는 국제정치경제적 혼란일 수도 있습니다. 영국의 브렉시트처럼 이벤트의 발생이 국내외 협상에 달려 있는 복합적인 이벤트도 여기에 해당됩니다.

이러한 이벤트가 발생하면 과거 외부 이벤트에 의해 정부의 부도를 초래하거나 또는 부도 위기를 실질적으로 높인 직접적이고 즉각적인 위험이 있었는지를 판단한 뒤 대응 조치를 취하게 됩니다. 전쟁이나 테러 등 군사적인 갈등이 지속되는 국가들의 지정학적 리스크는 일반적으로 경제의 심각한 침체로 이어지는 경우가 많았습니다. 무역 전쟁이 오래 지속되는 경우도 상당한 경제적, 재정적, 외환 유동성 측면에서 타격을 받게 됩니다. 대외 경제와 금융에 의존도가 높은 국가일수록 이런 외부 이벤트 리스크에 취약합니다. 글로벌 금융시장에서 충격이 발생할 때 금리 급등으로 인한 신용경색으로 대응 능력이 취약한 국가들의 자산이 급락할 수 있습니다.

이벤트 리스크는 갑작스럽게 발생하기 때문에 평상시 대부분의 국가들은 대응 능력이 유사해 보입니다. 그러나 국가들의 이벤트 리스크 대응 능력은 위기 상황에서 커다란 차이를 보입니다. 그러므로 쇼크 상황에서 대응 능력의 차이를 분석해내는 일은 투자 국가와 자산을 선정하는 데 도움이 됩니다.

이번 코로나19 바이러스 사태의 전개 상황을 보면, 진화하는 것은 '위기'만이 아닌 것 같습니다. 주요 국가 정부의 대응도 함께 진화하고 있습니다. 초유의 위기 상황에서 인간의 창의성은 그에 걸맞은 대응책을 만들어냈습니다. "이번엔 다르다"라는 말은 "금융 시장의 버블이 만들어낸 사이클은 언제든 반복될 수 있다"라는 대전제 아래에서 그 내용이 항상 달라질 수 있다는 사실을 담고 있는 것이지요.

한편 이벤트의 스타일에 따른 경제 충격의 차이는 투자 심리, 생산 차질, 소비에 각기 다른 충격을 끼칩니다. 우선 2012년 동일본 대지진과 같은 자연재해의 경우를 보면, 자연재해는 생산시설을 파괴하면서 우선적으로 공급망을 심각하게 훼손합니다. 또한 대규모 인적 손실이 발생하면서 소비도 감소하는 등 전반적인 투자 심리를 약화시킵니다.

그런데 보통 이러한 자연재해는 일회성에 그치는 경우가 많습니다. 따라서 복구 속도 역시 빠릅니다. 정부의 대규모 재정 투입 혹은 양적완화로 인한 대규모 생산설비 재건과 재고 확충은 경제를 빠르게 회복시킬 수 있는 동력으로 작용하는 경우가 많습니다. 이를테면 2011년 동일본 대지진에 뒤이은 일본의 아베노믹스 등장으로 인한 경제 성장 등이 대표적인 예입니다.

전염병의 경우는 많이 다릅니다. 코로나19 바이러스와 같은 전 세계적인 팬데믹은 자연재해와 달리 생산시설을 파괴하지 않습니다. 다만 감염된 사람들이 많이 죽는다든지 하는 인명의 손실이 일어나면서 원재료 공급에 차질을 빚는 경우가 많고 이는 곧 생산 부족에 이르게 됩니다 또한 타국으로 수출과 수입에도 문제가 생기면서 전 세계적인 교역이 영향을 받게 됩니다. 바이러스가 창궐하면서 사람들 간의 모임을 금지하고 사회적 거리두기가 장기화되면 소비심리는 현저히 약화됩니다. 이처럼 전염병으로 인한 충격은 단기적 손실을 넘어서 보다 장기적으로 생산, 교역, 소비 등 전방위적인 경제활동에 충격을 줍니다. 따라서 업종에 따라 재난지원금처럼 일하지 않아도 생활에 필요한 자금을 공급받는 것이 허용되는 것입니다.

반대로 공장 등의 생산시설이 파괴된 것이 아니기 때문에 회복기에도 재건 수요를 기대하기 어렵습니다. 또한 전염병은 완전히 종식될 때까지 많은 시간이 소요되기 때문에 재가동된다 하더라도 팬데믹 이전 수준을 100% 회복하는 것은 불가능합니다. 재발 가능성이 언제든 상존하기 때문입니다.

지정학적 충돌의 경우는 대표적으로 미중 갈등을 꼽을 수 있습니다. 이 경우 양국 사이에 관세가 부과되면서 교역이 감소하게 됩니다. 상황이 악화되면 다양한 비관세 장벽을 사용하여 상대방을 기존 제도에서 배제하고 상호 의존도를 줄이는 방식(신냉전과 디커플링)으로 진행될 수도 있습니다. 시장의 거래비용이 높아지면서 투자 심리가 약화되는 방식입니다.

그러나 우크라이나 전쟁 같은 경우에는 전면전으로 인한 심각한 물질적 피해와 인명 손실, 서방의 대규모 경제제재에 따른 급격한 경기 위축과 금융거래 정지, 그리고 수출입제재에 따른 전 세계 생산 차질과 인플레이션 부담으로 연결되기도 합니다.

**| 전염병과 자연재해의 경제적 충격 |**

| 시기 | 물적자본 손실 | 인적자본 손실 | 경제심리 위축 | 주변국 확산 | 생산 차질 |
|---|---|---|---|---|---|
| 전염병 | X | X | ◎ | △ | △ |
| 사스 (한국, 2003) | X | X | - | ◎ | X |
| 사스 (중국, 2003) | X | X | ◎ | ○ | ○ |
| 메르스 (한국, 2015) | X | X | ◎ | - | - |
| 스페인독감 (1918~19) | X | ◎ | ◎ | ◎ | X |
| 코로나19 (2019~) | X | ○ | ◎ | ◎ | ◎ |
| 자연재해 | ◎ | X | ◎ | X | △ |
| 동일본대지진 (2011) | ◎ | X | ◎ | X | ◎ |

◈ 출처 : World Economic Forum

# 2장

LAND MON

# 지정학적 패러다임의 변화, 국제정치학적 접근

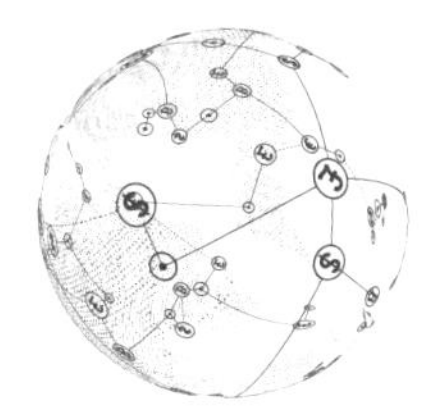

# 지정학적 시각

## 1) 알프레드 마한의 해양 권력론

해양 권력Sea Power의 중요성을 간파하고 해군력의 필요성을 책을 통해 공론화시킨 사람은 미국의 해군 제독 알프레드 마한Alfed T. Mahan이었습니다. 그는 카르타고, 로마, 이탈리아, 스페인과 영국 등의 사례에서 보았듯이 강대국이 되기 위해서는 바다를 지배해야 한다고 주장했습니다. 그리고 1660년부터 1783년까지 발생한 일곱 번의 전쟁과 30여 차례 해전을 분석한 『해양권력이 역사에 미친 영향, 1660~1783년』이라는 책을 1890년에 출판했습니다. 그는 이 책에서 해양 권력을 발전시키는 데 필요한 여섯 가지 요소를 제시했죠.

첫 번째는 **지리적 위치**입니다. 프랑스나 네덜란드 등 육지에 국경을 맞대고 있는 국가들에 비해 섬나라인 영국은 바다로 둘러 싸여 있어 해양에 역량을 집중할 수 있는 지리적 장점을 갖고 있습니다. 두 번째는 **영토의 자연적인 조건**으로 한 국가의 해안은 국경선의 역할을 하며 수심이 깊은 항구를 통해 해상 교역을 발전시킬 수 있습니다. 세 번째는 **영토의 크기**로 단순한 면적뿐 아니라 해안선의 길이와 항구들의 특성이 중요하다고 보았습니다. 네 번째는 **인구수**입니다. 특히 해양 권력과 관련해서 중요한 것은 조선업 등 해양 관련 일에 종사하는 인구수죠. 실제로 프랑스의 인구가 영국보다 훨씬 많지만 해양과 관련된 일에 종사하는 인구는 영국이 훨씬 많았습니다. 다섯째는 **국가의 성격**입니다. 왕정국가였던 스페인이나 포르투갈은 식민지에서 발견한 금에만 관심을 쏟았던 반면, 영국과 네덜란드는 제조업과 상업 등에 관심을 갖고 해양 무역을 발전시킬 수 있었습니다. 마지막은 **정부 및 국가기관의 성격**입니다. 영국 정부는 일관된 해양 전략을 수립하여 국익을 확대할 수 있었는데, 영국으로 수입되는 상품은 영국 선박 혹은 생산국 선박으로만 운송할 수 있도록 제한한 올리버 크롬웰Oliver Cromwell의 항해법을 통해 이후 해양 권력을 장악할 수 있었습니다.

이 책은 영국의 해양 권력을 기반으로 어떻게 제국으로 성장할 수 있었는지를 상세하게 보여주면서 당시 선진국 정부들의 필독서가 됩니다. 마한은 미국도 강력한 해군을 육성해 해외 해군기지를 확보하고 파나마 운하 건설, 하와이의 식민지화를 추진해야 한다고 주장했습니다. 당시 시어도어 루스벨트Theodore Roosevel 미국 대통령은 그의 주장에 따라 하와이, 필리핀, 괌 등을 점유하고 미국의 해군력을 강화하여 1910년 미군의 해군력은 영국에 이어 세계 2위 수준에 도달할 수 있었습니다.

마한의 책은 미국뿐만 아니라 독일, 일본 등 당시 새롭게 부상하고 있는 신흥 강대국 지도자들에게 영향을 미쳐 해군력 증강을 위한 무한 경쟁에 진입하게 되는 배경으로 작용했습니다. 이에 따라 20세기 초반, 미국, 독일, 일본 등은 선박 건조와 해군력 강화에

**| 마한의 해양 권력론을 기반으로 미국의 적극적인 태평양 진출 |**

경쟁적으로 나섰고 결국 1914년 1차 세계대전이 발발합니다.

## 2) 맥킨더의 심장부 이론

1904년 영국의 해퍼드 맥킨더Halford Mackinder는 1904년 〈역사의 지리적 중심축〉이라는 글을 통해 마한과는 달리 "대항해시대의 핵심이 해양 권력Sea Power이었지만 20세기는 육상 전력Land Power의 시대가 될 것"이라 주장했습니다. 맥킨더는 지구를 아시아와 유럽, 아프리카를 연결한 세계도World Island 지역과 미대륙, 호주, 일본, 영국, 오세아니아를 포함하는 주변 도서부Peripheral Islands의 두 지역으로 나누었습니다.

세계도는 풍부한 지하자원과 곡물 자원, 대규모 인구와 시장 등의 이미 높은 수준의 경제가 존재하고 있기 때문에 해양 세력보다 더 유리하다고 생각했습니다. 주변 도서부 세력은 천연 자원과 인구, 시장의 규모가 중심부를 차지하고 있는 세계도에 비해 훨씬 작기 때문에, 이를 극복하기 위해서 생산적이고 안전한 해상 요충지를 확보하고 있느냐가 관건이며 바다에 사활을 걸 수밖에 없다는 것입니다.

제1차 세계대전이 끝난 1919년엔 『민주주의 이상과 현실』이란 책을 통해 지정학적 시각에서 전후 세계질서 구축에 대한 전망을 제시했습니다. 이 책에서 맥킨더는 유라시아 대륙의 중심부를 '심장부Heart land'로 표현했습니다. 이 지역은 미국과 영국 같은 전통적인 해양 세력이 접근하기 어려운 지역으로, 풍부한 천연자원과 넉넉한 곡창지대를 보유하고 있습니다. 해양을 통한 확장은 어려울 수 있지만, 풍부한 자원을 기반으로 세계 패권을 좌우할 수 있는 지역이라는 것입니다.

따라서 제1차 세계대전 이후 전후 질서를 논의하는 파리강화회의에서 맥킨더는 각국 지도자들에게 "심장부 지역은 해양 세력이 접근하기 어려운 상황에서 풍부한 천연자원과 곡창지대를 기반으로 철도와 도로를 통한 육상 수송의 발전을 통해 제국이 성장할 수 있는 지역이 될 수 있기 때문에 견제해야 한다"고 제언했습니다.

이에 따라 맥킨더는 "동유럽을 지배하는 국가(러시아 또는 독일)가

**| 맥킨더의 세계도, 도서부, 심장부 |**

심장부를 지배하고, 심장부를 지배하는 국가가 세계도를 지배하며, 세계도를 지배하는 국가가 전 세계를 지배하게 될 것이다"라고 주장했습니다. 그는 이를 저지하기 위해 동유럽에 일련의 독립국가를 만들어서 완충지대 역할을 하게 해야 한다고 주장했습니다. 그렇지 않으면 다시 동유럽에 힘의 공백이 생겨 유라시아 패권을 놓고 분쟁이 발생할 것이라고 생각한 것입니다.

### 3) 독일의 레벤스라움

지정학은 어떤 국가도 지리의 영향으로부터 자유로울 수 없으며, 개별 국가가 처한 지리적 조건이 그 국가의 전략과 행동을 규정하게 된다고 봅니다. 히틀러에게 영향을 준 독일의 지정학자가 두 명 있습니다. 한 명은 『정치지리학』이라는 책을 쓴 프리드리히 라첼Friedrich Ratzel이고, 다른 한 명은 히틀러의 지정학 선생님 하우스호퍼Karl Ernst Haushofer였습니다. 라첼은 모든 유기체가 필요한 특정 규모의 공간을 레벤스라움Lebensraum으로 규정하고, 집단 유기체도 독가적인 레벤스라움이 필요하다고 주장했습니다. 다윈의 적자 생존을 '공간을 위한 투쟁'으로 해석한 것이죠.

'자급자족'이라는 개념도 독일 지정학에서 중요했습니다. 국가 내부에서 자급자족 수준에 따라 국가의 독립성 수준이 결정된다고 여겼기 때문입니다. 이를 위해서는 충분한 영토가 필요한데 독일에게 중부유럽, 남유럽, 동유럽은 중동, 아프리카와 더불어 핵심 공간이라는 것입니다.

국가를 넘어선 '범지역Pan-region'이라는 개념도 중요했습니다. 언어적, 문화적으로 친척 관계에 있는 사람들이 살아가는 지역을 일컫는 용어죠. 그들은 세계를 미국이 주도하는 범아메리카, 독일이 주도하는 범유럽, 일본이 주도하는 범아시아, 그리고 소련이 주도하는 네 개의 지역으로 구분했습니다.

히틀러가 집권한 후 하우스호퍼와 독일 지정학은 나치의 도구가 됩니다. 히틀러는 하우스호퍼의 레벤스라움을 강조하면서, 이는 제국주의가 아니라 생존하기 위한 권리일 뿐이라고 강변합니

**| 독일의 레벤스라움 |**

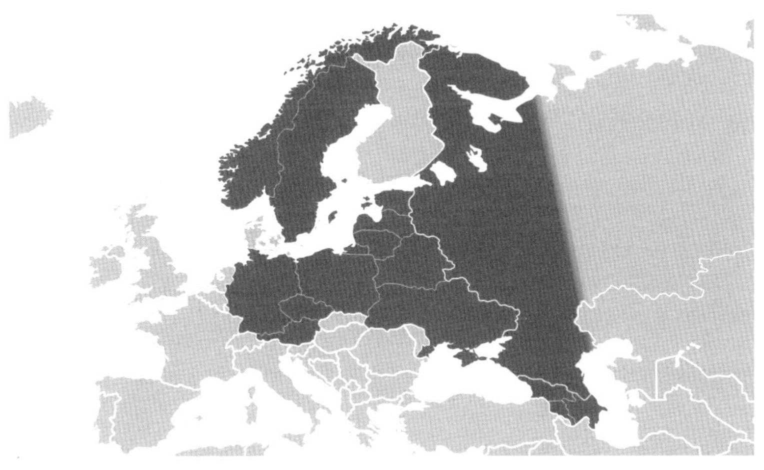

다. 독일은 북쪽으로는 북해와 발트해에 막혀 있고, 남으로는 알프스 산맥, 서쪽은 프랑스, 동쪽은 러시아라는 두 강대국에 막혀 있습니다. 또 세 개의 큰 강인 비스와강(동쪽), 라인강(서쪽), 다뉴브강(남쪽)에 갇혀 있습니다. 그래서 독일은 팽창하지 않고는 미래가 없다고 판단했던 것이죠.

독일 지정학자들이 구상한 레벤스라움은 인구가 많은 중부 및 동유럽을 넘어 우크라이나의 빈 공간과 러시아의 스텝Steppe(중위도 지방에 펼쳐져 있는 온대초원)이었습니다. 거기에는 식량과 에너지 자원이 풍부했기 때문입니다. 그들은 엘베강에서 아무르강까지 이르는 큰 대륙의 국가연합을 구성해야 독일이 대영제국에 대항할 힘을 갖는다고 생각했습니다.

하우스호퍼의 레벤스라움은 과거 독일 땅이었고 독일인의 피가 흐르는 동쪽 지역이었지만, 히틀러는 레벤스라움을 러시아와 그 위성국들까지 확대시키면서 상황은 반전되었습니다. 잠시 독일-러시아-이탈리아-일본의 유라시아 블록이 형성되긴 했지만, 독일이 소련을 공격하면서 독일 지정학자들의 꿈은 물거품이 되었습니다. 나폴레옹과 마찬가지로 히틀러도 양면전쟁에 휘말리면서 패배하고 말았습니다. 히틀러가 지정학을 이용해서 그의 침략 행위를 정당화하면서, 이후 지정학이라는 용어는 수십 년간 금기어가 됩니다.

### 4) 일본의 대동아공영권

일본의 대동아공영권은 독일 하우스호퍼의 지정학에 크게 영향을 받았습니다. 특히 로야마 마사미치로 대표되는 일본의 지정학자들은 "동양이 서양 중심적인 사고에서 벗어나야 한다"고 주장했습니다. 동양의 통일을 위해서는 민족주의를 초월해서 각 민족들이 지역적 운명 공동체가 되어야 하고 이런 동양의 통합에 일본이 주도적 역할을 해야 한다는 것입니다. 중일전쟁을 가져온 민족주의를 극복하고 서구 국제질서의 소산인 국제연맹 대신 일본이 중심이 되어 동아시아에 새로운 질서를 구축해야 한다는 것이죠.

독일 하우스호퍼의 지정학이 일본에 소개되면서 독일의 레벤스라움이 일본에서는 지역과 협동이라는 개념의 동아협동체론으로 바뀌게 됩니다. 이는 1940년 일본을 맹주로 하는 동아시아의 광역 블록화인 대동아공영권으로 다시 변화하게 되죠. 그들이 원한 것은 일본, 중국, 만주를 주축으로 인도차이나, 태국, 말레이시아, 보르네오, 인도네시아, 미얀마, 호주, 뉴질랜드, 인도를 포함한 아시아 지역의 정치경제 블록화였습니다. 일본, 만주, 중국을 하나의 경제 공동체로 만들고 동남아시아를 자원의 공급지로, 남태평양을 방어선으로 삼으려는 것이었습니다. 태평양 전쟁이 시작된 이후에는 이 전쟁을 대동아 전쟁으로 부르고, 전쟁의 목적이 '대동아신질서'를 건설하기 위해서라고 내세웠습니다. 이 슬로건의 정당성을 부여하기 위해 일본의 지정학이 이용된 것이죠.

한편 2차 세계대전의 패전이 불가피해진 상황에서 일본은 전후 미국과 소련의 관계에 균열이 생길 것이라고 예측하고 전후 일본이 소생할 수 있는 기회가 거기에 있다고 판단했습니다. 그들은 미국에 단독으로 패배하는 것이 아니라 소련이 동아시아에 진입하는 틈을 이용해 자신들이 항복하는 작전을 구상했습니다. 미국과 소련의 잠재적 대립을 이용해 일본의 부흥을 모색한 것이죠.

**| 일본의 대동아공영권 |**

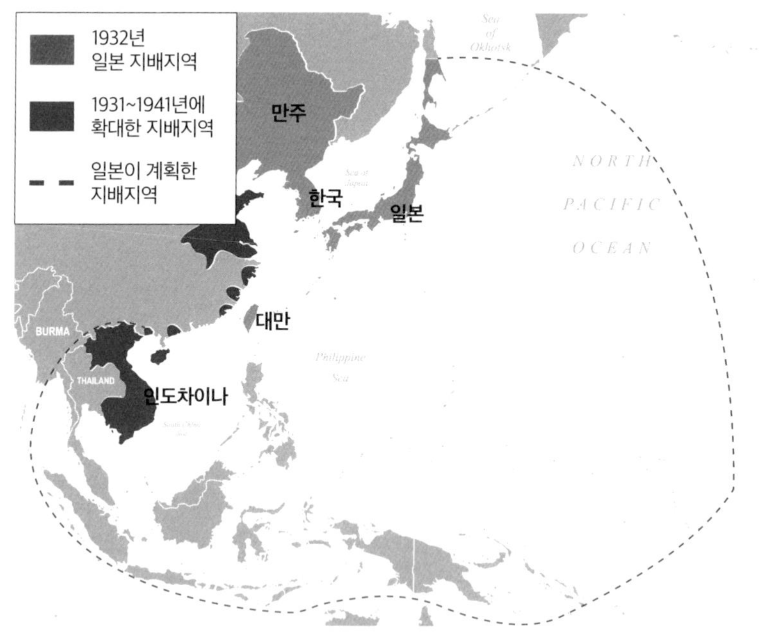

실제 히로시마에 원자폭탄이 투하된 것보다 소련군의 침공이 일본의 항복 선언에 큰 영향을 준 것으로 알려져 있습니다. 히로히토 천황은 항복의 이유로 8월 14일 원자폭탄 투하와 8월 17일 소련군 참전을 들면서, 소련의 상당한 영향력을 인정하는 발언을 했습니다. 이 사건은 동아시아에서 냉전이 시작되면서 미국이 패전국인 일본을 가혹하게 지배하는 것이 아니라 오히려 중요한 동맹으로 부활시키는 데 중요한 역할을 하게 됩니다.

### 5) 스피크만의 주변지역이론

1942년 2차 세계대전이 한창일때, 미국의 정치학자이자 지리학자였던 니콜라스 스피크만Nicholas J. Spykman은 『세계 정치에서 미국의 전략: 미국과 세력 균형』이라는 책을 통해 전쟁은 세력 균형을 유지하기 위해 필수적이며 미국이 고립주의에서 벗어나야 한다고 주장했습니다. 스피크만은 모든 국가들이 자국에 유리한 세력 균형을 원하며, 다른 모든 국가들은 이러한 세력 균형을 무너뜨리려 하기 때문에 늘 불안하다고 말했습니다. 어느 국가의 안보상 이익은 다른 국가에게는 위험 요소이기 때문입니다.

스피크만은 발트해, 북해, 서유럽 연안해, 지중해, 홍해, 페르시아만, 인도양, 그리고 동아시아와 인도차이나 연안 해역 등의 유라시아 주변 해양을 '해양 하이웨이'로 불렀는데요. 유라시아 심장부와 해양 하이웨이 사이에 있는 '거대한 완충지역', 그중에서 큰 유전과 심장부로 통하는 육상 통로를 가진 중동-페르시아만-서남아시아를 지정학적으로 중요한 지역이라고 평가했습니다.

스피크만은 특히 유럽과 아시아를 제패한 국가들이 대서양과 태평양을 건너 미주 대륙으로 침공할 수 있기 때문에 유럽과 아시아에서 벌어지는 전쟁에 미국이 개입해야 한다고 주장했습니다. 만일 독일이 유럽 대륙을 지배하고 영국을 제압한다면 전 유럽의 자원을 이용해 대서양을 넘어 미주 대륙에 쉽게 접근할 테고 아시아에서도 일본이 중국을 제압하고 아시아를 지배한다면 태평양을 건너 세력을 확장할 수 있다고 보았습니다. 독일과 일본이 각각 지역에서 승리하면 미국은 막대한 전쟁 능력을 갖춘 거대한 제국들에 포위될 것이고, 따라서 미국은 유럽과 아시아의 패권을 둘러싼 전쟁에 직접 참여할 수밖에 없다는 것입니다. 이제 바다는 현대의 기술과 항행 및 통신 기술 발전으로 인해 더 이상 방어벽이 아니라 고속도로와 같다는 거죠. 따라서 미국은 고립주의에 머물 수 없다고 주장합니다.

미국이 미주대륙이라는 신대륙에서 패권을 차지할 수 있었던 것은 유라시아 대륙 국가들이 분열되어 있었고 세력 균형이 유지되면서 미국에 대항할 만한 여력이 없었기 때문이라는 게 그의 주장입니다. 미국이 유럽과 아시아에 개입해서 강력한 패권국가가 나오지 못하도록 세력 균형을 유지하는 것이 미국의 이익에 부합하기 때문에 미국은 유럽과 아시아의 세력 균형에 지속적으로 관여해야 한다는 것이지요.

1943년 스피크만이 사망한 이후 그의 논문과 글을 묶은 책『평화의 지리학』에서 그는 알프레드 마한의 해양 세력론과 해퍼드 맥킨더의 심장부론을 종합해서 분석하는데요. 스피크만은 맥킨더가 하트랜드의 잠재적 파워를 과대평가했다고 보았습니다. 그는 맥킨더와 마찬가지로 자원과 인구 등 유라시아는 정치, 경제적 측면에서 중심부로 기능해왔으며, 유럽이나 아시아 중 한 강대국에 의한 유라시아 대륙의 지배는 경제적으로나 군사적으로 미국에 위협이 될 것이라고 보았습니다. 그러나 2차 세계대전 전후의 세계는 해양과 항공 운송 시스템이 맥킨더가 상상했던 것보다 비약적으로 발달하면서 심장부의 중요성이 감소했습니다. 즉 해운의 비용효율이 맥킨더가 상상할 수 있었던 것보다 훨씬 급격하게 높아지기 때문에 해양 세력의 자원과 시장 확보는 맥킨더가 지적한 것만큼 대륙 세력보다 불리하지 않다고 말했습니다.

한편 스피크만은 유라시아의 강대국이 주변 지역을 지배하는 것이 미국 안보에 가장 큰 위협이 될 것이라고 경고했습니다. 맥킨더의 주장은 스피크만에게서 "림랜드RimLand(러시아와 미국 사이에 존재

**| 해양 세력(영국, 미국) vs. 대륙 세력(러시아, 독일)의 갈등, 주변부 봉쇄론 |**

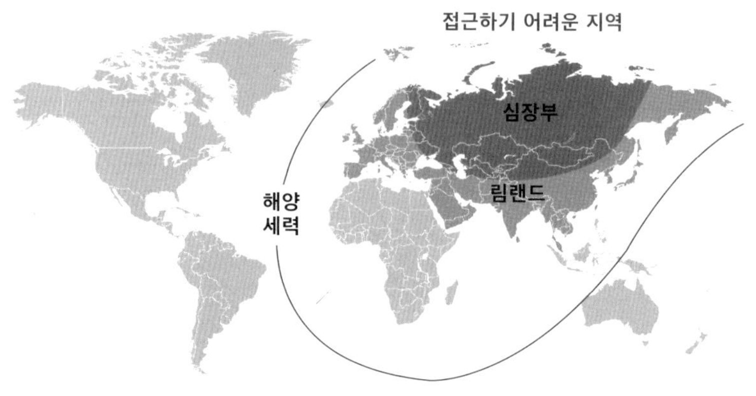


하는 중간 지역)를 지배하는 국가가 유라시아를 지배하고, 유라시아를 지배하는 국가가 세계를 지배할 것"으로 바뀐 것입니다.

이와 함께 주어진 조건을 미국에 유리하게 사용할 수 있는 방법으로 심장부 세력이 림랜드에 접근하는 것을 통제해야 한다고 주장했습니다. 이 지역에서 전략적 우위를 유지하여 대륙 세력의 해양 진출을 막고, 우위에 있는 해운과 항공운송 능력을 활용해 자원과 시장을 효율적으로 확보하는 것이 향후 미국의 이익에 가장 중요하다는 것입니다.

주변부 지역을 통제하는 국가가 결국 세계를 통제할 것이라면, 결국 이 지역은 향후 오랜 기간 동안 해양 세력과 대륙 세력이 충돌하는 공간이 될 것입니다. 2차 대전 종전 이후 미국의 전략가들은 이런 지정학적인 관점을 바탕으로 미국의 세계 전략을 구상하고 실천에 옮겼던 것입니다.

### 6) 조지 케넌과 냉전기 지정학

2차 세계대전 이후 연합국이었던 소련이 공산주의를 확산시키면서 미국과 대립하자 미국 정부는 혼란스러워졌습니다. 1946년 2월 소련 주재 미국 대사관 임시대리대사인 조지 케넌George kennan은 소련이 러시아 때부터 계속된 안보에 대한 불안감으로 완충지역을 확보하면서 팽창주의적인 모습을 보이는 것이라고 분석했습니다. 이어 제2차 세계대전으로 막대한 피해를 입은 소련은 미국과 전쟁할 생각도 능력도 없는 상태이며, 소련의 정치체제는 내부로부터 붕괴할 것이라고 보고했습니다. 따라서 장기간 인내하며 정치경제적으로 봉쇄하는 것이 적절하다는 의견을 보냈습니다. "미국은 자유 진영을 수호하고 모든 전체주의에 반대하며 소련을 주된 위협으로 인식한다"는 1947년 3월 트루먼 독트린은 이러한 조지 케넌의 분석을 반영한 것이었습니다.

케넌은 또한 1947년 《포린 어페어스》에 미국의 안보는 적대적 세력이 유라시아의 중심을 지배하지 못하게 하는 데 달려 있으며, 현재 미국이 직면한 문제는 군사적인 것이 아니라 정치적인 것이라고 분석한 글을 기고했습니다. 따라서 정치경제 차원에서 서유럽에 대한 마샬 플랜과 소련 봉쇄 정책을 함께 다뤄야 한다고 주장했습니다.

그러나 미국은 1948년 소련이 원폭 실험에 성공하고 중국에서 공산당 정부가 수립된 이후 안보 전략을 전면 재검토하게 됩니다. 특히 1950년 한국전쟁이 발발하고 북대서양조약기구NATO 가 결성되면서 군사 중심으로 대외 전략이 바뀌게 됩니다. 전략문서인 국가안전보장회의보고 제68호NSC-68에서 미국의 국가안전보장전략을 재검토하고 미국과 소련의 잠재력을 군사, 경제, 정치, 심리적 측면에서 분석했는데요. 그 결과 국방 예산을 대폭 증액시켰습니다. 소련이 영향력을 확대하려고 전력을 다하고 있기 때문에 군사적 충돌이 예상되고 이를 막기 위해 군비 확장이 필요하다는 것입니다. 조지 캐넌은 다면적인 외교정책을 통해 경제적으로 봉쇄하라고 권고했지만, 국무부와 국방부의 NSC-68은 외교보다 군사행동을 강조하는 정책을 주장했던 것입니다. 한국전쟁의 발발은 미국 정부가 NSC-68 전략을 승인하는 데 중요한 배경으로 작용했습니다.

### 7) 헨리 키신저의 지정학

지정학은 1, 2차 세계대전 당시부터 외교 전략가들에게 친숙했고 전후 세계질서를 수립하는 데 커다란 영향을 끼쳤지만 나치 독일의 지정학과의 연관성 때문에 전후 약 30년 동안에는 지정학이라는 단어조차 거의 사용하지 않게 됩니다. 지정학 분석은 특정 지역에 대한 전략 연구라는 새로운 이름으로 불려졌습니다. 또한 장거리 핵무기가 등장하면서 미국 억제 전략의 핵심으로 자리 잡았고, 지정학은 사라지는 것처럼 보였습니다.

그러나 서구 식민지 해체, 제3세계 민족주의의 부상, 쿠바혁명, 베트남 전쟁, 중소국경 분쟁으로 인한 공산권의 분열 등 여러 이슈들이 부각되면서 1970년대 국제정치는 매우 복잡해졌습니다. 특히 지역 분쟁에서 핵무기를 활용할 수 없다는 게 명백해지고 핵무기 보유국도 확산되면서 핵무기의 전쟁 억제 능력도 약화되었습니다. 이렇듯 국제정치 상황이 변하면서 다시 지정학에 관심이 모아지기 시작했습니다. 특히 1968년 닉슨 대통령의 국가안보보좌관이 된 헨리 키신저Henry Alfred Kissinger에 의해 지정학이 부활하기 시작했는데요. 대표적인 사례가 미국과 중국의 핑퐁 외교를 통한 관계 회복이었습니다.

1969년 3월 중국과 소련이 우수리강에서 무력 충돌을 하면서 이미 갈등을 빚고 있던 중소관계가 더욱 냉각됐습니다. 이것을 지켜본 키신저는 미국이 중국과의 관계 개선을 통해 소련의 영향력을 견제할 수 있고 베트남에서 빠져나올 명분을 확보할 수 있다고 판단했습니다. 공산주의의 확대를 저지하기 위해 무리하게 베트남 전쟁에 참전한 미국으로서는 중국과의 관계 개선을 통해 소련을 견제할 수 있다면, 베트남 전쟁에서 발을 뺄 수 좋은 명분이 생기기 때문입니다. 미국이 중국과 우호 관계를 통해 소련을 고립시키면, 베트남은 소외감을 느낄 것이고 미국이 베트남 종전 협상을 유리하게 전개할 수 있다는 계산이었습니다.

미국과 중국이 손을 잡게 된 것은 이념이 아니라 지정학적 시각에서의 선택이었습니다. 소련으로서는 커다란 전략적 손실인 반면, 미국으로서는 엄청난 수확이었습니다. 공세적으로 나오던 닉슨이 중국 방문을 선언하면서 이후 국제관계는 대변화를 겪게 되었습니다.

**| 키신저의 미중 관계 개선 |**

키신저는 미국의 봉쇄정책이 지나치게 군사적이었기 때문에 정치적 세력 균형이 필요하다고 판단했던 것 같습니다. 이후 미국은 지정학적 시점에서 세력 균형을 분석했고 이는 미국의 안보 전략에서 중요한 요인으로 작용하게 됩니다.

### 8) 브레진스키의 '그랜드 체스판'

1980년대 미국의 대표적인 외교 전략가였던 즈비그뉴 브레진스키Zbigniew Kazimierz Brzezinski는 1997년 첫 번째 책『그랜드 체스판』을 통해 역사상 처음으로 비非유라시아 국가가 유라시아 판도를 결정하는 핵심 위치를 차지했다고 말했습니다. 그는 세계를 글로벌 패권을 놓고 게임이 진행되는 체스판이라고 말하며 유라시아는 지정학적으로 여전히 중요하다고 주장했습니다. 서유럽에서는 무시할 수 없는 강대국들이 존재하고 있고 동아시아에서는 중국의 영향력이 확대되고 있는 가운데, 미국의 패권은 유라시아에 대한 지배력을 얼마나 유지하느냐에 달려 있다는 것이지요. 따라서 유라시아에 미국의 패권에 도전할 만한 국가나 세력이 출현하지 못하도록 관리하는 게 미국의 목표라는 설명입니다.

한편 2012년에 펴낸 두 번째 책『전략적 비전』에서는 2001년 이라크 전쟁으로 정당성을 상실한 미국은 2025년경 패권적 지위를 상실하고 중국이 부상하면서 세계는 혼란스러운 상태에 빠질 것으로 예측했습니다. 특히 중국의 성장은 미국의 현재 위상에 중대한 도전이 될 것으로 보았고, 민주주의 대신 권위주의와 민족주의, 그리고 종교 등에 기반해 안보 전략을 택하는 국가들이 늘어날 것으로 전망했습니다.

그 이후 2016년 4월 브레진스키는 〈글로벌 재조정을 향하여 Toward a Global Realignment〉라는 논문을 발표했습니다. 미국을 포함한 어느 나라도 더 이상 지배적 대국이 아니라는 겁니다. 그는 미국의 군사력이 상대적으로 약해지면서 세계적 혼란으로 연결될 것으로 전망했습니다. 그는 현재 가장 위험한 국가는 러시아지만 장기적으로는 중국의 부상을 예측했으며, 2035년 이후 새로운 국제 질서가 출현할 것으로 보았습니다. 따라서 경쟁국인 중국이나 러시아 중 하나와 연합해서 안정을 구축해야 한다는 것이 그의 마지막 지정학적인 조언이었습니다.

1997년 거대한 체스판인 유라시아 대륙을 미국이 드디어 2016년에는 지배하게 됐다고 선언했으나 20년이 지난 유라시아는 더 이상 어느 한 대국이 지배할 수 있는 것이 아니라고 수정한 것이죠. 향후 다극 시대로 바뀌면서 유라시아는 훨씬 더 복잡한 상황이 전개될 것이라는 전망입니다.

### 9) 조지 프리드먼의 미국 중심 지정학

미국의 지정학자 조지 프리드먼George Friedman은 2011년 발표한 『21세기 지정학과 미국의 패권 전략』에서 미국은 9 · 11 테러 이후 대테러 전쟁에 과도하게 집착한 나머지 전략적 균형을 상실했고, 그 여파로 아프가니스탄과 이라크에서 상당 기간 동안 자신의 전력을 소모해야 했다고 말합니다. 이 과정에서 미국은 러시아가 국제무대로 복귀하는 것을 지켜볼 수밖에 없었고 중국이 잠재적인 패권 도전국의 지위에 오르는 것을 허용하고 말았다는 것이죠. 중국의 경제적 팽창과 함께 2008년의 금융위기는 미국의 쇠락에 대한 믿음을 확산시켰습니다. 하지만 프리드먼은 2008년 금융위기를 거치면서 미국의 위기 관리 능력과 미국 경제의 영향력이 여전히 건재하다고 것을 입증했다고 주장합니다. 반대로 한때 미국을 대체할 것이라 기대되었던 유럽연합은 금융위기를 거치면서 구조적 취약성을 드러냈고 점점 더 구심력이 약화되고 있다고 평가했습니다. 한편 중국은 미국의 패권에 대한 강력한 도전자로 비춰지고 있지만, 경제 성장이 정체되기 시작함에 따라 미래에 대한 불안감이 자라나고 있다고 주장합니다.

프리드먼은 결국 대테러 전쟁에서의 전략적 실수와 금융위기에도 불구하고 미국이 가진 근본적인 "딥 파워deep power"는 전혀 훼손되지 않았고, 미국은 그 어느 국가도 쉽게 흉내 낼 수 없는 경제,

군사, 정치적으로 균형 잡힌 힘을 보유하고 있다고 주장합니다. 미국이 가진 자원과 인구, 기술, 그리고 지정학적 조건은 어떤 경쟁국보다 압도적으로 뛰어나며, 미국은 태평양과 대서양을 국경 삼은 지정학적으로 대단히 유리한 위치를 차지하고 있다는 것이죠. 그는 오늘날 미국이 전 세계 경제 규모의 25%를 차지하고 있을 뿐만 아니라 막강한 해군력으로 대양을 지배하면서 모든 해상 무역로를 통제하고 있다는 것을 근거로 제시합니다.

그는 미국이 21세기 내내 최강의 강대국으로 남아 있을 것이라고 말합니다. 하지만 미국의 자원은 한정되어 있으며, 전 세계 모든 문제에 개입할 수 없습니다. 프리드먼은 미국이 21세기에도 패권국으로 남아 있고자 한다면 미국의 전통적인 전략적 원칙으로 돌아가야 한다고 말합니다. 그러기 위해서는 세계적 차원에서 그리고 각 지역에서 힘의 균형을 유지할 수 있도록 군사적 개입을 최소화해야 한다는 것이지요.

프리드먼은 이제 미국은 잠재적인 패권 도전국인 중국과 러시아 그리고 독일을 견제하는 데 다시 초점을 맞춰야 한다고 주장합니다. 그는 미국 패권에 대한 진정한 도전은 중국이 아니라 일본, 독일과 러시아 동맹이 될 것으로 보고 현재 잠재적으로 미국을 위협하는 세 개의 주요 세력을 첫째, 중동의 이슬람 지하디스트 세력, 둘째, 러시아 혹은 러시아-독일 동맹, 셋째, 동아시아에서 중국과 일본이 될 것으로 예측했습니다.

미국은 오랫동안 중국과 일본 사이에서 힘의 균형을 유지해왔으며, 현재는 중국의 팽창을 억제하는 데 전략적 초점을 맞추고 있습니다. 프리드먼은 중국은 지정학적으로 고립된 섬이며, 적대적인 세력들로 둘러싸여 있기 때문에 붕괴를 걱정해야 한다고 말합니다. 그는 중국 경제가 조만간 빈곤 상태에 있는 10억의 인구를 가진 채 성숙 단계에 도달하게 될 것이며, 성장이 멈추는 순간 거대한 사회적 불안정에 직면하게 될 것으로 예측했습니다.

프리드먼은 중국의 붕괴가 시작되면, 일본이 중국에 개입하여 영향력을 확대하려 할 것이라고 주장하면서, 일본이 내부적으로 대단히 응집적인 국가이며, 가까운 미래에 단호한 군사국가가 될 가능성이 있다고 얘기합니다. 그는 일본이 언제든 공격적으로 변할 가능성이 있으며, 미국은 머지않아 일본으로 초점을 전환하게 될 것이라고 말합니다. 따라서 미국은 중국이 완전히 붕괴하는 것도, 일본의 힘이 과도하게 팽창하는 것도 원치 않는다고 합니다. 중국의 붕괴는 일본과 러시아에 대한 평형추가 사라지는 결과를 가져올 것이기 때문이죠.

## 10) 피터 자이한의 미국 고립주의

조지 프리드먼의 제자라고 할 수 있는 피터 자이한Peter Zeihan은 미국이 다시 고립주의를 선택할 것이라고 주장합니다. 냉전 시기부터 떠맡아온 세계 질서 유지라는 사명을 갖지 않을 것이며 동맹 체제도 이와 함께 와해되어 각국이 생존을 위해 고군분투할 것이라는 것입니다. 자유로운 시장을 바탕으로 한 무역체제 역시 붕괴할 것이고, 각 지역의 전통적인 강국들이 다시 부상할 것으로 봅니다. 반면, 이렇게 세계가 혼란에 빠진 와중에 미국은 완전히 분리된 지리적인 이점에 더불어 자신들이 가진 기술과 인구, 그리고 셰일가스와 식량 생산성 등의 자원 들을 바탕으로 독자적으로 부흥을 누릴 것이라고 예상합니다. 미국 입장에서 고립체제에 대해 낙관하는 전망을 내리는 것이 피터 자이한의 논점이라고 할 수 있습니다.

미국의 보수적인 지정학 논객들과 마찬가지로 피터 자이한은 중국에 대해서는 비관적인 전망을, 일본이 다시 아시아의 패권국으로 부상한다는 생각을 갖고 있습니다. 미국은 미래에도 초강대국으로 남을 것이겠지만, 중국은 뒤처질 것이라고 전망하고 있습니다. 중국이 미국에 도전하기에는 지정학적 조건이 불리하고 인구 통계학적으로도 경제의 허리라고 할 수 있는 40대가 많아 당장은 문제가 없지만, 20대부터 인구가 빠르게 감소하기 때문에 가까운 미래에 중국도 고령화의 늪에 빠지게 되어 전 연령층에서 인구가 고른 미국에게 필연적으로 밀릴 것이라는 게 그의 주장입니다.

자이한은 중국이 쇠락하고 일본이 아시아의 패권국으로 올라선다는 전망을 했습니다. 미국이 고립주의로 회귀하게 되면 더 이상 미국 해군이 세계의 바닷길을 지켜주지 않기 때문에, 중동이 끝없는 혼란에 빠져 전 세계의 석유 수급에 빨간불이 켜질 가능성이 높아질 것이라고 봅니다. 특히 중동과의 거리는 멀지만 석유 수요는 많은 동북아시아 4개국(한국, 중국, 일본, 대만)은 원유 수송을 위한 처절한 사투를 벌이게 되는데 일본의 해상자위대만이 수천 킬로미터 밖의 중동에서부터 자국의 유조선을 호위할 원거리 작전 능력을 보유했기 때문에 일본이 크게 부상한다는 것이죠.

러시아에 대해서도 중국처럼 인구통계학적 데이터를 근거로 부정적인 예측을 하고 있습니다. 구소련 붕괴 후 약 20년간 러시아의 출산율이 매우 낮았는데, 이 때문에 국가가 약화될 것이라는 주장입니다.

이처럼 피터 자이한은 일본을 높게, 중국을 낮춰보는 미국 보수주류의 성향을 그대로 보여주고 있습니다. 따라서 한국은 해양 세력의 핵심인 일본과 우호적인 관계를 맺어야 이후 국가 발전에 유리하다고 주장했습니다. 이는 전통적인 미국의 태평양 전략을 다시 한번 강조하고 있는 것입니다.

## 11) 러시아 신유라시아주의

푸틴의 브레인으로 불렸던 알렉산더 두긴Alexander Dugin은 1997년 발표한 책『지정학의 기초: 러시아의 지정학적 미래』에서 해양 세력과 대륙 세력의 이원론을 바탕으로 양 세력 간의 대결의 역사를 설명합니다. 도시국가인 카르타고로 상징되는 해양 세력은 개인주의를 중심으로 민주주의와 해양 무역, 혁신이라는 특징을 갖는데 시장 경제, 자본주의, 근대 자유주의 국가인 영국과 미국으로 계승되었다고 말합니다. 반면 로마제국으로 상징되는 대륙 세력은 권위주의, 집단주의, 내륙무역, 보수성을 특징으로 계획경제와 사회주의 국가인 소련과 러시아로 계승되었다는 것이죠. 즉 인류 역사는 이 해양 세력과 대륙 세력의 반복적인 대결의 역사라는 것

| 러시아 정교회와 십자가 |

입니다.

이러한 물질적, 기술적인 발전, 자유민주주의적 조류, 개인주의, 인도주의적 세계관, 진보, 진화, 인권, 자유시장, 자유주의 경제 같은 해양 세력의 가치는, 대륙 세력에서는 부정됩니다. 대륙 세력에서는 전체주의, 사회주의, 권위주의, 비개인주의가 더 지배적이고 사회, 국민, 민족, 이념, 세계관, 종교, 지도자 숭배 등이 우위에 있습니다. 물질 만능의 욕망에 묶인 서방에 비해, 동방은 보다 정신 수양을 강조하는데 이러한 해양 세력을 대표하는 조류를 대서양주의, 대륙 세력을 대표하는 조류를 유라시아주의라고 부르는 것이지요. 이때 둘 간의 충돌은 피할 수 없습니다. 1990년 소비에트 해체는 대서양주의가 유라시아주의에 승리했다는 것을 의미합니다.

미국의 외교 전략가 브레진스키는 소련 해체 후 러시아의 국제적 지위는 매우 저하되어 지역 강대국으로밖에 보이지 않는다고 했습니다. 우크라이나를 상실한 것이 치명적이며, 중앙아시아 국가들은 더 민족주의적이고 더 이슬람화되어 러시아의 영향력에서 벗어날 것이라는 거죠. 그러나 러시아는 미국과 동등한 지위에 있다는 착각 때문에 과거 소련 지역뿐 아니라 중부 유럽 위성국가들에게도 지정학적 특권이 있다는 생각을 버리지 못하고 있습니다. 또한 나토의 확장을 러시아에 대한 적대적 포위로 보고 중부 유럽이 나토에 가입하지 않은 채로 있으면 언젠가 다시 러시아 영향권에 속할 것이라고 봅니다. 그러나 러시아는 팽창할 가능성이 있는 유럽과 부상하는 중국 사이의 완충지대가 될 것이라고 브레진스키는 분석했습니다. 따라서 장기적으로 러시아를 대서양 유럽에 통합시키는 것이 최선이라고 생각했습니다.

소련 붕괴 이후 세계질서를 바라보는 시각은 '문명의 충돌로서 대립이 지속된다'는 새뮤얼 헌팅턴Samuel Huntington의 비관론과 '서양의 자유민주주의 정치체제의 승리로 역사가 끝났다'고 선언한 프랜시스 후쿠야마Francis Fukuyama의 낙관론으로 나눠집니다. 그러나 대륙 세력을 대표하는 소련은 붕괴했지만 유라시아주의의 계승자 러시아는 해양 세력에 의한 일방적인 국제정치질서에 대항하여 새로운 질서를 형성하는 것을 목표로 삼고 있습니다. 따라서 독일을 중심으로 한 중부 유럽과 연대를 강화해서 해양 세력인 미국에 대항해야 한다고 주장합니다. 특히 동방정교회에 속하는 루마니아, 마케도니아, 세르비아, 그리스 등 동유럽 국가들은 러시아와 결합을 통해 해양 세력에 맞서야 한다는 것이지요. 소련국가였던 벨라루스, 몰도바뿐 아니라 카톨릭교도가 많은 우크라이나 서부 세 개 지역을 제외하고 동남부는 러시아에 통합되어야 한다고 주장합니다.

두긴은 전쟁이 아니라 비군사적인 방식으로 유라시아에서 러시아의 지배권을 확립해야 한다고 일갈합니다. 체제 전복, 불안 조

| 알렉산더 두긴과 신유라시아주의 |

성, 허위 정보전 등의 방법이 사용될 수 있고, 천연가스, 석유, 기타 광물자원 등 풍부한 자원을 활용하여 다른 국가들이 러시아를 따르도록 압력을 가해야 한다는 것이죠. 이렇듯 러시아는 민족주의에 갇혀서는 안 되고, 유라시아 제국을 만들어서 다극화된 국제정치질서를 구축해 다원적 문명, 가치, 경제 구조 등을 제시해야 한다고 강조합니다.

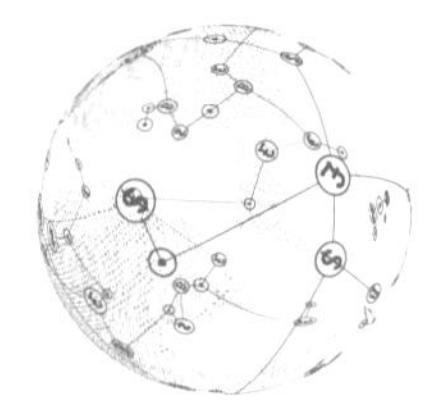

## 국제정치학 접근

현대 국제정치를 설명하는 대표적인 이론으로 현실주의, 자유주의, 구성주의를 들 수 있습니다. 첫 번째 정치적 현실주의 전통은 가장 오래된 국제정치 이론이라고 볼 수 있습니다. 이 전통은 투키디데스의 『펠로폰네소스 전쟁사』, 손자의 『손자병법』까지 거슬러 올라갑니다. 현실주의는 수천 년 동안 지배적인 국제관계이론이었고, 1945년 이후 냉전 초기까지도 핵심적인 이론이었습니다.

현실주의는 국제관계에서 도덕주의를 철저하게 배제한, 냉정한 '현실주의적' 해석을 제공합니다. 현실주의자들에게 국제정치는 처음부터 마지막까지 '힘'과 '국가이익'에 집중되어 있습니다. 국제정치에서 현실주의 이론은 다음 세 가지 핵심 가정에 기초하고 있습니다.

첫 번째는 국제관계의 핵심 행위자는 국가라는 것입니다. 국제관계는 마치 당구대 위에서 움직여지는 당구공(국가) 간의 상호작용에 의해 결정된다는 것이죠.

두 번째는 인간 본성은 이기심과 탐욕으로 특징지어지는데, 국제정치의 지배적 행위자인 국가들도 본질적으로 같은 특성을 보인다고 주장합니다. 따라서 국가는 국제관계에서 국가이익을 중요시한다는 것입니다.

세 번째는 국제사회는 중앙정부가 존재하지 않는 무정부 상태이기 때문에 개별 국가는 자국의 안보와 생존을 우선시할 수밖에 없다는 것입니다. 전체를 통제할 수 있는 중앙정부가 없는 각자도생의 질서라는 것인데요. 이러한 질서에서는 국가 간 협력은 어렵고 갈등이 일상화됩니다. 무정부 질서 아래에서 누구도 생존을 담보해주지 않기 때문에 각자도생의 적자생존이 현실주의의 기본 논리가 됩니다.

한 나라의 생존을 위해서는 스스로를 지킬 수 있는 능력, 국력이 필요합니다. 그리고 국력은 군사력을 중심으로, 경제력과 기술력 등을 필요로 합니다. 그러나 어느 나라도 충분한 자강 능력을 보유하고 있다고 말하기 어렵기 때문에 세력 균형Balance of Power이 필요해집니다. 특히 약소국은 자신을 지키기 위해 자연스럽게 주변의 강한 나라와 동맹을 맺게 됩니다. 반면 강한 나라도 동맹이 필요합니다. 현실주의에서 국제관계는 단순히 안보뿐 아니라 다른 국가보다 우위를 갖기 위한 권력 투쟁으로 보기 때문입니다. 그런데 한 진영이 동맹을 구축하게 되면 자연스럽게 상대 진영도 같은 논리를 따라 동맹을 구축하게 됩니다. 여기서 세력 균형이 필요해지고 동맹은 핵심 개념이 됩니다.

두 번째 주류 국제정치 이론은 자유주의입니다. 자유주의 이론은 국제관계를 거미줄 형태를 띠고 있다고 생각합니다. 국제정치는 개인, 단체, 국제 비영리기구, 다국적기업, 국제기구 등 국가뿐만이 아닌 다양한 행위자에 의해 거미줄처럼 연결된 하나의 연계망, 즉 세계사회라는 것입니다. 자유주의는 국제질서를 반드시 무정부적인 상태로만 보지 않습니다. 현실주의와 달리 자유주의는 인간을 선하게 태어났고 민주적인 교육을 받았기 때문에 타국의 이해를 침해하면서 자국의 이익을 극대화하지 않는다고 가정합니다. 국제관계에서도 주요 행위자들의 합리적 행위가 조화와 협력을 가져올 수 있다고 봅니다. 그것을 가능케 하는 것이 바로 국제법, 국제기구, 국제제도라는 것이죠. 국가 간 갈등이 아니라 조화가 전제되는 국제체제에서는 동맹이나 세력 균형이 무의미해진다는 것입니다.

20세기 초반 국제법과 국제기구의 역할에 역점을 두던 자유주의는 1970년대 초 경제적 상호의존론으로 발전하게 됩니다. 1970년대 세계는 지구 환경과 자원의 부족, 심각한 식량 위기 등이 발생했습니다. 또한 브레튼우즈 통화체제가 폐기되면서 국제경제질서가 크게 변화하게 됩니다. 특히 석유수출국기구OPEC가 석유 가격을 인상하면서 극심한 에너지 위기가 발생했지만, 미국도 이러한 신흥 산유국들의 집단행동 앞에 속수무책이었습니다. 군사력이 모든 분야에 적용되는 것이 아니었기 때문에 기존의 현실주의나 자유주의 이론으로는 이러한 현상을 설명할 수 없었습니다.

1970년대 하버드대학교의 로버트 코헤인Robert Koehane과 조지프 나이Jeseph Nye에 의해 발표된 상호의존론은 네 가지 차별점을 가집니다. 먼저, 국제정치의 행위자가 국가뿐 아니라 다국적기업, OPEC 같은 카르텔, NGO 등 다양한 행위자가 등장하는 데 주목했습니다. 둘째, 국력이 군사력만으로 설명할 수 없고 무역, 금융, 에너지, 식량, 환경 등도 중요한 안보 의제로 설정되고 중요한 국력의 요인이 되고 있다는 점을 지적했습니다. 셋째, 국가 간 상호의존이 커지면서 대외적인 민감성과 취약성이 커졌다고 주장합니다. 마지막으로, 상호 의존 관계 속에서 다양한 영역에서 분쟁이 증가하고 있기 때문에, 이를 해결하기 위한 국제기구와 국제법의 역할이 과거와 달리 중요해졌다는 것입니다.

세 번째는 구성주의Constructivism 국제정치이론입니다. 구성주의는 '정체성Identity'을 중요하게 생각하는데, 국제정치 행위자들이 가지는 이익이나 규범이 궁극적으로 정체성에 따라 결정되기 때문입니다. 정체성은 자신과 타인에 대한 인식, 그리고 타인의 자신에 대한 인식으로, 존엄, 명예, 권위 등으로 나타납니다. 현실주의자들이 주장하는 무정부성은 해당 국가들이 어떻게 인식하느냐에 따라 달라진다는 거죠. 그 인식이 바로 그 국가가 공유하고 있는 정체성에 의해 결정됩니다.

팔레스타인과 우크라이나 같은 나라는 주변 안보 질서를 '만인의 만인에 대한 투쟁'이라는 토머스 홉스적 무정부 질서로 인식할 것이고, 네덜란드, 노르웨이 같은 유럽 국가는 주변 안보 환경을 평화적으로 인식할 것입니다. 한편 한국과 대만 같은 나라는 평화와 갈등이 공존하는 질서로 인식하는 경향이 있습니다. 이처럼 나라마다 각기 다른 정체성을 갖고 안보환경에 대한 인식이 달라질 수 있습니다. 이러한 정체성은 역사 문화적 맥락에 따라 사회적으로 구성된다는 것입니다.

코로나19 사태는 상호의존론의 자유주의 정치이론이 지배하던 지난 30년간의 패러다임에서 국익을 추구하는 국가 간 갈등이 다시 불거지는 다시 현실주의 정치이론으로 변화시키는 계기를 만들었습니다. 한편 2022년 우크라이나 전쟁은 기존의 국제정치이론으로 설명할 수 없는 문제들을 낳았습니다. 실제로 안보위협을 느끼는 러시아의 현실주의 논리뿐 아니라, 유라시아주의 정체성에 집착한 구성주의가 2022년 러시아의 우크라이나 침공을 더 적절하게 설명할 수 있다고 판단됩니다.

# 3장

LAND MON

# 생각의 차이,
# 비교정치철학의 접근

Y P O W E R

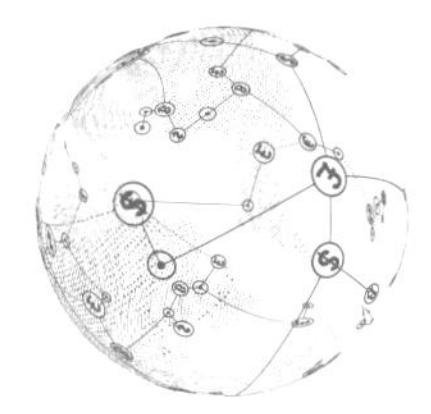

## 서구 자유민주주의 정치철학:
## 개인의 정치적 자유 vs. 공동체 회복 모색

근대 이후 개인의 자유와 권리를 중심으로 보는 서구의 자유주의 정치철학은 미국 공동체주의 정치철학자들의 오랜 비판을 통해 한층 성숙한 논의를 전개하게 되었습니다. 서구의 근대 정치철학의 핵심인 고전적 공리주의를 대표하는 이들은 제러미 벤덤Jeremy Bentham과 존 스튜어트 밀John Stuart Mill인데요. 벤덤은 "자연은 인간을 두 개의 주권자의 통치 아래 두었는데, 하나는 고통이며, 다른 하나는 쾌락이다"라고 했습니다. 또한 그는 "공동체의 이익이란 그것을 구성하는 여러 구성원들의 이익을 종합한 것이다"라고도 말했습니다. 그리고 밀은 "다른 사람의 이익을 위해 자신의 이익을 희생하는 힘이 인간에게 있는 것을 인정하지만, 이런 행위는 선이 될 수 없다"고 했습니다.

벤덤과 밀은 모두 공리를 개인의 이익이라는 지점에서 바라봅니다. 이런 서구의 인식적인 특징은 사적 이익의 추구를 인간의 본성으로 여기기 때문입니다. 사적 이익의 추구는 공동체의 이익을 추구하는 공리주의와 만날 때 서로 충돌할 수밖에 없으며, 이로 인해 발생하는 윤리적인 딜레마를 피할 수 없다는 거죠. 다른 사람의 행복을 위해 자신의 행복을 희생하는 것이 합리적이라 말하는 공리주의와 자신의 행복을 궁극적인 목적으로 추구하는 것이 합리적일 수도 있다는 이기주의는 서로 부딪힐 수밖에 없다는 것입니다. 최근 자유주의와 공동체주의의 논쟁은 이러한 서구의 공리주의가 이기주의를 벗어나지 못하고 있다고 비판하는 데서 시작됩니다.

공동체주의 전통은 19세기 사회주의적 유토피아주의에서 기원합니다. 실제로 공동체에 대한 관심은 우애와 협력에 대한 사회주의적 강조, 계급 없는 공산주의 사회에 대한 마르크스주의적 믿음, 사회를 상호의무로 결속된 유기체적 전체로 보는 보수주의 시각, 그리고 심지어 불가분의 국민적 공동체를 만들겠다는 파시즘 신앙 등에서 다양하게 표현되며 근대 정치사상에서 지속적으로 나타납니다. 하지만 특정한 정치철학을 구체화하는 하나의 사상학파로서 공동체주의가 등장한 것은 1980년대입니다. 공동체주의자들은 자유주의가 개인적 권리와 자유를 공동체의 필요성보다 상위에 위치시킴으로써, 자유사회의 공적 문화를 얼마나 훼손했는지를 강조하면서, 자유주의와 공동체주의 정치철학 간의 논쟁을 불러온 것입니다.

공동체주의 시각에서 자유주의의 중심적 결함은 개인을 원자화된, '(사회에) 빚지지 않은 개인'으로 보는 부분입니다. 이러한 견해는 인간이 합리적으로 이기주의를 추구하는 존재라는 공리주의 가정에서 잘 나타납니다. 공동체주의자들은 대조적으로 각 개인이 자신의 욕망, 가치, 그리고 목표에 영향을 준 사회의 화신이라는 의미에서 공동체 속에 내장되어 있다고 강조합니다. 이는 사회화 과정뿐만 아니라 개인의 경험과 신념을, 사회적 맥락으로부터 분리하는 것이 불가능하다는 것입니다. 특히 자유주의 정의론은 개인의 선택과 행위에 관한 가정에 기초하는데, 이 개념들은 유체이탈처럼 사회로부터 분리되었기 때문에 의미를 상실했다고 공동체주의자들은 주장합니다. 따라서 보편적 정의론은 설 땅이 없고, 엄격히 특정 지역에서 통용되고 특정한 경우에 적용되는 정의론에 밀릴 수밖에 없다는 것입니다.

공동체주의자들은 개인들이 사회적 의무와 도덕적 책임감에 의해 제어되지 않은 채 단지 자신들의 이익과 자신들의 권리만 계산하도록 하는 근대사회와 정치사상에서의 불균형을 교정하는 것이 자신들의 목표라고 주장합니다. 이러한 도덕적 진공 상태에서 사회는 붕괴할 수밖에 없다는 것입니다. 따라서 공동체주의 프로젝트는 사회에 도덕의 목소리를 회복시키고, 아리스토텔레스로 거슬러 올라가는 '공동선의 정치'를 구축하고자 합니다. 그러나 공동체주의자를 비판하는 이들은 이 사상이 보수적이고 권위주의적 함의를 둘 다 가지고 있다고 주장합니다. 공동체주의는 현존하는 사회구조와 도덕률을 옹호하는 셈이기 때문에 보수적 성향을 가지고 있습니다. 예를 들면 페미니스트들은 공동체주의가 가족을 옹호한다는 핑계로 전통적인 성 역할을 강요하고 있다고 비판합니다. 또한 공동체주의의 권위주의적 측면은 이들이 개인의 권리와 수급권보다 의무와 책임을 더 강조하는 데서 나온다고 비판받습니다.

대표적인 공동체주의자로는 스코틀랜드 출신의 도덕철학자 매킨타이어Alsdair Macintyre가 있습니다. 그의 견해에 따르면, 자유주의는 도덕적 상대주의를 설파하기 때문에 사회질서에 대한 도덕적 기초를 제공할 수 없습니다. 정의 및 미덕 관념은 특정한 지적 전통에 고유한 것이라고 주장함으로써 그는 아리스토텔레스, 아우구스투스Augustus 및 토마스 아퀴나스Thomas Aquinas의 기독교 전통에 뿌리를 둔 선한 삶의 모델을 발전시켰습니다.

또 다른 공동체주의 철학자인 월저Michael Walzer는 고유한 상황을 고려하지 않고 가상적인 상황에서 도출된 존 롤스John Rawls의 단일한 정의의 원칙은 현실성이 없다고 비판하고, 영역별로 고유하고 특수한 다원적인 분배 원칙을 찾는 '복합 평등'을 주장했습니다. 월저는 가치 분배의 과정에서 보편적인 기준이 일괄적으로 적용되는 것이 아니라, 각 영역의 고유한 기준이 각각 적용되어야 한다고 보았습니다. 복합 평등이 실현되는 사회에서는 한 영역에서 우월한 위치를 차지하는 사람이 다른 영역의 재화까지도 쉽게 소유하게 되는 일에 반대합니다. 따라서 정치 영역의 고유 가치인 권력은 정치 영역에 머물러야 하고, 경제 영역의 고유 가치인 부는 경제 영역에 머물러야 한다고 주장합니다. 경제활동에서 성공한 사람이 정치 권력까지 장악하는 것은 정의롭지 못하다는 것입니다.

한편 미국 정치철학자 마이클 샌델Michael Sandel은 독특한 공동체들에 존재하는 도덕적 그리고 사회적 삶의 개념을 주장하고, 개인적 선택과 정체성은 공동체의 '도덕적 유대'에 의하여 구성된다고 강조했습니다. 또한 공동체 의식이 결여될 경우 민주주의가 약화될 수 있다고 경고했습니다. 샌델은 "권리가 사회적 미덕보다 우선시되는가"라는 질문을 던지고, 사회적, 문화적 맥락에서 좋은 삶이 무엇인지를 도덕적인 참여 정치를 통해 찾아가야 한다고 주장했습니다.

정의에 대한 서구 이론들은 전통적으로 특정 국가 또는 공동체 내부에 거의 전적으로 집중했습니다. 하지만 1980년대 이후 이론화된 국민국가의 제한된 맥락을 넘어 글로벌 영역으로 확대하려는 시도들이 등장했습니다. 이것은 '가속화된' 세계화를 배경으로, 그리고 경제적 세계화가 글로벌 불평등을 심화시키고 있다는 시각에서 제기된 것입니다.

글로벌 사회 정의에 대해서는 두 개의 대조적인 원칙론이 있습니다. 첫째는 인도주의에 기초하고 있는데, 사람들의 고통을 경감시키고 심각한 결핍에 처한 사람들을 보살펴야 한다는 도덕적 의무를 반영합니다. 이 모델은 빈곤을 퇴치해야 한다는, 정치적으로는 절박하지만 제한된 과제에 집중합니다.

오스트레일리아의 실천윤리학자 피터 싱어Peter Singer는 만일 우리가 어떤 나쁜 일을, 그보다는 작은 양보를 통해 방지할 수 있다면 우리는 그 일을 해야 한다고 주장합니다. 부유한 국가의 시민들과 정부는 다른 나라들의 절대적 빈곤을 종식시켜야 할 기본적 의무를 가지고 있다고 주장하는 것이지요.

글로벌 사회 정의의 두 번째 이론은 범세계주의에 기초하는데, 빈곤 문제를 넘어 글로벌 불평등을 축소 또는 제거하고자 합니다. 따라서 범세계주의적 사회 정의 모델은 상당한 부와 자원의 국가간 재분배와 연관돼 있습니다. 범세계주의적 사회 정의론은 국가 내부의 범위에 한정되어 있는 롤스의 정의론을 글로벌 영역으로 확대하기 위한 시도의 하나로 등장했는데요. 롤스가 주장한 '차등원칙'의 세계화 버전은 이렇게 글로벌 질서가 최악의 상태에 있는 사람들에게 최대 혜택이 돌아가도록 만들어야 한다고 요구함으로써,

경제적 및 사회적 불평등에 대한 주요 제한을 정당화하는 데 활용되고 있습니다. 이러한 사상에 영향받은 사람들 중에는 현존하는 글로벌 시스템이 부유한 국가들이 많은 이익을 얻도록 구조화되어 있기 때문에 부당하며, 따라서 급진적 개혁을 필요로 한다고 주장했습니다.

하지만 글로벌 사회 정의 이론은 근대 국가체계를 크게 벗어나는, 그래서 현실성이 부족하다는 비판을 초래했습니다. 설사 글로벌 사회 정의가 바람직하다고 생각되더라도, 부유한 국가들이 희생을 치를 의향을 전혀 보이지 않기 때문에 전적으로 실현 불가능한 일이라는 것이지요. 또 글로벌 사회 정의 원칙은 빈국들이 글로벌 불의의 희생자들이며, 자기 운명의 주인공이라기보다 다른 나라들에 의해서 구제될 필요가 있다는 생각을 영속화시키는 부작용을 낳을 수 있다는 비판을 받았습니다.

이렇게 개인의 자유와 권리를 중심으로 발전해온 서구의 자유주의 정치철학은 공동체주의와의 논쟁을 거치면서 조금 더 공동체주의적인 전통이 감안된 정치철학으로 진화를 거듭하고 있습니다. 그러나 근대 국가체제를 벗어나기 어렵다는 한계와 경제적으로 부유한 국가들의 논리일 뿐이라는 비판에서 자유롭지 못했습니다. 따라서 다양한 국가들이 이를 받아들이지 않고 해당 지역에 따라 독자적인 정치공동체의 가치관을 제시하거나 유지하려고 하고 있습니다. 중국 권위주의 정부의 정치철학인 신유학과 러시아의 신유라시아주의, 이슬람의 신정국가는 문명의 특수성을 주장하는 대표적인 사례로 볼 수 있습니다.

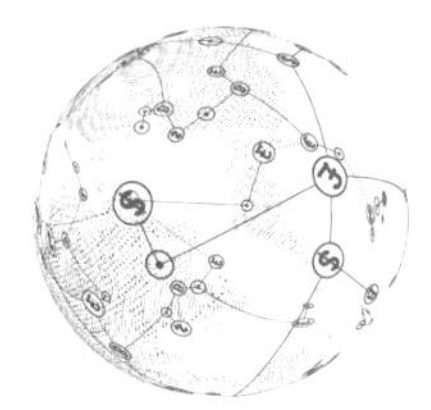

## 중국 정부의 정치철학: 신유학의 권위주의

1990년대 냉전체제가 종식되면서 사회주의가 더 이상 중국을 구할 수 없다는 사실이 명백해지면서 변화를 시도하는 중국은 새로운 정치철학이 필요했습니다. 사회주의 중국이 가진 규범력은 이미 국제사회에서 가치를 상실해가고 있습니다. 그래서 중국은 서구의 경험을 바탕으로 만들어진 국제사회의 규범 질서를 중국화하는 것은 물론 중국 내의 질서를 구축하기 위해 자신의 전통으로부터 자원을 찾고 있습니다.

이런 노력의 일환으로 중국은 한편으로 반식민지의 역사적인 경험을 바탕으로 주권규범질서를 자신의 정체성에 맞게 재구성하고 있고, 다른 한편으로는 과거 동아시아의 국제규범이었던 자신의 전통에서 중국 특색의 국제규범질서 찾으려 하고 있습니다.

마오쩌둥의 시대에는 마르크스 레닌주의를 중국식으로 변화시킨 마오이즘이 있었고, 덩 샤오핑의 시대는 사회주의의 틀 안에 시장 경제를 키우겠다며 실용주의를 강조했습니다. 이에 자유주의가 새로운 정치철학으로 중국에서 싹을 틔웠지만 천안문 사태 이후로 탄압을 받아 소멸하게 됩니다. 사회주의만으로 변화하는 현실을 설명하기 어렵고 자유시장 경제와 강력한 권위주의 정치체제를 효과적으로 옹호할 수 있는 새로운 이데올로기를 전통 사상에서 발견합니다.

**| 미국 정치철학 vs. 중국 정치철학 |**

| 미국의 생각 | | 중국의 생각 |
|---|---|---|
| ① 자유주의 (사적 소유권) | 소유권 | ① 실용주의&공동체주의 (사적 소유권X, 사용권) |
| ② 자유민주주의 (법치/자유/인권) | 정치철학 | ② 사회주의와 신유학 (공유와 연대) |
| ③ 베스트팔렌조약 (근대 국제 질서) | 국제 질서 | ③ 천하질서 (중국 중심 세계관) |
| ④ 자본주의 | 자본주의 형태 | ④ 사회주의적 시장경제 (중국식 자본주의) |
| ⑤ 절차적 민주주의 | 민주주의 | ⑤ 1당 독재를 통한 인본주의 실현 |

◈ 출처 : NH투자증권 리서치본부

과거 동아시아의 보편적인 가치였던 유학은 중국의 근대화 과정과 1966년 문화대혁명을 통해 완전히 폐기되면서 박물관의 유물이 되어버렸습니다. 그런데 최근 유학이 새로운 권력을 얻어가고 있습니다. 동아시아 국가들의 급속한 경제 성장의 원인을 유학에서 찾는 이들이 나타났고, 사회주의적 가치가 소멸된 중국 정부가 유학에서 새로운 권위주의 이데올로기를 끌어왔기 때문입니다.

서구의 공리주의가 개인의 행복을 추구했다면, 유학의 공리주의는 공동체의 이익을 추구해왔습니다. 유학에서는 개인의 이익을 추구하는 것을 멀리했기 때문에 유학의 공리주의는 이기주의로부터 자유로울 수 있었습니다. 또한 공동체의 이익은 도덕적인 원칙을 실현하는 과정에서 얻어지는 보상으로 이해했습니다. 공동체의 이익을 추구하는 유학의 경세사상(세상을 경영하여 백성을 구제한다)은, 개인적인 욕망을 달성하는 것과는 달랐습니다. 그렇지만 공동체의 범위가 어느 수준이냐에 따라 여러 가지 문제를 낳았습니다. 가족, 지역, 민족, 국가라는 범위를 벗어나지 못하면 가족주의, 지역주의, 민족주의, 국가주의 등에 매몰되기도 했습니다.

결과주의의 한 유형인 서구의 공리주의와 달리, 유학의 공리주의는 도덕적인 가치(도의)라는 동기주의의 끈을 놓지 않았습니다. 공동체의 이익을 추구하는 유학의 공리주의가 결과주의에 지나치게 집착하게 되면 집단이기주의와 물질적인 욕망을 맹목적으로 추구하기 쉽습니다. 동기주의는 유학의 공리주의가 지나치게 결과주의에 집착해 도덕적인 경계를 넘지 않도록 통제해왔습니다. 주자가 공동체를 위해 유교적 사회질서라는 공리를 추구하면서도 결과주의에 매몰되지 않은 것은 도의라는 동기주의가 작동했기 때문이었습니다.

그러나 현실 정치에서 유학의 공리주의는 공동체의 질서 유지에 집착하면서, 유학을 공동체 혹은 국가를 위해 개인의 희생을 강요하는 사상이 되어버린 것입니다. 국가주의가 최고의 선으로 자리잡는 데 유교가 자신의 의도와 관계없이 한몫을 한 꼴이 됐습니다.

험난했던 중국의 근대화 과정에서 중국의 정치철학도 커다란 충격을 받았고, 근대 중국의 리더들은 봉건체제에서 탈피하기 위해 유학의 이념들과 결별했습니다. 중국의 근대화 과정에서 사회주의와 민족주의가 부각되었고, 중국에서 유학은 봉건체제의 유물로 전락해버렸습니다.

다수 인민의 이익을 대표한다고 했던 장쩌민, 사람이 근본이라고 했던 후진타오, 소강 사회를 완성하겠다는 시진핑 정부의 구호는 중국 정치철학에서 얼마나 유학적 관점을 내포하고 있는지를 알 수 있습니다.

신유학의 관점에 따라 중국은 정치적 권위를 서구와 완전히 다르게 인식합니다. 서구의 정치철학에서는 국가가 사회계약에 기초하고 있어, 합법적인 절차에 따라 선거를 통해 선출된 대표자들은 통치할 권리인 정치권위를 가지며, 이런 대표자들에게 국민은 복종할 의무를 지게 된다고 생각합니다. 그러나 중국에서 국가는 계약관계가 아닌 혈연관계의 연장과 도덕적인 관계로 구성된 전통적 인식을 갖고 있다는 것입니다. 중국은 이러한 논리의 기원으로 유학적 전통을 제시하고 있는데요. 중국이 서구식 자유민주주의 정치제도와 맞지 않는다는 생각을 한 것도 신유학에 기반하고 있습니다. 서구에서는 인간이 이기적이라는 비관적인 인식을 갖고 있어, 권력을 분산하여 서로 견제하게 만드는 데 역점을 두고 있다면, 유학은 인간이 선하다는 낙관적인 인식에 기초하고 있어 공자와 같은 성인이 통치하는 것이 가장 이상적인 정치체제라고 보는 것이죠.

이런 인식론적인 차이에 근거하여 중국은 서구식 자유민주주의가 중국의 대안이 될 수 없다고 주장하고 있습니다. 또한 개인의 자유와 권리를 지나치게 강조하는 서구식 자유민주주의는 현실과 이상의 격차가 너무 크기 때문에 여러 가지 현대 사회의 문제를 낳고 있다고 비판합니다. 실제 서구 정치철학의 최근 논쟁은 지나치게 개인의 자유와 권리에 집착한 서구 민주주의의 문제를 극복하기 위해 동양의 공동체주의와의 재구성을 대안으로 제시하고 있기도 합니다.

중국에서 최근 논의되는 신유학에서는 지나치게 개인에 집착한 서구식 자유민주주의가 재구성될 필요가 있듯이, 공동체를 우선하여 개인의 자유와 권리를 소홀히 하는 유학도 재구성될 필요가 있다고 봅니다. 유교민주주의는 이런 재구성을 통해 자유주의와 공동체주의가 공존할 수 있는 여지를 제공할 수 있다고 주장합니다.

이러한 논리는 더 나아가 현인정치라는 1인 독재를 정당화하는 기제로 사용되기도 합니다. 현인정치는 도덕적으로 완성된 지도자가 민주주의를 실천하는 것을 말합니다. 그러나 도덕적으로 완성된 현인은 1인 1표의 보통선거에 의존하는 서구식 민주 절차를 거쳐 선출될 수 있다는 것을 보장할 수 없다는 거죠. 더구나 결과보다 과정을 중시하는 민주주의는 현인을 선출하지 못하더라도 민주적인 과정을 거치게 되면 정당화되기 때문에 좋은 정치를 펴기 어렵다는 것입니다. 현인정치는 민주주의의 이런 제도적인 결함을 보완할 수 있기 때문에 중국의 대안이 될 수 있다고 주장하고 있습니다.

한편 중국의 정치지도자들은 서구식 자유민주주의를 도입하지 않겠다고 공언합니다. 그리고 인민들은 중국의 현실을 감안할 때 민주주의는 시기상조라고 합니다. 정치 참여, 언론 자유, 자유와 평등을 보장하는 민주적인 권리보다 사회의 안정과 경제의 성장이 더 중요하기 때문이라는 거죠. 정치지도자는 물론 국민들도 아직 변화를 바라지 않기 때문에 공산당 일당 독재체제는 상당 기간 지속될 것으로 보입니다. 그러나 절대 권력은 절대 부패한다는 격언처럼 상황은 언제 변화될지 모릅니다. 특히 중국의 경제 성장이 공산당의 일당지배체제를 변화시킬 것이라는 주장도 있고, 중국 공산당은 결국 망할 거라고 예상하는 이들도 많이 있습니다. 반면 신유학의 공동체주의에 기초한 중국은 서구와 다른 발전경로를 걸을 것이라는 시각도 있습니다.

현재 중국 정치체제의 대안으로 거론되는 개념들은 모두 다수 지배보다 소수 독재를 선호하고 있습니다. 그래서 공산당 일당독재 체제에 대한 대안이라기보다 일당독재를 합리화하기 위한 방안이라는 냉소적인 반응을 얻고 있습니다. 많은 사람들은 신유학이 공산당 일당독재를 정당화하는 도구로 이용되고 있다고 의심합니다.

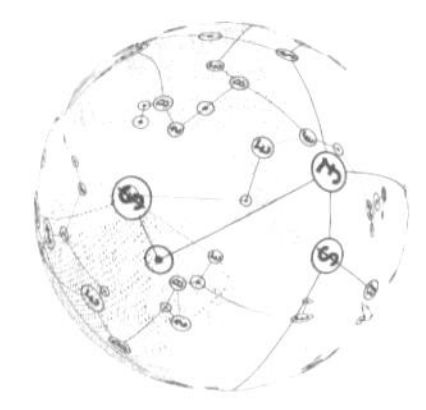

# 러시아와 이슬람, 문명의 충돌?

## 1) 러시아

러시아 정치 지도자들은 러시아가 유럽과 차별화된 자신들만의 정치적, 철학적 신념(러시아 이념)을 갖고 있는 독특한 문명이라고 주장합니다. 그들은 서유럽 사회가 매우 개인주의적이고 물질주의적이며, 비도적이라는 생각을 갖고 있습니다. 러시아인들은 개인의 물질적 목표를 추구하는 삶이 아닌 보다 정신적이고 공동체적인 생활 방식을 공유하고 있다는 것입니다. 영성이나 공동체로서의 연대감과 같은 가치들을 측량하기는 쉽지 않지만 이러한 영적이고 공동체적인 인식은 러시아 국민들의 정체성을 만드는 데 기여하고 정치 시스템을 형성하고 유지하는 데까지 이어집니다. 러시아 사상에 대한 옹호자들인 19세기 슬라브주의자들과 그들의 근대 계승자들은

'성스러운 러시아'에서의 정교회의 역할, 농민집단 내 협동의 가치, 그리고 권위주의적인 통치를 정당화하곤 합니다.

러시아 사상은 전통적이며 보수적인 가치를 강조하면서 러시아 국민들의 지지를 획득하고 있습니다. 예를 들면 러시아 정부는 현대 서구사회와는 달리 성소수자를 인정하지 않고, 가장에 의한 가정 폭력 범죄에 대해서도 관대한 편입니다. 그들의 주장은, 러시아의 전통을 수호함으로써 퇴폐적이고 개인주의적이고 물질만능적인 서구 문명에 대안적인 가치관을 강조하고 지켜나가야 한다는 것입니다.

푸틴 정부의 권위주의적인 통치 방식은 이러한 러시아 사상을 바탕으로 하면서 러시아의 가치와 역사를 지키는 수호자로서 이미지를 확보하는 데 성공했고, 권위주의적인 통치에 핵심적인 요소로 작용해왔습니다. 러시아의 정치체제는 외형적으로는 삼권분립과 절차적 민주주의를 갖추고 있지만 수직계열화된 국가 권력 구조하에서 정부가 의회, 사법부뿐 아니라 기업과 시민사회 조직들까지 사실상 장악하고 있는 매우 권위주의적인 정치체계입니다.

또한 푸틴 러시아 사상은 서구와는 다른 국가 발전의 방향성, 유라시아주의라는 생각으로 연결됩니다. 러시아는 18세기 이래 서구로부터 끊임없이 압박과 고립의 위협을 받아왔다는 것입니다. 서구에 의해 '포위된 요새'라는 것이죠. 따라서 이러한 생각들이 러시아 사람들로 하여금 서구와는 독립적이고 독자적인 발전의 길을 추구해야 한다는 생각을 갖게 합니다. 이것이 국내적으로는 푸틴 정부에 대한 강력한 지지율의 배경으로 작용하게 하고, 대외적으로는 서방과 맞서는 강한 러시아 외교 노선의 부활을 지지하게 합니다.

이러한 독립적이고 독자적인 발전 노선의 구체적인 대안은 유라시아주의입니다. 레프 구밀료프L. N. Gumilyov를 중심으로 한 일부 사상가들이 향후 러시아의 발전 방향을 제시한 것으로, 유럽과 아시아를 아우르는 대륙국가로서의 러시아가 동서양의 문명을 이어주는 가교

| 러시아의 유라시아 연합 |

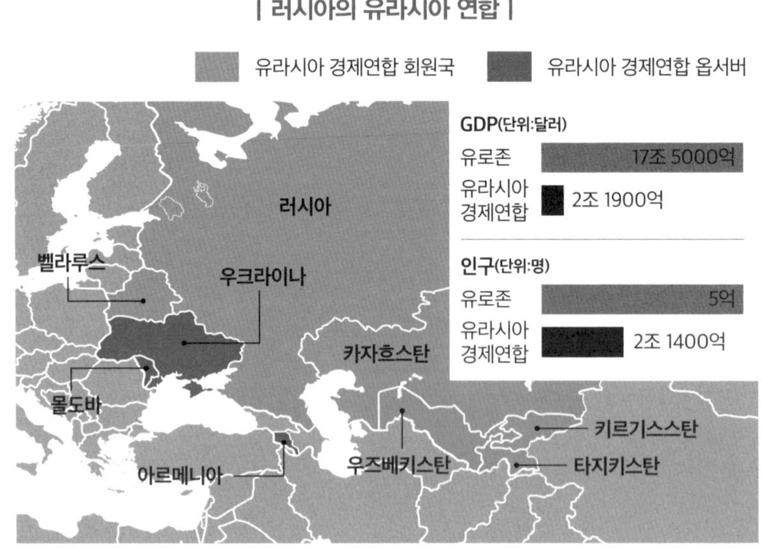

역할을 해야 한다는 것입니다. 이러한 논리에 따라 푸틴 정부는 구소련 국가들을 대상으로 '유라시아 경제연합EAEU'을 출범시켜 러시아를 중심으로 한 정치경제적인 재통합을 모색하고 있습니다.

## 2) 이슬람 신정 국가

이슬람은 역사적이고 종교적인 이유로 국가에 대한 지대한 관심을 가져왔습니다. 이슬람교 창시 자체가 622년 메디나에, 그리고 630년 메카에 설립된 칼리프국 같은 형태로 이슬람교의 수호자로써 역할을 강조하는 정치체제를 구축하는 것과 밀접하게 연관되어 왔습니다. 칼리프국은 이슬람 국가로서 그 지도자 칼리프(예언자 모하메드의 '후계자'를 의미)는 최고의 종교적이고 정치적인 권위를 모두 가지고 있었습니다. 이슬람 국가에 대한 신학적 이론들은 신에 의하여 섭리된 영원한 규칙과 원칙들에 기초한 생활방식을 제시함으로써, 이슬람은 성스러운 것과 세속적인 것 그리고 종교와 정치를 구분하지 않는다고 생각하기 때문입니다. 이슬람에서는 종교와 국가가 밀접하게 연결되는 신정국가를 이상향으로 선호합니다.

실제로 이슬람 국가를 주장한 것은 12세기에 정치적 이슬람 또는 이슬람주의라고 불리는 정교 이데올로기가 만들어지면서 등장했습니다. 근본주의 이슬람 국가는 특히 18세기 이래 사우디아라비아 등에서 과거에 존재한 적이 있었지만, 많은 근대 이슬람 국가는 법률 체계의 기초로 샤리아shari'a(성스러운 회교율법)를 채택하는 것을 넘어서며, 국가를 세속적인 권위를 갖고 있는 사회적 그리고 정치적 재창조의 도구로 봅니다. 이슬람 국가는 이슬람교를 일부에서 주장하는 이슬람 초기의 순수한 가치와 관행으로 돌려놓음으로써, 그리고 일부에서는 세속적이고 타락한 서구 제국주의 국가들에 반대하는 봉기를 통하여 서구 영향을 역습함으로써 이슬람을 정화하는 수단으로 받아들여집니다. 이러한 사상은 1979년 이슬람 혁명 아래 이란 재건의 기초를 제공했으며, 수단, 아프가니스탄, 그리고 파키스탄 같은 나라들에서 이슬람 국가를 수립하는데 영향을 미쳤습니다. 그럼에도 불구하고 이란 정치체제는 민주주의와 신정체제적 요소들이 복잡하게 혼합된 형태인데, 전자는 대통령과 의회 선출로 대표되며, 후자는 매우 강력한 최고 지도자(1979년부터 아야톨라 호메이니, 1989년 이래 아야톨라 알리 하메네이)로 대표됩니다.

특히 대표적인 이슬람 신정정치체제인 이란은 20세기 마지막 대규모 폭동이었던 1979년 혁명의 산물이었습니다. 이 혁명에서 이슬람 근본주의자인 76세의 성직자 아야톨라 호메이니가 이란의 샤shah 정권을 전복시켰습니다. 혁명가들은 서구 제국주의 국가들의 지배로부터 해방된 전통적인 이슬람 공화국을 옹호하면서 신정

정치체제를 수립했습니다. 이슬람 성직자(아야톨라)은 세속적 통치자들을 감독하는 것이 아니라 자신들이 권좌에 앉아 직접 나라를 통치하는 독특한 이슬람 국가를 창조했던 것이었습니다.

혁명 이후 이란 헌법은 직접 선거를 통해 선출하는 대통령과 의회를 두었지만 실질적인 권력은 종교지도자들에게 있었고, 12인 수호자 평의회Council of Gardians를 통해서 모든 법률과 후보자들이 이슬람 율법을 따를 것을 명시했습니다. 엄격하게 전통적이며 가부장적인 이슬람 율법을 강요하는 등 종교 지도자들은 전체주의 체제를

| 이란의 신정정치체제 |

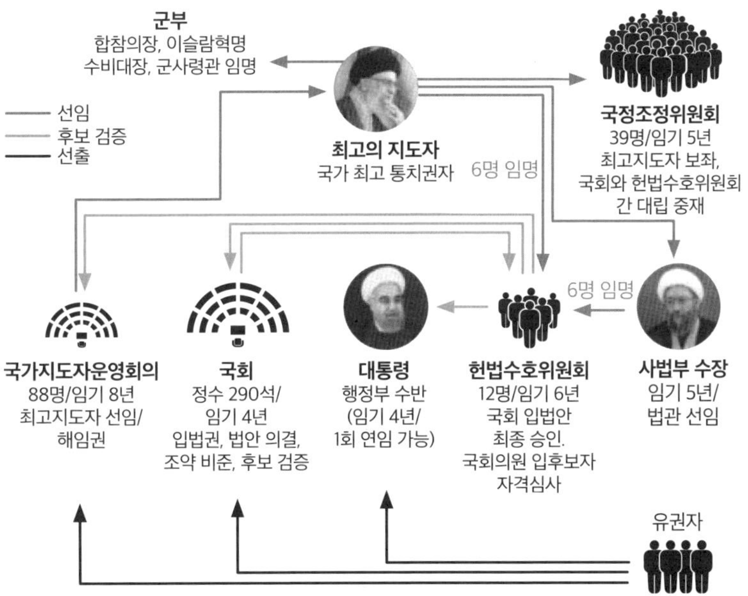

연상시키는 방식으로 사회에 침투하였습니다. 국가는 불법 체포를 남발하고 테러를 통한 통제의 한 형태로 암살까지 자행했으며, 내무부는 국민들을 감시 감독하는 정보원을 갖고 있습니다.

많은 권위주의 체제들과 마찬가지로, 이란의 종교지도자들은 경제발전, 통화정책, 해외무역 등과 같은 현실적 문제들에 대한 분명한 방향을 제시하지 않았습니다. 따라서 종교지도자들에 의한 통치는 풍부한 석유 수입에도 불구하고 국가가 지배하는 경제의 상당 부분을 독점화하고 비효율적으로 운영하면서 경제 성장을 가져오지 못했습니다. 평균 연령이 20대 후반에 불과한 국가에서 종교 지도자들에 의한 통치는 세대 간 갈등을 심화시키면서 정치적 불안을 가속화하고 있습니다.

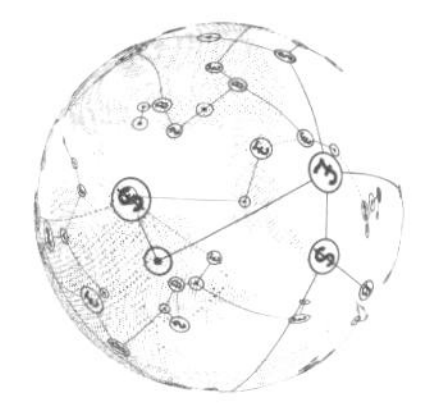

## 보편성과 특수성

1991년 소비에트가 붕괴되고 이념 간의 대립이 약화되면서 서구의 자유민주주의는 인권을 중심으로 한 보편주의라는 이름으로 확장을 모색해왔습니다. 그러나 서구식 근대화가 가져온 여러 문제들로 각 지역별 종교와 문화에 맞는 새로운 사상들이 부상하게 되었습니다. 그중에서도 빠른 경제성장을 기록한 동북아시아가 주목받게 되었는데요.

아시아 문화와 신념 체계가 서구 사상에 대한 대안이 될지도 모른다는 주장은, 1980년대에 이르러 탄력을 받았습니다. 그리고 이 시기 경제 강국으로 일본이 부상하고, 홍콩, 대만, 한국, 태국, 싱가포르 등 소위 '호랑이'로 불리는 국가들이 경제적으로 급성장하게 됩니다. 이러한 입장은 이란에서부터 몽골까지 아시아 국가 대표들이 비엔나 세계인권회의 준비 차 회동하여, 그들이 주장하는

'아시아적 가치'를 대담하게 발표하고 지지를 밝힌 1993년 방콕선언에서 가장 명확하게 드러나게 됩니다. 이는 아시아 사회들의 역사와 문화 그리고 종교적 배경을 반영한다고 생각되는 가치들로써 사회적 조화, 의무, 권위에 대한 존중 그리고 가족에 대한 믿음 등을 포함한다고 주장합니다. 특히 이러한 견해를 열렬히 지지했던 사람들로는 당시 말레이시아와 싱가포르의 총리였던 마하티르 모하맛Mahathir Mohamad과 리콴유Lee kuan Yew가 있었습니다.

아시아 가치 개념은 보편적 인권 사상을 거부하지는 않는 반면, 인권 개념 형성에 있어서 문화적 차이를 고려해야 한다는 주장의 일부로, 서구와 아시아적 가치체계의 차이점에 관심을 집중시켰습니다. 이러한 시각에서 보면, 일반적인 인권 이론은 문화적으로 편향된 서구적 가정 위에 구축된 것입니다. 특히 여기서는 공동체 이익보다 개인주의적 이익이 강조되고, 권리가 의무보다 우선시되며, 사회·경제적 복지보다 시민적 자유와 정치적 자유를 선호합니다. 아시아적 가치라는 주장의 핵심은 가정 내에서 부모를 향한, 학교에서 스승을 향한 그리고 사회 전체에서는 정부를 향한 권위에 대한 충성과, 존경에서 비롯된  사회적 조화와 협력에 기초하고 있습니다. 이러한 가치들이 치열한 노동윤리 및 절약과 결합하면서 동북아시아의 사회 안정과 경제 성장을 위한 처방전으로 보였습니다. 아시아적 가치 주장은 1997~1998년 아시아 금융위기에 상당한 타격을 받지만, 중국의 굴기는 특히 이 주장과 유교와의 연관이라는 시각에서 다시 관심을 부활시키고 있습니다.

권위주의 정권들의 공격적인 성격은, 그들이 국민의 압력으로부터 영향을 받지 않고, 전형적으로 강하고 정치적으로 강력한 군대를 가지고 있다는 사실로부터 나옵니다. 그들은 자신들의 권력을 유지하기 위하여 무력을 사용하는 데 익숙하기 때문에, 무력은 그들이 보다 큰 바깥 세상을 대하고 다른 국가들과의 분쟁을 해결하는 데 사용하는 자연스러운 메커니즘이 됩니다. 더구나 자유주의자들은 권위주의 국가들이 국민의 압력에 대응하고 국내 경쟁 상대 이익들의 균형을 맞추기 위한 제도적 매커니즘을 결여하고 있기 때문에 내재적으로 불안정하다고 주장합니다. 만일 국민적 지지에 대하여 정치 참여와 국민적 동의의 기제를 보장해줄 수 없다면, 권위주의 정권에게 '애국적 전쟁은 아마도 유일한 해결책이 될지도 모릅니다.

약 80년 전까지만 해도 인권은 국제적인 관심사가 아니었습니다. 특정 국가가 자신의 영토 안에서 자국민을 어떻게 다루는가의 문제는 비록 도덕적으로 문제가 있다 할지라도 그 국가의 주권 행사로 보호되었습니다. 그러나 2차 세계대전 이후 홀로코스트에 대한 두려움은 인권에 대한 선진국 정부와 시민사회의 성찰을 증대시키는 계기가 되었습니다. 이에 따라 1948년 12월 10일 국제연합

총회에서 '세계인권선언Universal Declaration of Human Rights' 채택으로 이어졌습니다.

그러나 수십 년만 하더라도 인권은 단순히 도덕적 관심사였을 뿐이었습니다. 기껏해야 정책 결정자들이 실제 이익에 대한 복잡한 계산을 끝내고 난 뒤 부수적으로 끼워 넣는 것에 불과했습니다. 그러나 지난 30년 사이에 인권은 실질적으로 중요한 주제로 부각되었습니다.

인권이 국가 주권에 의해 제한되어왔던 과거와 달리, 집단 학살Genocide에 대한 인도주의적인 개입 같은 경우, 국가의 경계를 넘어 국제사회의 강한 이슈 제기와 해당 국가에 대한 경제 제재로 연결된 많은 사례를 볼 수 있습니다. 이러한 인도주의적 개입의 경우, 서구 중심적인 인권의 특정한 형태라는 한계가 있지만 대부분 가해자의 주장이었다는 것을 볼 때, 보편적인 인권에 대한 요구가 국가 주권을 뛰어넘는 사례가 많아지고 있음을 쉽게 발견할 수 있습니다.

이러한 인도주의적 개입을 비판하는 대표적인 논리로는 명분은 인도주의적인 개입이라고 하지만, 국가들은 복합적인 이유에 의해 개입이 시도된다는 것입니다. 개입을 통해서 얻을 수 있는 명확한 이익이 존재하지 않는다면 자국의 이익을 희생하면서 개입하고 싶어 하지 않을 것입니다. 또한 병사를 파견해야 하는 경우라면 다른 나라 국민을 구하기 위해서 자국 병사의 생명을 위태롭게 해서는 안 된다는 생각들입니다. 이런 이유로 많은 국가들이 인도주의적 개입을 주저하는 경우가 많습니다.

한편 자국의 이익 추구를 정당화하기 위한 수단으로 인도주의적개입이 악용되기도 합니다. 2008년 러시아가 조지아를 침공하면서 자국민의 자유와 안전 보장을 위해 개입할 수밖에 없었다고 밝힌 것은 인도주의적인 개입의 대표적인 남용 사례입니다.

또한 개입의 도덕 원칙에 대한 합의에 도달하기가 매우 어렵다는 비판도 있습니다. 문화 다원주의적인 관점에서 무엇이 심각한 인권 위반인지에 관해 견해가 일치하지 않는다는 것입니다. 서방과 다른 특수성을 강조하는 중국, 러시아, 이슬람의 반발이 그것입니다.

이러한 인도주의적인 개입에 대한 비판은 양비론을 형성했고 정당한 개입조차도 주저하게 만드는 상황을 낳기도 합니다. 정치적인 판단을 유보하고 경제적인 판단을 중심으로 행동했던 지난 40년과 달리 가치에 대한 판단이 중요해진 코로나 사태 이후의 세상에서는 이러한 이슈가 핵심적으로 부각될 것으로 판단됩니다. 다원주의적인 문화 차이를 상당 부분 인정한다 해도 결코 물러설 수 없는 가치의 싸움은 향후 국가 간의 핵심적인 갈등의 배경으로 작용할 것으로 보입니다.

# 4장

L A N D　M O N

# 경제정책의 변화,<br>비교정치경제적 접근

Y P O W E R

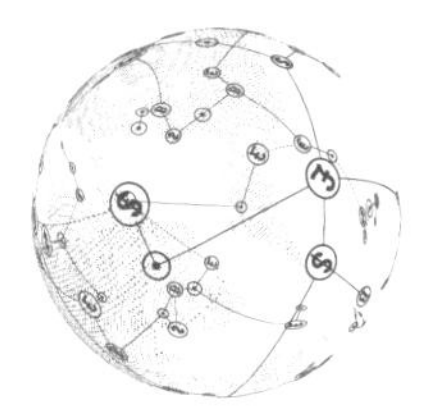

# 신자유주의적 자본주의의 위기

## 1) 신자유주의 경제 정책이 가져온 부작용과 폐해

1980년대 이후 시장과 효율을 중심으로 하는 신자유주의 경제정책을 중심으로 사회가 재편되면서 놀라운 성장을 기록하기도 했지만 많은 부작용을 낳기도 했습니다. 그중에서 대표적인 문제가 부의 불균형인데요. 팬데믹 이전 몇 년 동안 이런 문제를 파악하고 부의 배분을 위한 노력이 이루어지고 있었습니다. 글로벌 금융위기 이후 노동시장이 느리지만 꾸준히 회복된 덕에 소득 분포 전반에 걸친 근로자들의 임금이 견실하게 상승했고 그 결과 2010년대 후반에는 많은 국가들의 불균형 지수가 안정되거나 약간 하락하기도 했습니다. 그러나 코로나19 사태로 인해 부의 불평등은 더욱 심화되면서 심각한 사회 문제로 재조명되기 시작했습니다.

1975년에서 2019년 사이에 미국의 실질 국내총생산규모는 5조 4,900억 달러에서 21조 4,000억 달러로 세 배 넘게 증가했습니다. 이 기간에 생산성도 60%가량 성장했습니다. 그런데 1979년 이래 미국 노동자 대다수의 시간당 실질 임금은 정체되거나 오히려 하락한 것으로 나타났습니다. 거의 40년 동안 급증한 경제 성장의 이득을 소수의 부유층이 다 가져갔다는 의미입니다.

미국 내 부의 불균형을 조사한《뉴욕타임즈》기사에 따르면, 2019년 상위 1% 부자들이 전체 주식과 뮤추얼 펀드의 절반, 금융 증권의 55%, 금융 신탁의 65%, 그리고 자기자본의 63%를 독식하고 있다고 합니다. 범위를 상위 10%로 넓히면 이들이 모든 금융 자산의 90% 이상을 소유하게 됩니다. 이 비율은 지난 40년 동안 빠르게 증가한 것으로 나타났습니다.

프랑스의 경제학자 토마 피케티Thomas Pikerty는 지난 100년간 자본소득은 노동소득보다 훨씬 더 불균형하게 분배됐고 자본소득과 노동소득 모두에서 불균형은 시간이 지남에 따라 점점 증가해왔다는 것을 밝힌 바 있습니다. 부자들이 보유한 자산군은 더 위험하고 변동성도 더 컸지만, 통화량 확대를 통해 금융시장 안정화를 지원한 정부 정책에 의해 장기적으로 금융자산의 가치가 더욱 높아졌다는 겁니다.

이러한 부의 불균형은 대공황을 일으키는 중요한 원인으로 작

**| 경제정책의 변화 |**

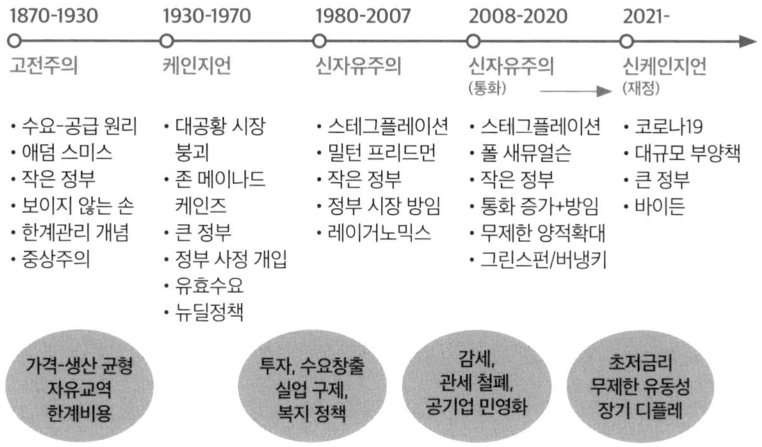

| 1870-1930 | 1930-1970 | 1980-2007 | 2008-2020 | 2021- |
|---|---|---|---|---|
| 고전주의 | 케인지언 | 신자유주의 | 신자유주의 (통화) → | 신케인지언 (재정) |
| • 수요-공급 원리<br>• 애덤 스미스<br>• 작은 정부<br>• 보이지 않는 손<br>• 한계관리 개념<br>• 중상주의 | • 대공황 시장 붕괴<br>• 존 메이나드 케인즈<br>• 큰 정부<br>• 정부 사정 개입<br>• 유효수요<br>• 뉴딜정책 | • 스테그플레이션<br>• 밀턴 프리드먼<br>• 작은 정부<br>• 정부 시장 방임<br>• 레이거노믹스 | • 스테그플레이션<br>• 폴 새뮤얼슨<br>• 작은 정부<br>• 통화 증가+방임<br>• 무제한 양적확대<br>• 그린스펀/버냉키 | • 코로나19<br>• 대규모 부양책<br>• 큰 정부<br>• 바이든 |

가격-생산 균형<br>자유교역<br>한계비용

투자, 수요창출<br>실업 구제,<br>복지 정책

감세,<br>관세 철폐,<br>공기업 민영화

초저금리<br>무제한 유동성<br>장기 디플레

◈ 출처 : NH투자증권 리서치본부

용하기도 했습니다. 대공황 직전에 부의 불균형이 급격히 확대되면서 부유층 외에는 과잉 생산된 제품을 소비할 여력이 부족해졌다는 것이죠. 그 결과 공장에서 아무리 좋은 상품을 만들어도 이를 사줄 만한 중산층이 없다는 것입니다. 이로 인해 상품의 가격이 하락하고 기업들이 생산할 유인이 약화되면서 실업률이 높아지는 디플레이션의 악순환에 빠지고 말았습니다.

이렇게 주가지수가 폭락하면서 부유층이 가지고 있던 자산가격이 급락했고 그들 역시 커다란 금전적 피해를 입을 수밖에 없었습니다. 또한 소득세율이 90%까지 급등하면서 상위 0.1%가 차지하던 부가 감소한 반면, 미국 정부의 뉴딜정책을 통해 일자리를 얻게 된 중산층이 회복되기 시작하면서 1930년을 고점으로 미국의 빈부 격차는 1970년대까지 꾸준히 감소하게 되었습니다.

계속되는 미국 정부의 케인지안 수요 관리 정책으로 1970년대 스태그플레이션에 빠질 때 상위 1%의 부는 역사상 가장 낮은 수준을 기록한 반면 하위 50%의 부는 가장 높은 수준을 차지했습니다. 이후 1980년대 이후 신자유주의 경제정책을 도입한 레이건 정부에 의해 부의 불균형은 다시 심화되기 시작했습니다. 1970년대 스태그플레이션의 원인으로 지목된 정부실패를 반복하지 않기 위해서 효율성이라는 이름의 시장지상주의적인 경제정책이 추진되었기 때문입니다.

탈냉전과 세계화에 따라 저임금 국가로 공장을 이전하면서 자본가들은 높은 이윤을 얻었지만, 일반 노동자들은 많은 제조업 일자리를 빼앗기고 말았습니다. 자본의 논리란 명목하에 미국에는 단순 서비스업만 남아 있게 되었고, 그 결과 많은 자산을 갖고 있는 고소득 자본가층과 근로소득으로 살아가는 중산층 노동자 사이의 경제적 불균형은 더욱 심화되었습니다.

2000년 IT 혁명 이후 산업구조의 변화가 심화되면서 제조업과 더불어 서비스업 일자리도 빠르게 사라지기 시작했습니다. IT산업은 제조업에 비해 많은 노동자를 필요로 하지 않기 때문에 경제가 회복되어도 일자리의 수는 크게 늘어나지 않습니다. 이처럼 산업

구조가 제조업에서 서비스업으로 바뀌고 중산층의 일자리가 IT 기술로 점차 대체되면서 중산층의 소득은 정체되었고, 이에 따라 민간 수요가 감소하면서 물가상승률이 둔화되는 저성장의 악순환에 빠져버렸습니다.

게다가 2008년의 글로벌 금융위기는 소득격차를 더욱 확대시켰습니다. 금융위기의 대응으로 버냉키 의장이 사용한 대규모 유동성 공급(중앙은행의 미국채, 모기지 채권의 매입)으로 금융자산의 가격을 끌어올리면서 자산을 많이 보유한 고소득층은 더 많은 부를 소유하게 되는 상황이 만들어졌습니다. 풀린 유동성에 따라 채권과 주식 등 대부분의 금융자산이 가격을 회복하거나 급등하면서 금융자산을 보유한 사람들은 더 많은 부를 얻을 수 있었습니다. 상위 10%가 모든 금융자산의 90% 이상을 소유하고 있는 상황은 이렇게 만들어졌습니다.

이런 경제정책을 특별한 제재 없이 방임했던 배경에는 '경제적 가치'라는 개념의 변화가 있었다고 봅니다. 생산이라는 정치경제적인 개념에서 개인의 선호와 관련된 주관적인 미시경제적인 개념으로 변화되면서 경제적 행위자들이 불평등을 심화시킬 수 있는 길을 열었던 것입니다.

## 2) '경제적 가치'에 대한 생각의 변화

### ① 금융자산 가격 정책은 정당한가?

1960년대까지 금융은 정부에 의해 강한 규제를 받고 있었습니다. 1930년대 대공황에서 보았던 은행 부도, 자산 버블, 사기성 투자 등의 역사를 통해 각국 정부는 금융기관은 규제해야 한다는 공감대를 갖고 있었습니다. 또한 금융은 경제에서 생산적인 부분으로 여겨지지도 않았습니다. 금융의 중요성은 새로운 부를 '창조하는' 것이 아니라 이미 존재하는 부를 '이전하는' 용도에 있다고 여겼습니다.

그런데 1970년대 즈음 상황이 달라지기 시작했습니다. 이 시기를 기점으로 은행이 얼마나 많이 빌려줄 수 있는지, 어느 정도까지 금리를 매길 수 있는지, 어떤 상품을 팔 수 있는지 등에 대한 규제가 대거 풀렸습니다. 종합적으로 이런 변화는 금융 분야가 행동하는 방식을 근본적으로 바꿔놓았고 금융이 실물 경제에 미치는 영향도 엄청나게 커졌습니다.

실제로 2008년 서브프라임발 글로벌 금융위기는 CDO라는 부채담보부증권에서 시작되었고 대형은행이 파산하면서 문제가 증폭됐습니다. 위기는 어처구니없이 부실한 대출에서 시작되었고, 그 후 대출 채권의 증권화를 통해 문제가 커졌으며, 장외파생상품을 통해 위기가 걷잡을 수 없이 확산된 것입니다. 거기에 1990년대

**| 미국의 대공황, 글로벌 금융위기에 급증한 상업은행 상각률 추이 |**

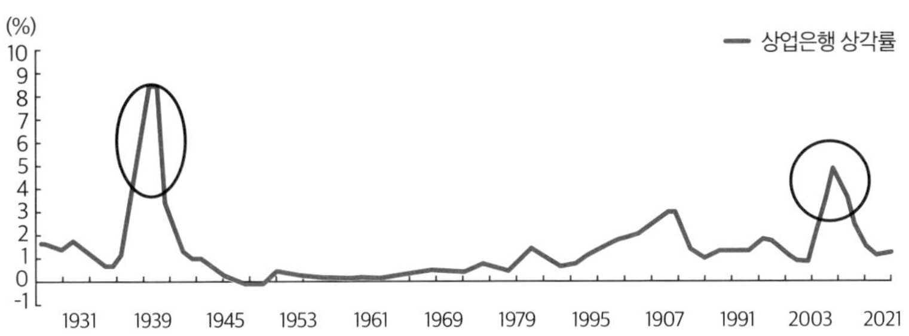


후반 상업은행과 투자은행의 겸업이 약 70년 만에 허용되면서 저리의 예수금으로 조달한 은행들이 고위험 투자로 한 덩어리가 되면서 은행 위기가 증폭되었습니다.

1930년대 대공황기 미국의 은행은 상업은행과 투자은행을 겸업하면서 은행들이 대출뿐 아니라 주식 거래 및 고위험 대출까지 실행했었습니다. 대공황으로 은행들의 상황이 악화되면서 미국 정부는 상업은행의 투자은행 업무의 겸업을 금지시켰지요. 이로써 JP 모건(상업은행)과 모건 스탠리(투자은행)가 다른 회사로 찢어졌고 이후 70년간 미국에서는 상업은행과 투자은행이 분리되어 운영되어 왔습니다.

그 후 1996년 씨티은행이 투자은행 트래블러스를 인수합병하면서 70년된 법안을 폐기하게 됩니다. 그 당시 경제 회복이 중요했던 클린턴 정부는 최신 금융시장에 맞지 않는 오래된 법안 때문에 유럽과의 금융전쟁에서 밀린다고 평가했기 때문입니다. 70년 전과 달리 은행의 자산을 유동화와 신용파생상품을 통해 리스크를 통제할 수 있다고 생각했죠. 이렇게 다시 상업은행과 투자은행의 겸업이 허용되면서 금융 환경이 완전히 달라졌습니다.

1990년대까지 저금리의 예수금으로 조달한 상업은행은 일반적으로 위험이 낮은 자산에 투자하면서 중간 마진을 챙겨왔습니다. 그런데 상업은행과 투자은행의 겸업이 허용된 이후로는 상업은행이 위험이 높은 자산에 투자하면서 높은 이익을 얻을 수 있는 구조로 바뀌면서 CDO 같은 고위험 자산을 통한 수익 창출이 핵심 목표가 되었습니다. 90년대까지는 저축대부조합(S&L) 사태, LTCM 파산 등 고위험 자산에 문제가 발생해도 일부 투자은행, 캐피탈, 저축조합 등으로 문제가 한정되었죠.

그러나 이후 2008년 서브프라임 사태로 금융상품에 문제가 발생했을 때, 시티은행이 CDO 재고 3,500억 달러를 보유하고 있는 상황에서 가치가 1달러에서 35센트로 급락하면서 유동성 위기를 맞게 되었습니다. 2000년대 겸업이 허용된 이후 금융상품 부실화로 대형 상업은행이 파산할 뻔한 상황이 30년대 대공황 이후 80년 만에 재발하게 된 것입니다. 이에 따라 금융위기 이후 첫 번째 나온 조치는 상업은행과 투자은행의 겸업을 다시 금지하는 것이었습니다. 이것이 볼커룰(도드-프랭크법안)의 핵심 조치였지요.

**| 금융조달 및 운용패턴 변화: 상업은행과 투자은행의 분리 |**

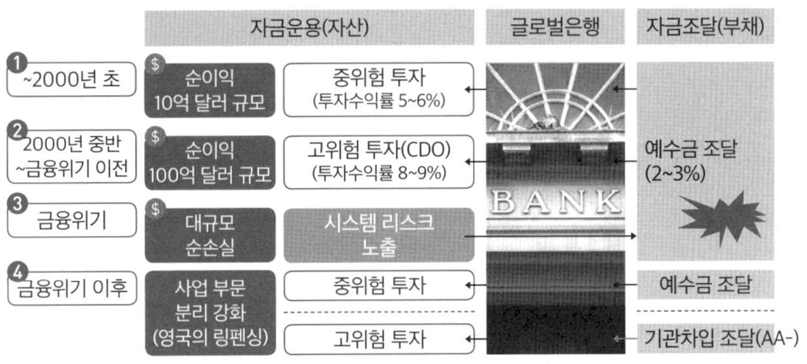


또한 금융기관의 탐욕은 부실 대출에서 시작된 기초자산의 부실을 첨단 금융상품이란 이름으로 전 세계 금융기관에 떠넘기면서 대형 금융위기 사태를 가져왔습니다. 지난 30년간 2~8%를 보였던 모기지 채권의 손실률이 2008년 금융위기 이후 30%까지 급등한 것은 기초자산인 모기지 대출에 문제가 있었다는 것을 의미합니다. 손실률은 부도율에다 '1-회수율'을 곱한 것으로, 30%의 손실률은 부도율 60%에 회수율 50% 정도일 때 가능한 수치입니다. 30%가 손실이 나면서 안전하다고 판단되었던 AAA채권 80% 중 10%에 손실이 발생했던 것입니다. 같은 서브프라임 RBS로 만든 AAA채권을 보유하고 있는데 동료가 가진 AAA가 손실이 나는 것을 목격한 투자자들이 이 채권을 동시다발적으로 매도하면서 이 채권을 매입한 금융기관과 재고를 갖고 있던 대형은행이 유동성 위기로 파산할 뻔한 초유의 금융위기는 이렇게 발생했던 것입니다.

이것이 바로 연준도 대형은행의 리스크 관리도 체크하지 못했던 '테일 리스크Tail Risk(발생할 가능성이 현저히 작은 꼬리 부문의 확률이 발생하는 것)' 혹은 '블랙스완'이었습니다. 어떻게 이런 일이 벌어질 수 있었을까요?

미국의 대출 심사는 무척 엄격한 편이었습니다. 이렇게 일반적인 심사를 거친 모기지 대출의 손실률이 2~8%였습니다. 그런데 2000년대 초반의 미국의 모기지 대출은 이런 심사를 거치지 않았습니다. 영화 「빅쇼트」에서 모기지 대출해간 차주를 추적해보니, 스트립 바에서 봉에 매달려 있는 여자가 집이 일곱 채라는 것을 발견하고 놀라는 모습이 나옵니다. 해변을 걷고 있는데 해변가에서 영업하던 은행 직원들이 모기지 대출을 받으라는 호객행위를 했다는 것이죠.

워싱턴 뮤추얼, 와코비아 등 모기지 은행들은 대출자의 상환능력, 즉 소득이나 신용상태를 따지지 않고 돈을 마구 빌려주었습니다. 이런 묻지 마 대출의 대표적인 것이 Document Lite(제출해야 하는 문서가 누락된) 대출, Covenant-lite(분석을 철저하게 하지 않고 약식으로 심사한) 대출이라고 합니다. 소득 증명 서류가 빠져도 무작정 대출했다는 얘기입니다. 이러한 무차별 대출이 성행할 수 있었던 이유는, 무엇보다 주택 가격이 계속 상승할 것으로 판단했기 때문이었습니다. 대출 은행 입장에서는 누구에게 빌려주어도 원리금 회수에 문제가 없을 것이라고 생각했습니다. 또한 은행이 계속 보유하는 것이 아니라 유동화를 통해 다른 투자자에게 넘겨버리면 그만이라고 생각했기 때문이었습니다. 실제 청구권이 이전하는 유동화는 도덕적 해이가 발생할 가능성이 상존했습니다.

글로벌 금융위기로 확대된 또 하나의 중요한 원인은 큰 인기를 끌었던 서브프라임 RMBS(주택대출담보부증권)로 만든 AAA 채권의 상품 공급이 부족했기 때문이었습니다. 서브프라임 RMBS로 만든 AAA 채권이 다른 AAA보다 약 100~150bp 금리가 높았고 우수한 성과를 보이면서 서브프라임 RMBS를 찾는 투자자들의 수요가 급증했던 것입니다. 이 수요를 맞추기 위해 대형투자은행들은 서브프라임 모기지의 기초자산을 찾는 데 혈안이 되었고 경쟁적으로 '묻지 마 대출'을 강행했던 이유였습니다. 따라서 이런 주택담보대출 상품은 저소득층에 주택을 보급하기 위한 것이라기보다는 투자자들의 투기적인 수요를 충족시키기 위한 것이었습니다.

### ② IT 플랫폼 기업이 엄청난 마진을 모두 가져가는 것은 정당한가?

IT 플랫폼 기업들은 기업가 정신과 혁신에 우호적인 환경을 조성해야 한다면서 규제 완화를 위한 로비를 벌입니다. 자신들은 혁신을 통해 미래의 일자리를 창출하고 있는 것이며, 이러한 '창조적 파괴'는 현대 자본주의의 새로운 성장 동력이라는 겁니다. 이러한 논리는 IT기술 기업에 자금을 투자하는 벤처 캐피털리스트들이 자본 투자 수익에 대한 세율을 낮추는 데 일조했습니다.

대형 IT 플랫폼 기업의 CEO들은 정부가 부의 창출을 방해만 하는 존재라며 맹렬히 비난하곤 합니다. 그래서 정부의 무거운 손아귀로부터 최대한 독립적으로 활동할 수 있어야 한다고 말합니다. 그래서 시민들에 관한 데이터를 정부보다 구글이 가지고 있는 게 더 안전하다고 주장합니다. 정부는 믿을 수 없고 기업은 우수하다는 것입니다.

대형 IT 업체들은 기록적인 수익은 그들이 사회에 기여하는 바에 자연스럽게 따라오는 것이라며 정당화하면서 기술개발 과정에서 정부가 수행하는 개척자적인 역할은 무시합니다. 하지만 이들이 내놓는 놀라운 기술을 받치고 있는 근본적인 인프라는 바로 정부가 지원한 공공자금에서 나왔습니다. 인터넷, GPS, 터치스크린 그리고 구글의 검색엔진을 가능하게 한 알고리즘 모두 공공 기관의 자금 지원을 받았습니다. 그렇다면 기술 기업들이 그 놀라운 기기들을 줄줄이 내놓도록 도운 납세자들도 이익을 공유해야 하지 않을까요?

네트워크 효과는 인터넷을 점점 더 중앙집중화하면서 막강한 권력을 소수 기업에 집중시키고 있습니다. 대형 IT 플랫폼 기업들이 엄청난 마진을 가져가는 게 정당한지에 대한 의문이 필요한 시점입니다. 그들은 수십 년 동안 정부가 다져온 인프라 덕분에 수익을 창출할 수 있게 되었다는 점을 간과하고 있는 것 아닐까요?

또한 IT 플랫폼 기업의 성장은 경제 전체의 생산성을 끌어올려서 성장을 가속화할 것으로 기대되었지만, 실제는 자신들의 생산성만 끌어올리면서 기존 전통 산업이 갖고 있던 시장을 빼앗기 시작했습니다. 이 때문에 IT산업의 성장은 그들만의 리그에 머무르면서 미국 경제 전체의 생산성 향상은 오히려 둔화되었습니다. 따라서 IT 플랫폼 기업들의 독과점적인 지위 변화뿐만 아니라 마진의 많은 부분을 공공부문이 공유해야 한다는 목소리가 높아지고 있습니다.

### ③ 주주 가치 극대화에서 이해관계자 가치의 극대화로 변화 필요

지난 40년 동안 기업들은 오로지 주주 가치 극대화라는 목표를 갖고 운영됐습니다. 주주 가치 극대화 논리의 기저에는 주주들이야말로 가장 큰 리스크를 감수하는 주체로서, 그들이 실제로 막대한 성공의 보상을 받을 자격이 충분하다는 개념이 깔려 있습니다. 그러나 이런 생각들은 1980년대 신자유주의 시대 이후로 많은 부작용을 낳았습니다. 주주들의 단기 이득을 촉진하느라 기업의 장기적인 이득을 희생시켰다는 것입니다.

최근에는 이런 가치의 창조가 집합적인 과정이라는 인식이 포함되면서 '주주 가치 극대화'에서 '이해당사자 가치의 극대화'로 관점이 옮겨지고 있습니다. 이해당사자의 관점은 경영자와 노동자 사이의 관계, 회사와 공동체 사이의 관계, 생산된 제품의 질 등과 같은 사회적 관계를 강조하는 것입니다. 이런 관계들은 기업에 단기 수익 창출의 목적만이 아니라 사회적 목적도 부여하고 있습니다. 모두가 함께 '지속 가능한 경쟁 우위'를 창출해야 한다는 것입니다.

### ④ 정부에 대한 시각의 변화

1930년대 이후 정부는 만능이라는 생각이 지배했지만, 1980년대부터는 정부라고 해서 항상 생산적이지는 않다는 생각이 주도하는 사회로 바뀌었습니다. 공공선택이론에 따라 민영화와 아웃소싱이 생산적으로 여겨졌고 실제로 정부가 IT 핵심 인프라와 기술개발에 핵심 역할을 했음에도 적절한 보상을 받지 못했습니다.

정부가 생산적이지 않으며 가치를 창조하지 않는다는 생각은 그들이 수행하는 투자 수익은 제로이며, 국영기업은 민간부문으로 분류되면서 수익을 기대하면 안 되고 생산성에 기여하지 못한다는 사고로 이어졌습니다. 그 이후 소수가 얻는 보상이 급등하면서 사회적 분열을 키웠고 전 세계에서 특히 미국에서 불평등을 심화시켰습니다. 이런 이유로 최근에는 가치를 창조하는 공공 부문의 생산적인 역할을 더욱 강조하는 흐름이 제기되고 있습니다.

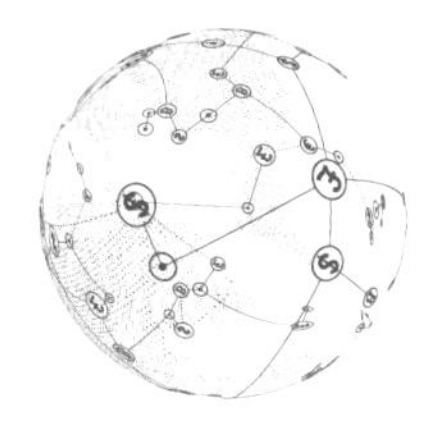

## 케인즈주의:
## 경제적 가치에 대한 생각의 변화

이처럼 변화무쌍한 글로벌 경제 상황에서 중국식 국가자본주의가 빠르게 부상하고 있습니다. 2008년 미국에서 발생한 글로벌 금융위기를 기점으로 이러한 중국식 국가자본주의는 오히려 미국식 시장자본주의의 대안으로 여겨지기도 했습니다. 국가자본주의는 국가가 정책을 통해 직접 관리, 통제하는 자본주의 경제제도입니다. 이러한 국가자본주의의 첫 번째 특징은 기술 관료입니다. 중국, 베트남 등 국가자본주의 국가들은 매우 스마트한 기술관료들이 존재합니다. 이런 관료체제의 주된 임무는 변화하는 국내외 경제 현황을 객관적으로 분석하여 국가 차원에서 경제를 발전시킬 수 있는 정책을 실행하는 것입니다. 그리고 이렇게 적절한 경제 정책을 통한 경제 성장으로 다시 현 권력자에게 통치의 정당성을 부여합니다.

두 번째 특징은 법치(법에 의한 통치)가 취약하다는 점입니다. 국가자본주의 국가에도 법은 분명히 존재하며 많은 사례에 적용됩니다. 그러나 이러한 법의 지배가 공정하게 작동하지 않고 특히 최고 권력층은 법 위에 군림하는 경우가 많습니다. 만일 최고 권력자도 법의 지배를 받게 된다면 그것은 민주주의 국가로 전환되는 날일 겁니다. 최고 권력자의 권력 기반이 약화될 수밖에 없기 때문이죠.

최고 권력자는 법을 자신이나 자신의 세력에게 적용하지 않는 반면에 갈등을 빚고 있는 경쟁자를 공격할 때 법을 엄격하게 활용하기도 합니다. 푸틴과 정치적으로 적대적 관계였던 유코스의 회장, 미하일 호도르프스키는 전 재산을 빼앗기고 감옥에 수감되었습니다. 이런 자의적 권력 행사는 국가자본주의 체제에서 만연한 일입니다.

세 번째 특징은 국가가 국익이라는 명목으로 민간 부문을 통제한다는 것입니다. 서방의 자본주의 체제를 받아들였던 덩샤오핑은 서구의 자유민주주의체제, 특히 삼권분립과 의회제도, 다당제는 받아들이지 않았습니다. 그는 중국 엘리트 관료들에 의한 효율적 통치, 그리고 집단지도체제를 통해 정치체제의 안정을 도모했으며, 국익을 위해 필요하다면 민간 부문을 통제해야 한다고 생각했습니다.

이러한 덩샤오핑의 생각이 민간 기업의 역할은 '새장 속의 새'라는 조롱경제鳥籠經濟로 잘 표현되고 있습니다. 민간 부문이 너무 엄격하게 통제되면 새가 질식할 것이며, 반대로 너무 내버려두면 멀리 날아가버릴 것이라는 겁니다. 그래서 가장 좋은 방법은 새를 넓은 새장에 넣어두는 것이라고 말하죠.

덩샤오핑은 민간 부문이 급성장하면서 정치적 요구가 거세질 것을 오래전부터 우려했기 때문에 새장 안에서 통제하려 했던 것 같습니다. 그러나 그 어떤 것이라도 새장을 위협한다고 여겨지면 모든 것을 중지시키고 파괴해버렸습니다. 2000년 10월 알리바바의 핀테크 계열사인 앤트 그룹의 상장이 갑자기 취소된 사건은 IT 플랫폼 기업과 금융 시스템에 대한 규제뿐만 아니라 이러한 자유주의 사상에 대한 중국 정부의 위기감의 맥락도 작용했다고 판단됩니다.

이러한 중국의 국가자본주의는 2049년 중국몽(과거 세계의 중심 역할을 했던 전통 중국의 영광을 21세기에 되살리겠다는 의미)을 달성할 때까지 계속될 수 있을까요? 여러 가지 문제가 발생할 수 있지만 경제성장 둔화와 함께 중국 정부가 가장 두려워하는 것은 부패입니다. 권력자의 자의적인 의사 결정이 가능한 모든 체제에는 반드시 고질적 부패가 자리잡고 있습니다. 부패 문제는 국익을 위해 높은 성장을 이룰 수 있는 경제정책의 수행을 약화시키고 사회적 합의를 깨뜨리는 경우가 많습니다.

일반적으로 국민들은 자신의 생활 수준을 가시적으로 개선해 주고 견딜 만한 수준의 행정을 공정하게 제공하며, 체감할 수 있는 불평등을 인식하지 못하는 경우 권위주의적인 정치체제와 어느 정도 타협을 통해 살아갈 수 있습니다. 그러나 부패가 일정 선을 넘어서면 그 사회적 합의는 더 이상 유지되지 않습니다. 극심한 부패는 높은 성장과 공정한 행정을 기대할 수 없고 불평등이 드러나면서 상대적인 박탈감을 낳을 수밖에 없습니다.

부패는 국가자본주의에 구조적으로 만연한 고질적인 문제라 쉽게 뿌리 뽑기가 어렵습니다. 부패가 만연한 환경은 권력자들뿐 아니라 일반 사람들도 횡령에 가담할 수 있도록 만들면서 항상 불안정한 상태를 이루게 됩니다. 만일 부패가 걷잡을 수 없이 확대되면 그 체제는 붕괴할 수도 있습니다.

이런 부패에 대한 대응으로 중국의 후진타오 주석은 법치주의를 강화하는 방식을 사용했습니다. 그러나 법치주의 강화는 관료들의 재량권을 없애기 때문에 국가중앙집권을 약화시키는 문제가 발생했습니다. 과거 1990년대 러시아에서도 법치주의를 강화하려는 시도가 오히려 급격한 정치경제적 변화를 거치면서 훨씬 더 심각한 부패를 불러오기도 했습니다.

이에 시진핑 정부는 부패한 관료들을 색출하면서 기강을 잡는 방안을 선택했습니다. 고위 공산당원도 예외 없이 처벌하면서 강력한 반부패운동으로 국민들의 신뢰를 회복할 수 있었습니다. 전체 공산당원의 1%인 100만 명 이상의 공산당원들이 처벌 받았고, 상무위원, 중앙군사위원회 부주석 등 고위공직자가 포함되면서 임기 초반에 강력하게 기강을 잡을 수 있었습니다. 이러한 시진핑의 반부패 정책은 지난 10년 동안 중국의 정치체제에 탄탄한 기반을 다져왔습니다. 그러나 시간이 흐르면서 중국의 부패는 다시 악화할 것으로 보입니다. 그리고 얼마 뒤 똑같은 방식으로 또 다른 반부패 운동이 생겨나겠지요. 고질적인 부패 문제는 향후 중국의 국가자본주의가 대동사회를 향해 발전하는 과정에서 상당한 혼란을 제기할 것으로 전망됩니다.

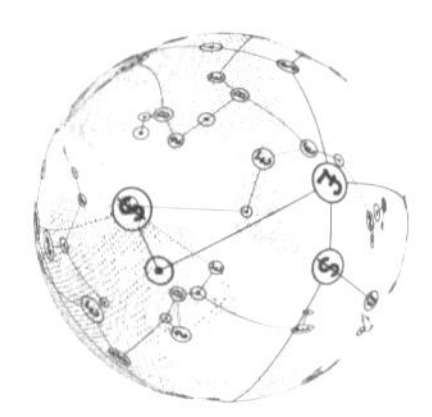

# 지속가능한 자본주의?

## 1) 40년마다 변화된 경제정책

지난 120년간 미국의 경제정책을 보면, 1929년 대공황이 발생할 때까지 자유방임주의 경제정책이 주를 이뤘습니다. 그 이후 1970년대까지 국가 중심의 케인즈주의 경제정책이 중심을 차지해왔습니다. 그러나 1970년대 경기침체와 동시에 발생한 인플레이션으로 정부실패에 대한 비판이 부각되면서 1980년대 레이건과 대처를 중심으로 한 시장 중심의 신자유주의가 세계화 시대를 이끌어왔습니다. 지금은 지난 40년간 계속된 신자유주의 시대에 대한 여러 가지 폐해가 나타나면서 이에 대한 반발이 강하게 부각되고 있는 상태입니다.

이런 가운데 코로나19 사태로 침체된 경기를 회복시키기 위해 각국의 정부들이 강력한 대응을 하면서 중요한 경제정책 패러다임의 변화가 진행 중입니다. 그중 하나는 강력한 정부에 의한 국가자본주의입니다. 과거 1930년대에서 1970년까지 실행했던 케인지안 뉴딜 정책 혹은 앞에서 언급한 아시아에서 중국식 정부 주도의 국가자본주의가 부상하면서 신자유주의적 자본주의에 거세게 도전하고 있습니다.

코로나19 사태를 전후해서 많은 유럽 국가에서 청년들이 일거리를 찾지 못한 상태로 길거리를 헤매면서 그들의 좌절감을 극우파 정치인에게 투영하기도 했습니다. 미국에서는 몰락한 중산층의 분노가 2016년 트럼프 대통령이 당선되는 데 중요한 역할을 했죠. 세계화와 효율성이라는 명목으로 일자리를 잃은 데다 자산의 격차가 더욱 커지면서 주요 선진국에서도 '공동체의 분열'이 심각해졌기 때문입니다. 미국의 바이든 정부에게 분열을 치유해야 하는 과제가 중요해졌습니다. 바이든이 아닌 트럼프에게 표를 던진 7,300만 미국인을 어떻게 포용할 수 있을까요?

이러한 공동체의 균열을 적절하게 해결하지 않는 한 민주주의와 자본주의의 미래는 우울해질 수밖에 없다는 목소리가 높아지고 있습니다. 한쪽에서는 1930년대처럼 케인지안 뉴딜정책으로 전환해야 한다고 주장합니다. 한편 다른 쪽에서는 여전히 규제를 폐지하고 시장 중심으로 경쟁력을 높여야 한다고 비판합니다.

### 2) 시장과 정부, 이분법을 넘은 '지속가능한 자본주의'

코로나19 이후 대안적 자본주의 형태를 모색하는 과정에서 기존의 시장과 정부라는 이분법적 개념은 오랫동안 이어온 갈등만 증폭시킬 뿐 해답이 되긴 어려워보입니다. 그보다는 '공동체 윤리의 회복'이라는 요구가 높아지고 있습니다.

이에 따라 자본주의 미래는 번영을 달성해야 할 뿐만 아니라 윤리적이어야 한다는 '윤리적인 자본주의'에 대한 관심이 최근 높아지고 있습니다. 『자본주의의 미래』에서 폴 콜리어Paul Collier 교수는 공동체 윤리의 회복이란 실용주의적인 목표를 공동으로 추진하는 윤리적 자본주의가 가능하다고 주장합니다.

'인간이란 자기 이익을 극대화하는 존재'라는 전제는 처음부터 너무 극단적이라는 거죠. 인간은 자기 이익뿐 아니라, 의리, 고정, 자유, 위계, 배려, 경험 같은 가치를 소중히 여긴다는 겁니다. 그는 인간은 상호 존중을 통해 효용을 얻는 존재이기에 '호혜적 의무'를 회복하면 '윤리적 자본주의'가 가능하다고 강조합니다.

실제로 근대 경제학의 창시자인 애덤 스미스는 경제학 교수라기보다는 윤리학 교수였습니다. 『국부론』과 함께 저술한 『도덕 감정론』에는 윤리적인 인간을 꿈꾸어온 그의 사상이 잘 드러납니다. 여기에 인류가 파괴해온 지구의 환경을 보존해야 하는 책임도 경제정책 변화와 대안적인 자본주의 논의에 반드시 고려되어야 합니다. 따라서 '지속 가능한 자본주의'라는 표현이 더 적절하다고 생각됩니다.

정부는 지속 가능한 경제 성장을 위해 공동체에 대한 개인의 의무를 적절한 선에서 모색할 것으로 봅니다. 1930년대 이후 정부를 중심으로 한 케인지언 경제정책의 실패로 1980년대 신자유주의적 경제정책으로 회귀했습니다. 이렇게 정부 실패의 문제를 시장 중심으로 전환시키면서 대안을 모색했지만 결국엔 시장 만능이 가져온 여러 가지 심각한 부작용을 낳고 말았습니다. 이에 다시 정부 중심으로 경제정책을 변화한다면 반복되는 상황이 나올 수밖에 없습니다.

이러한 실패를 반복하지 않으면서 위기에서 벗어나기 위해서는 정부의 정책도 변화해야 합니다. 사회문제 해결에 능동적으로 나서되 정부가 만능인 것처럼 모든 것을 좌우하지 말아야 합니다. 또한 시장의 가격 조정 기능을 존중하되 자본의 논리가 공동체와 환경을 파괴할 정도로 폭주하는 것은 제어해야 합니다.

위기 이후 회복을 위한 양적완화 정책으로 부유층이 자산 가격 상승 효과를 보았다면 승자가 독식하는 상황은 통제하면서도 지나치게 급진적인 정책으로 소득재분배를 실행하는 것도 하나의 대안일 수 있습니다.

한계기업을 퇴출시키면서 생존한 기업들에게 모멘텀이 될 수 있듯이, 노동자들에게 재활의 길을 열어줌으로써 '창조적 파괴'가 순탄하게 진행될 수 있도록 시스템을 재구축하는 것이 필요합니다. 과세를 통한 재원 확충의 중요성도 빠뜨릴 수는 없지만 지나치게 세금과 복지에 의지하는 것에도 그리 좋은 선택은 아닐 것입니다. 부유층에서 저소득층으로의 소득의 단순 이전만으로 공동체의 분열과 갈등을 해결할 수 없기 때문입니다.

여기에 필요한 재원을 확보하는 이슈에 대해서도 갈등은 여전히 심화될 것입니다. 이미 거대해진 정부부채는 2020년대 이후에도 더욱 급증할 것입니다. 정부부채가 큰 부담 없이 사용될 수 있다고 주장하는 현대통화이론을 받아들이지 않는다면, 재원을 확보하는 이슈로 양측 간 거대한 논쟁에 휩쓸릴 수 있습니다.

### 3) ESG 투자, 지속가능한 경제 성장을 위한 금융투자 지원

기존의 신자유주의적 경제정책의 문제를 극복하고 지속가능한 자본주의를 모색하면서 나온 것이 ESG입니다. ESG는 Environmental(환경 보전과 기후 변화 대응), Social(사회적으로 건전한 것), Governance(지배구조 개선) 등 기업의 비재무적 요소를 투자의 판단 가치로 삼는다는 의미로. 국내외적으로 최근 ESG 투자가 급속히 성장하고 있습니다. 특히 환경 관련 ESG 투자는 매우 중요한 수단으로 부각되고 있습니다. 실제로 글로벌 시장에서 ESG 채권은 동일 시기에 발행된 일반 채권에 비해 낮은 금리로 발행되는 경우도 적지 않습니다. 물론 이러한 금리 절감 효과는 사회적 책임투자 및 ESG, 투자 활성화에 대한 사회적인 공감대가 형성되고 주요 연기금 및 기관투자자가 ESG 투자 비중을 높이면서 시장의 수급에 따라 나타난 것입니다.

ESG 금융시장 형성 초기에는 단기적으로 시장 촉진을 위한 정부의 직간접적인 지원 제도가 중요했습니다. 유럽 각국은 발행기업의 세금을 감면해주거나, 국책은행 등을 통해 금리를 인하해주는 등 다양한 형태의 지원책을 시행하였습니다. 또한 정부가 직접 ESG 국채를 발행하여 시장을 주도하는 경우도 있었고, 공적 자금을 활용한 전용펀드를 조성해서 수요기반을 확대해주는 적극적인 사례도 다수 존재했습니다

기업 입장에서는 ESG 투자를 유치함으로써 환경과 사회적 문제 해결에 적극적이라는 점을 어필함으로써 사회적으로 긍정적인 명성을 얻을 수 있고, 지구 온난화를 비롯한 환경과 사회 문제 해결에 적극적으로 투입하고자 하는 투자자와 새로운 관계를 쌓을 수 있으며, 자금 조달처를 확대 또는 강화함으로써 금리 인하 효과를 기대할 수 있다는 이점이 있습니다.

또한 사회적으로 ESG 투자 확대는 온실가스 감축이나 친환경 사업에 투입하는 민간자금 확대, 사회문제 해결 및 사회적 책임 투

자에 관한 기업 및 개인의 관심 증대, 에너지 비용 감소 및 지역 투자 활성화 등에 기여합니다. 이와 같은 사회적 기여를 기대하며, 세계 각국에서는 ESG 투자를 촉진하고자 다양한 정책들을 도입하여 시행하고 있습니다.

신흥시장녹색대출국제업무팀Sustainable Banking Network, SBN의 연구자료에 따르면 로컬 그린본드 시장을 육성하려면 국가 차원의 명확한 가이드라인이 있는 것이 필수적이라고 합니다. 이는 민간 그린본드 발행을 국가의 기후 및 사회기반시설 관련 목표와 연계할 수 있도록 하며, 투명성, 독립적인 검토, ESG 리스크 관리, 지속적인 모니터링 및 공시 등 요건을 확립하여 시장의 신뢰도를 높일 수 있습니다. 또 어떤 프로젝트의 유형이 환경과 사회 친화적인지 명확히 정의하며 저탄소, 친환경 채권 발행에 대한 정책적 지원 대상을 한정할 수 있으며 거래 비용을 줄여 녹색금융시장 성장에 기여할 수 있다는 장점이 있습니다.

특히 2015년 파리 기후협정, UN 지속가능개발 목표 등의 국제 논의가 구체화된 이후에는 한발 더 나아가 ESG 채권시장과 국가별로 수립한 자발적 감축 목표Intended Nationally Determined Contributions: INDCs와의 연계를 위해 자체적인 ESG 개념체계, ESG 채권 기준, 공시요건 등 기반을 마련하고 시장규율을 강화하는 제도적인 움직임이 활발해지고 있습니다.

ESG 투자는 투자 대상 기업과 금융기관 사이에 충분한 소통을 통해 발전시켜나가야 하며, 양측의 신뢰성 확보가 매우 중요합니다. 그런 측면에서 최근 그린워싱Greesnwashing에 대한 논란이 잦아지고 있습니다. 그린워싱이란 ESG 기업으로 자처하거나 ESG 채권을 발행한 기업이 실질적으로 친환경 경영을 하지 않는 경우입니다. 예를 들어 한 전력회사가 친환경 발전소 건립 자금 조달을 목적으로 그린본드를 발행하고 실제 사용하였으나, 발전소 건립을 위해 환경을 파괴하고 원주민과 갈등을 겪었던 사실이 밝혀지면서 환경단체가 문제를 제기했던 사례가 있었습니다. 이후에도 여러 글로벌 기업들이 비슷한 사례로 투자가 취소되기도 했습니다.

### 4) 디지털 기업와 좀비 기업이 공존할 2020년대

대형 금융위기 이후 산업 구조조정이 뒤따르는 예가 많았습니다. 우리나라의 경우 1998년 외환위기가 그랬고, 미국에서는 2008년 금융위기 이후 강력한 구조조정이 있었습니다. 다만 이는 지역별 그리고 차별적으로 진행됐습니다. 그런데 유럽은 2008년 금융위기와 2012년 유로존 위기를 경험했지만 별다른 산업 구조조정을 경험하지 않았습니다. 그렇다면 2020년 코로나 위기 이후 글로벌 산업의 구조조정이 가속화되고 있는 걸까요?

코로나 사태로 인한 경제 충격에도 글로벌 기업들의 부도율은 더 이상 높아지지 않고 있습니다. 글로벌 신용평가사 무디스에 따르면 미국 하이일드 채권 부도율은 2020년 3월 이후 급증하다가 12월을 고점으로 하락 반전했습니다. 처음엔 2008년 금융위기를 상회하는 수준의 부도율을 예상했던 신용평가사가 많았지만, 정부의 공격적인 자금 지원 정책으로 빠르게 부담이 낮아졌기 때문입니다. 따라서 과거에 보여주었던 많은 기업들의 파산과 산업 구조조정에 따른 공급 물량의 감소를 기대하기 어려운 상황에서 부채로 연명하는 좀비 기업들이 상당히 지속되는 상황이 예상됩니다.

미국의 경우 에너지, 항공, 여행, 리테일 산업이 가장 큰 타격을 받았고 많은 기업이 파산했습니다. 2008년 금융위기 당시는 금융기관의 구조조정을 통해 기업과 가계대출 부문의 대차대조표를 정리하면서 디레버리징 작업을 진행해왔습니다. 금융기관과 기업도 부채비율을 빠른 속도로 낮추며 재무구조 개선에 힘써왔습니다. 대표적 취약 산업이던 자동차 산업이 GM을 파산시키고 파산보호 신청을 통해 빠르게 정상화한 것처럼, 미국의 구조조정은 강력했습니다. 이런 빠른 구조조정이 가능했던 것은 잘 발달한 자본시장과 파산법이 중요한 역할을 했기 때문입니다. 파산한 이후 채무가 빠르게 정리되면서 가격이 하락한 부실채권을 거래하는 시장이 잘 발달한 나라는 미국밖에 없습니다.

그러나 과거 위기와 달리 이번 코로나 사태에는 대형 기업들의 파산을 방지하기 위해 정부가 최대한으로 지원해왔습니다. 미국에서도 시장의 효율성보다 고용안정에 초점이 맞춰져 있어 구조조정이 강하게 이루어질 가능성은 낮아 보입니다.

한편 코로나19 사태 이후 미국의 IT 플랫폼 기업과 대형 기업들의 디지털 경제로의 전환Digital Transformation이 본격화되고 있습니다. 5G 통신망의 확대, 인공지능, 사물인터넷과 모빌리티 산업이 기존의 경제 패러다임을 빠르게 전환시키면서 경제 성장을 선도할 것으로 예상됩니다. 또한 미국과 중국이 글로벌 기술패권을 두고 치열한 경쟁을 벌이면서 기술의 발전 주기를 더욱 단축시키면서 혁신적인 제품과 시스템이 만들어질 가능성이 높아지고 있습니다. 미국의 기업들은 이런 변화를 선도하는 혁신 기업과 구조조정이 늦어지는 좀비 기업이 공존하는 상황이 오래 지속될 가능성도 있습니다.

유럽은 더욱 심각한 상황입니다. 유럽은 그린 에너지 정책을 빠르게 추진하면서 친환경 산업과 소비재, 금융 및 다양한 서비스 산업 등에서 상당한 경쟁력을 갖고 있습니다. 4차산업 분야에서도 독일을 중심으로 한 인더스트리 4.0과 핀테크, 인공지능 등에서 경쟁력을 보유하고 있으나 IT 대형 플랫폼 경쟁과 5G 및 반도체 하드웨어에서는 상당히 뒤처지고 있습니다.

유럽은 2008년 금융위기와 유로존 재정위기 이후에도 강력한 구조조정을 단행하지 못했습니다. 이는 유럽 금융기관의 특성이기도 합니다. 은행 중심의 금융 시스템을 갖고 있는 유럽은 기업들이 자금 조달 대부분을 은행 대출에 의존합니다. 자본시장에서는 대형 기업들만이 자금을 조달할 수 있고, 미국과 달리 은행채가 회사채 시장에서 압도적인 부분을 차지했습니다. 프랑스의 푸조와 르노 자동차와 같이 투기등급으로 하향된 지 10여 년이 지난 기업들도 구조조정의 진행은 여전히 오리무중입니다. 은행은 정부 및 기업들과 강하게 유착되어 있고, 고용에 중요한 역할을 하는 기업들은 자금 조달 지원을 받기에 신용경색에 의한 구조조정이 어려운 구조입니다. 이런 상황은 유럽에 좀비 기업을 양산하고 전반적인 유럽 기업들의 경쟁력을 약화시키고 있습니다. 거기에 우크라이나 전쟁으로 급등한 에너지 가격이 경제 전반의 성장을 위축시킬 것으로 보입니다. 앞으로는 러시아에 대한 에너지 의존도를 낮추기 위해서 에너지 산업의 구조 변화가 빠르게 진행될 것으로 예상됩니다.

중국은 2016년 이후 공급과잉으로 증가한 중국 기업들의 부채를 조정하려고 했으나 큰 효과를 거두지 못했습니다. 코로나19 사태로 경기가 둔화되면서 기업들의 수익성이 하락하고 부채 상환 능력이 약화되고 있습니다. 특히 제조업의 경상이익 증가율이 급락하고, 서비스업의 수익성도 하락하는 등 전반적인 기업들의 수익성 하락이 심화되고 있습니다. 대규모 실업을 막아야 하는 중국은 그동안 구조조정보다는 정부의 지원을 통해 기업 연착륙을 모색해왔습니다. 그러나 최근에는 경쟁력이 없는 공기업 등을 중심으로 부실기업을 정리하는 방식으로 가닥을 잡은 것으로 보입니다. 지방 공기업들이 발행한 채권의 부도가 발생하면서 금융시장이 다소 혼란한 상태이지만 이러한 구조조정을 통한 체질 개선을 모색하고 있는 것으로 보입니다.

중국도 정부와 민간 양측에 의해 어느 국가 못지 않게 빠르게 디지털 트랜스포메이션하고 있습니다. 한편으로는 대형 IT테크 기업의 영역 파괴를 독과점으로 규정하며 강한 규제가 이루어지는 반면, 반도체 등의 자체 경쟁력이 부족하지만 전략적으로 필요한 산업은 적극적으로 지원하고 있습니다. 과창판(스타마켓)을 통한 용이한 자금 조달, 세금 감면 지원 등의 보조금 혜택도 향후 IT 기술 전쟁에서 핵심산업의 경쟁력을 확보하기 위해 계속될 것으로 보입니다. 이러한 대형 테크 기업들에 의한 디지털 경제의 확산과 함께 일정 규모의 좀비경제를 유지하는 것이 중국의 전략입니다.

우리나라는 어떨까요? 2008년 이후 하지 못했던 산업 구조조정을 이번에는 이룰 수 있을까요? 1998년과 달리 한국 산업의 강한 구조조정 가능성은 크지 않습니다. 항공, 관광 등을 제외한다면 대형 기업들은 그리 절박하지 않기 때문입니다. 자영업과 중소기업들의 상황은 악화됐지만 상장되어 채권을 발행하는 대기업들은 이미 충격에 대비하고 있어, 산업 구조조정을 통한 경쟁력 개선을 기대하긴 어려울 전망입니다. 최근 대형 기업들의 산업구조변화가 빠르게 진행되면서 한국 기업들의 디지털 포메이션도 거세게 추진되고 있습니다. 주요 대기업들을 중심으로 빠르게 디지털 경제로 이동하고 있는 가운데, 여전히 상당한 기업들의 좀비경제가 공존하는 상황이 장기간 유지될 것으로 보입니다.

### 5) 고용의 구조적 변화와 정치적 해법 요구

코로나19 사태 이후 악화되었던 고용이 빠르게 회복되는 가운데, 고용 환경의 구조적 변화가 진행되고 있습니다. 우선 미국의 고용시장은 경제 회복에 따라 빠르게 회복되었습니다. 코로나 사태 이후 보조금을 받아 노동시장으로 돌아오지 않았던 인력들이 다시 공장으로 돌아오면서 노동시장이 활기를 띄고 있습니다. 인플레이션 부담이 높아지면서 임금 상승률도 빠르게 상승했고 실업률도 4%를 하회할 정도로 좋아졌습니다. 2022년 2월 미국의 실업자 수는 코로나19 사태가 발생하기 전인 2020년 2월보다 약 55만 명 많은 정도입니다.

미국의 노동시장이 빠르게 회복된 것은 몇 가지 이유로 구직을

하려는 노동자들이 전반적으로 감소했기 때문으로 보입니다. 첫째로 1950~60년대 베이비붐 시대 출생한 노동자들이 대거 은퇴하면서 생산 가능 인구(15~64세)가 감소했기 때문입니다. 또한 트럼프 정부의 이민 제한 정책으로 이민자가 크게 줄면서, 생산 가능한 젊은 인구가 감소한 것도 중요한 원인이었습니다. 두 번째는 2008년 글로벌 금융위기와 달리, 2020년 코로나19 사태 때는 미국 정부가 실업자에 대한 재난 지원금을 대규모로 지급하면서 일을 하지 않고도 생계를 유지할 수 있게 되었고, 이것이 근로 의욕을 낮추는 기제로 작용하게 됩니다. 실제로 미국의 실업자들은 600달러의 실업급여에 연방정부로부터 주당 300달러를 더 받을 수 있었습니다. 기업에 대한 지원 정책을 추진했던 유럽에서는 근로 의욕이 낮아지지 않았던 반면, 실업자에게 직접 지원금을 지급했던 미국은 근로 의욕이 크게 낮아진 것입니다.

한국에서도 코로나19 확산으로 큰 폭으로 감소했던 취업자 수가 2021년 11월 기준으로 위기 이전 수준을 거의 회복한 것으로 나타났습니다. 그러나 노동시장의 구조적 변화가 일어나면서 대면 일자리 여부, 재택가능 여부, 자동화 대체 가능성 등 일자리의 특성에 따라 차별화되는 특징을 발견할 수 있었습니다.

전체 취업자 수는 비슷했지만 산업별 업황에 따라 차별화된 패턴이 나타났는데요. 서비스업의 경우, 비대면 서비스업(운수창고, 정보통신 등)의 취업자 수가 증가한 반면, 대면 서비스업(도소매, 숙박음식업 등)은 큰 폭으로 감소했습니다. 보건 복지 분야에서는 의료수요의 확대와 정부의 고용정책 지원 등으로 큰 폭의 증가가 있었습니다. 제조업의 경우 주요 수출 부문(반도체, 자동차 등)은 견조한 증가세를 보였으나, 글로벌 공급망 차질이 있었던 부문과 성숙기 산업 등에서 감소하는 추세를 보였습니다.

이렇게 코로나 사태 이후 고용 시장의 변화는 첫 번째, 일자리 양극화가 심화된다는 것입니다. 코로나19 팬데믹 기간 동안 중숙련 일자리가 감소하고, 고숙련 일자리와 저숙련 일자리가 증가한 것으로 나타났는데요. 일반적으로 경기 침체기 저숙련 일자리가 감소하는 게 보통입니다. 그러나 저숙련 일자리는 팬데믹 기간 동안 비대면 생활방식의 확산으로 인해 단순노무 종사자(택배원, 배달원 등)을 중심으로 크게 증가한 것으로 나타났습니다. 대면 접촉도가 낮은 데도 불구하고 중숙련 일자리가 크게 감소한 것은 이들의 재택근무가 여의치 않은 데다 자동화 대체가 빠르게 이루어졌기 때문으로 보입니다.

두 번째 고용 시장의 변화는 사람이 아닌 로봇을 고용하는 산업구조개편 속도가 빨라진다는 것입니다. 과거 고용유발계수가 높았던 자동차, 조선, 건설 등의 업종은 향후 전망이 그리 밝지 않아 신규 고용 증가가 쉽지 않은 상황인 반면, 2020년대 유망한 산업이라고 일컫는 전기자동차, AI, 5G, 반도체, 플랫폼 등은 기존의 제조업과 달리 로봇화 공정을 빠르게 도입할 것으로 보여 고용유발 효과가 크지 않습니다. 이들 산업에서 높은 생산성으로 많은 수익을 낼 수 있겠지만, 이는 여기에 투자한 주주들과 소수의 노동자들이 대부분의 혜택을 가져갈 가능성이 높습니다.

세 번째는 지난 10년 동안 미국에서 창출된 일자리의 78%는 서비스업에서 나왔는데 코로나 사태 이후 임금상승률이 높아지면서 서비스업에서도 사람을 고용하는 것보다 키오스크 등으로 대체하는 가게들이 빠르게 증가할 것이라는 겁니다. 이러한 흐름은 약 10년의 시간이 필요할 것으로 생각되었지만 코로나19 사태로 그 시기가 상당히 앞당겨졌다는 평가입니다. 기술이 발전하면서 향후 많은 직업군들이 인공지능과 로봇으로 대체될 것으로 예상되는데, 블루칼라 노동자들의 일을 로봇이 대체한다면, 화이트칼라 노동자의 일은 인공지능이 상당 부분 대체할 것으로 전망됩니다. 코로나에 대한 면역이 증가해서 경제가 정상화된다 해도 이러한 흐름은 계속될 것으로 판단됩니다.

대규모 유동성 공급에 의해 경제가 회복되고 인플레이션 상황에 진입하면서 고용은 호조를 보이고 있지만, 다시 경기가 침체되는 가운데 이러한 고용 시장의 구조적 변화가 빠르게 이뤄진다면 경제 성장에 부담으로 작용할 가능성을 배제할 수 없습니다.

이렇게 고용의 문제가 다시 심각한 이슈로 부상하고 경제적으로 해결되지 않는다면 정치적인 해결책이 부각될 것으로 판단됩니다. 2019년 미국 민주당 대선 후보 중 하나였던 앤드류 양Andrew M. Yang이라는 후보는, 자율주행차가 상용화될 때 가장 먼저 직업을 빼앗길 미국의 300만 트럭 운전사들의 생계를 어떻게 할 것인지, AI 음성 인식기술이 발전하면서 300만의 콜센터 직원들은 어떻게 될 것인지를 문제를 제기한 바 있습니다. 많은 직업들이 사라지고 4차 산업시대 새로운 직업으로 변화시키는 데도 한계가 있을 겁니다. 따라서 직업을 갖지 못한 사람들을 위해 기본소득에 대한 논의가 현실화될 것이라고 예상합니다. 실업률을 낮추기 어렵다면 돈을 나눠줘서 소비를 하게 만든다는 거죠. 이에 따른 재정 확대를 위해 세금인상 또는 현대통화이론Modern Monetary Theory, MMT에 따른 경제정책 이론의 급격한 변화가 필요해질 겁니다.

Land

Money

Power

# 5장

L A N D M O N

# 투자 대상 국가를 어떻게 분석할까?

Y P O W E R

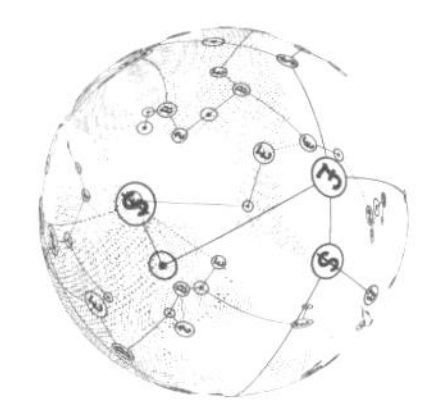

## 글로벌 신용평가사들의 국가 분석 방법론

'투자 대상 국가를 어떻게 분석할 것인가? 그리고 언제 투자할 것인가?' 투자를 목적으로 한 나라를 분석할 때 가장 중요한 기준은 '안정적인 경제 성장 능력'일 것입니다. 이를 국가의 탄력성country's resiliency 또는 충격 흡수 능력shock-absorption capacity이라고도 합니다. 평상시에는 모든 국가가 잘될 것처럼 보여서 투자 대상 국가에 대한 장미빛 전망이 일색이지만, 위기가 발생하면 거품이 빠진 실제 모습을 보여주는 경우가 많습니다. 따라서 투자 대상 국가에 대한 분석은 해당 국가가 경제적, 재정적, 정치적 충격을 겪을 때, 국민의 수입이나 부에 과도한 부담을 주지 않고도 의무를 어느 정도까지 다할 수 있는지 집중적으로 분석합니다.

S&P와 무디스 등 국제 신용평가사들이 발표하는 '국가신용등급'이라는 말을 한번쯤 들어봤을 것입니다. 영어로 말하면 '소버린 신용등급sovereign credit rating'이라고 말하는 이 등급은 국가Country가 아닌 정부Sovereign 채무의 적기에 상환할 가능성을 평가합니다. 일반적으로 은행을 중심으로 한 금융기관의 개별 국가에 대한 대출 분석은 '컨트리 리스크Country Risk 분석'이라고 하는데, 이 분석은 정부의 채무가 아닌 해당 국가의 지방자치단체, 은행, 기업 등에 얼마나 많은 대출이 실행되었고 해당 국가가 전체적으로 위험에 얼마나 노출되어 있는지를 분석합니다. 또한 해당 국가 내의 기업 투자 활동과 관련되어 금융기관의 손실을 파악할 때 쓰입니다. 소버린 분석이 정부의 채무 상환 능력을 평가하는 반면, 국가 분석은 국가 전체라는 데 차이가 있습니다.

국가라는 무형의 실체가 채무 상환의 주체라고 하면 돈이 부족할 때 세금을 올리고 지출을 줄이는 방식으로 문제를 해결할 수 있습니다. 그러나 정부가 채무 상환의 주체가 된다면, 세금을 올리고 지출을 줄일 경우 국민들의 반발을 불러올 수 있어 실행하기 어렵습니다. 1990년대 루마니아의 독재자 니콜라이 차우셰스쿠Nicolae Ceausescu가 대표적인 사례인데요. 150억 달러 규모의 해외 차입금을 갚기 어려웠을 때 내각의 일부에서는 디폴트(채무불이행)와 모라토리움(공권력에 의해 채무의 이행을 일정 기간 유예 또는 연기하는 일)을 선언하자고 했지만, 차우셰스쿠는 긴축을 통해 채무 상환에 필요한 자금을 마련했습니다. 그러나 채무를 모두 갚은 후 차우셰스쿠는 곧바로 처형당했습니다. 이유는 수년간의 긴축으로 지출을 해야 할 데 하지 못했고 세금을 더 높이니 국민들의 불만이 하늘을 찌르는 데다 때마침 동유럽의 민주화 바람과 함께 정권을 유지시켜주던 국민들의 지지가 빠르게 사라졌던 것입니다.

재정이 어려워질 때 정부는 국민을 쥐어 짜내어서 채무를 갚을 것인지 아니면 정권 유지를 위해 디폴트를 선언할 것인지 고민에 빠집니다. 따라서 국가 분석이 자본통제 등으로 자금이 묶이거나 손실이 발생할 가능성 등에 집중하는 반면, 소버린 분석은 정부가 채무 상환을 거부하고 실패하는 정부 부도Sovereign Default 개념으로 발전하게 됩니다. 소버린 신용등급은 이렇게 정부가 채무 상환에 실패하게 될 부도와의 거리Distance to Default 혹은 가능성을 기호로 표현한 것이라 할 수 있습니다.

흔히 말하는 국가 부도는 정확한 표현이 아닙니다. 정부 부도Sovereign default라고 해야 맞습니다. 정부가 한 국가를 대표하는 조직이긴 하지만 정부의 채무불이행이 국가 전체의 채무불이행을 의미하는 것이 아니기 때문입니다. 따라서 정부 부도란 '중앙정부/중앙은행이 발행한 채권 혹은 중앙정부/중앙은행이 차입한 차입금에 대해 적기에 원금과 이자가 상환되지 않았거나, 채권자에게 열위 조건의 채무 재조정이 이루어진 경우'를 말합니다.

이렇게 복잡한 정부의 채무 상환 능력과 의지를 효율적으로 분석하기 위해 글로벌 신용평가사들은 일반적으로 '경제적 탄력성', '정치 제도와 문제해결 능력', '재정 건전성', '외환 유동성', '통화 및 금융 안정성', '이벤트 리스크 대응 능력' 등 여섯 가지로 구분하여 접근합니다. 투자 시점에 대한 분석은 이 외에도 글로벌 정치경제 이슈와 이에 대응한 국내 정치경제 사이클에 의해 결정되는 경우가 많습니다. 지금부터 하나씩 살펴보도록 하겠습니다.

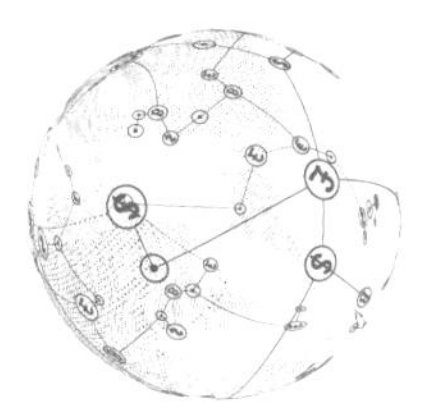

## 경제적 탄력성

첫 번째 요인은 위기 발생 시 이를 극복하면서 꾸준한 경제 성장을 이어갈 수 있는 '경제적 탄력성'을 보유하고 있는가입니다. 경제적 탄력성 분석은 중장기적인 관점에서 다양한 종류의 위기가 발생할 경우, 평가 대상국의 경제가 이를 극복할 수 있는 능력을 보유하고 있는지 여부를 검토합니다. 경제적 탄력성이 뛰어날 경우 인위적인 방식으로 무리하게 경기를 부양할 필요성이 적기 때문에, 장기적인 재정건전성 확보에 도움이 됩니다. 또한 갑작스러운 외부 충격으로 인해 재원을 조달해야 할 경우에도, 세금 증가 등이 경제에 미칠 부정적인 영향이 적어, 정부가 위기 대처에 보다 많은 재량권을 가질 수 있습니다.

반면 경직적인 노동시장이나 불안정한 금융시장 등 구조적인 문제를 안고 있어 경제적 탄력성이 낮을 경우 그 자체로 재정위기나 외환 유동성 위기를 촉발할 수 있을 뿐 아니라, 경기 후퇴 시 경기 부양을 위한 정부의 부담이 증가할 수밖에 없기에 부정적인 영향을 미치게 됩니다.

우선 경제구조 및 성장성에서는 1인당 국내총생산GDP 수준과 산업구조 등을 분석해 경제의 발전 정도와 건전한 성장을 이루고 있는지를 평가합니다. 1인당 GDPGDP/capita는 국가별 경제력을 나타내는 최고의 단일 지표입니다. 경기순환의 효과를 제어하기 위해 일반적으로 3~5년 정도에 걸친 평균치를 사용하는데, 특히 국가 간 실질적인 비교를 위해 구매력지수Purchasing power pairty, PPP를 기반으로 한 1인당 GDP를 사용하기도 합니다. PPP를 기초로 한 GDP는 데이터를 측정하기 어렵지만 국가 간 비교를 통해 사람들의 상대적인 삶의 표준을 측정할 수 있습니다.

또한 다변화되고 경쟁력을 갖춘 산업구조를 보유하고 있는가도 중요합니다. 일반적으로는 1인당 GDP와 산업의 다변화 간 높은 상관관계가 존재합니다. 그러나 에너지 및 광물 수출 등 특정 산업에 집중된 산업구조를 보유하고 있거나, 수익성이 뒷받침되지 않는 과잉 투자로 인해 최근 경제 규모가 급성장한 경우는 일치하지 않습니다. 그 외에도 세계경제포럼 글로벌경쟁력보고서에서 제공하는 혁신Innovation, 인적 자본에 대한 투자 정도human capital 등 인프라 수준 등과 같이 장기적으로 영향을 미치는 구조적 요인들도 간과할 수 없습니다. 또 유럽연합과 같은 견조한 지역 경제 블록이나, 북미자유무역협정NAFTA이나 USMCA 같이 무역 연맹으로 통합되어 있는 경우, 그에 따른 영향을 감안하여 분석합니다.

두 번째는 노동시장 구조와 사회 안정성을 분석합니다. 노동시장 구조는 경제의 성장 및 안정성을 결정하는 가장 중요한 요소입니다. 지나치게 경직적인 노동시장은 높은 실업률이 지속되는 와중에서도 임금의 지속적인 인상을 야기하여 기업의 경쟁력을 저하시키고, 경제적 비효율성과 사회적 문제를 불러옵니다. 또한 노동시장의 문제가 사회 불안정으로 연결되고 있지는 않은지를 분석합니다. 적절한 소요는 변화를 가져오는 활력이 될 수 있지만, 장기 지속되는 사회 불안은 투자 및 경제활동을 저해할 수 있습니다.

그 외 노동시장 관련 제도와 주요 지표도 중요합니다. 특히 노동생산성 증가율과 임금인상률, 실업률 및 노동시장 참가율 등을 비교하여 노동시장이 효율적으로 조직되어 있는지, 현재의 경제 성장이 건전하게 지속될 수 있는지를 예측합니다. 또한 지니계수GINI Index를 통해 경제적 불평등 정도를 평가하고, 지역 분쟁, 계층 간 갈등이 사회적 불안정을 야기할 가능성에 대해서도 검토합니다. 현 시점에서 지역 분쟁이 존재할 경우, 향후 경제 안정성 및 사회 안정성에 영향을 미칠 가능성에 대해서도 검토합니다.

산업생산 및 공급관리자협회ISM 제조업 및 비제조업 구매관리

자지수PIM, OECD 경기선행지수 등 경기 순환에 대한 다양한 지표가 존재하지만, 국가별 채무상환 능력에 대한 비교 분석을 위해 경기 순환적인 데이터보다는 아래처럼 장기 펀더멘털을 보여주는 지표를 보다 많이 활용합니다.

**① 명목 GDP(단위: 십억 달러)**

국내총생산은 한 나라의 영역 내에서 가계, 기업, 정부 등 모든 경제 주체가 일정 기간 동안 생산 활동에 참여하여 창출한 부가가치 또는 최종 생산물을 시장 가격으로 평가한 합계로, 이를 통해 국가 간의 규모를 비교할 수 있습니다.

**② 인구(단위: 백만 명)**

인구는 해당 국가의 시장 규모를 짐작할 수 있게 하는 중요한 요소로 인구 규모와 인구 성장률, 나이의 분포, 생산 가능 인구, 노령화 등은 경제력과 해당 국가의 주요 갈등을 판단하는 지표가 됩니다.

**③ 1인당 GDP(현재 환율, 미 달러 기준)**

GDP를 전체 인구로 나눈 비율이며, 해당 국가의 경제력을 나타내는 최고의 단일 지표입니다.

### ④ 구매력 기준 1인당 GDP(미 달러 기준)

국제 경제에서 한 나라의 비중을 파악하려 한다면 경제 규모를 현재 환율로 나타내는 것이 유용하지만, 실제 그 국가 국민의 삶의 수준을 이해하기 위해서는 물가를 반영하여 실제 시장 환율을 조정한 구매력 기준 1인당 GDP를 사용합니다.

### ⑤ 실질 GDP 성장률(단위: 퍼센트)

명목 GDP는 국가 경제의 규모나 구조를 파악하는 데 주로 사용되는 반면, 실질 GDP는 경제 성장, 경기 변동 등 전반적인 경제 활동의 흐름을 분석하는 데 이용됩니다. 따라서 애널리스트들은 실질 GDP의 변동과 가격 인덱스의 변동, GDP 디플레이터deflator를 더 관심 있게 지켜봅니다.

### ⑥ 실업률(단위: 퍼센트)

만 15세 이상의 인구 중 노동을 할 의지와 능력이 있으나 일자리가 없어 실업 상태에 놓인 사람들의 비율을 말합니다. 소버린 애널리스트들은 실업률을 인적자원을 충분히 활용하지 못한 상태라고 보고, 정부가 행동을 취해야 한다는 신호로 파악합니다. 파트타임, 비정규직 인력, 취업 의욕을 상실한 노동자, 실업급여를 신청한 사람들만 실업자로 분류하는 경우 등 국가별로 실업률 측정

방법이 다르기 때문에 일률적으로 비교하는 데는 한계가 있습니다. OECD와 유로스타, EU는 회원국 사이에 일정하게 조정한 실업률을 사용하고 있기 때문에 그것을 주로 사용하지만, 그 외 국가의 경우 개별 국가의 통계 자료를 사용할 수밖에 없습니다. 실업률과 인플레이션 증가율을 더해서 고통지수The Miserable Index로 사용하기도 합니다.

### ⑦ 투자율(단위: 퍼센트)

1년 동안 주택, 구조나 장비 등에 쓰인 지출은 국가의 자본 투자와 더불어 중요한 경제 성장의 과정입니다. 특히 생산성 있는 자산이나 비즈니스 분야에 꾸준히 높은 투자율을 보이는 나라들은 장기적으로 더 빠르게 성장할 것입니다. 하지만 많은 투자를 한다고 해서 모두 성장하는 것은 아닙니다. 중요한 것은 투자의 효율성과 생산성입니다. 이것은 투자 금액과 생산의 순증가로 측정되며, 점진적인 자본 산출 비율ICOR이라고 불립니다. 투자 비율이 높은 나라가 꼭 높은 성장 기록을 가지고 있는 것은 아닌데, 국가에서 시행하는 투자 중에 낭비되는 것도 많기 때문입니다. 돈만 많이 들고 쓸모 없는 투자를 일컫는 '흰 코끼리 프로젝트white elephant project'라는 말도 있을 정도입니다. 투자 비율이 낮은 나라는 기술적인 역동성으로 인해 효율성을 높일 수 있는 성과 제도를 만들어 더 효율적으로 투자하고 자본을 사용할 수 있습니다.

### ⑧ 저축률(단위: 퍼센트)

실제 국가의 투자는 국내 저축과 해외 저축의 합이며, 여기서 저축saving의 의미는 국민의 예치금이 아닌 GDP에서 소비를 뺀 것입니다. 성장하기 위해 투자율을 높이려는 나라들은 국제수지의 제약에 부딪힐 수도 있습니다.

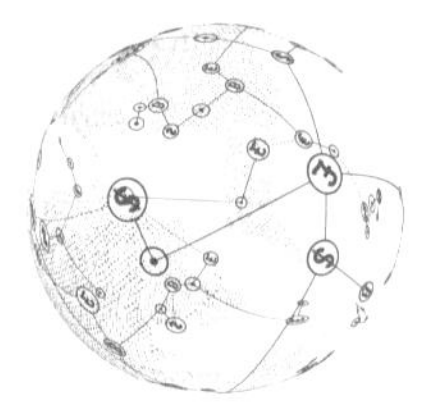

## 정치 제도와 문제해결 능력

두 번째 요인은 '정부가 어려운 과제를 해결할 수 있는 정치적인 문제해결 능력이 얼마나 되는가' 입니다. 평상시에도 정부는 각계각층으로부터 다양한 요구를 받고 그에 맞는 대응을 하고 있습니다. 대내외적으로 상황이 악화되었을 때 경제적, 재정적, 외환 유동성 측면, 통화정책 및 금융 안정을 위해 어려운 결정을 내려야 할 때가 많습니다. 이때 외부의 압력에 눌리지 않고 효율적으로 적절한 대응을 할 수 있는 능력이 분석의 포인트입니다.

우선 '정치 제도' 측면에서 경제, 사회, 문화적 요구를 해결함에 있어 제도가 효율적이고 안정적으로 작용하는지 여부를 분석합니다. 정치적으로 안정적이며, 사회 전반에 걸쳐 투명성이 높을 경우 위기를 극복하기 위한 자원을 보다 효율적으로 동원할 수 있으며, 사회 구성원 간의 희생을 분담하는 과정이 보다 원활하게 이루어질 수 있습니다. 또한, 효율적이고 안정적인 법률 및 시장제도가 확립된 경우 직·간접 외국인 투자를 끌어들이는 데 용이하기 때문에 경제적 탄력성을 높여줍니다.

'제도Institution'는 사회 다수의 인센티브를 형성시키는 비공식적인 관례로, 국가 분석 측면에서 중요한 것은 "구성원 다수가 인정할 수 있는 포용적인 제도를 갖고 있는가" 여부입니다. 예를 들어 사유재산권에 대한 인정, 정부 활동의 효율성과 예측 가능성, 정치적 투명성을 통한 정치적 목표에 대한 합의 같은 것들이 있습니다.

정부 신용 평가 시 각 국가의 제도의 힘을 분석하기 위해서 정부 형태에 대한 가치판단은 하지 않지만, 장기적인 투자를 고려할 때 정부 형태와 정치 제도 분석은 상당한 의미가 있습니다. 자유민주주의냐 사회주의냐, 전제정치냐에 따라 장기적인 정부의 안정성과 유연성이 달라지기 때문입니다.

경제력과 더불어 국가의 제도적 프레임워크와 통치 방식은 등급을 평가하는 데 있어 주요한 요인입니다. 사회와 경제가 발전하기 위해서 제도의 역할은 매우 중요한데 실제로 불안정하고 성숙되지 않은 정치경제적 제도들은 비상시에 예상하지 못한 문제들이 발생할 위험성을 증가시키면서 정부의 신뢰도에 부정적인 영향을 초래합니다. 국가의 정치적, 사회적, 법적 제도들이 인위적으로 갑작스럽게 변하지 않는 '제도적 투명성'이 필요합니다.

제도적 투명성의 중요한 사례로는 유럽연합의 결성을 들 수 있습니다. 유럽연합의 통합 과정은 정치, 경제, 사회, 통화, 금융의 다양한 측면에서 회원 국가들의 통치 제도의 질을 상당히 개선시켰습니다. 반면 제도적인 개선에도 개별 국가의 정치 문화와 경제 상황에 따라 유로존 붕괴 가능성 등 다양한 문제를 발생하기도 했습니다.

다음은 다양하고 복잡한 문제들을 해결할 수 있는 '정치적 자본Political Capital 혹은 정치적 리더십Political Leadership을 얼마나 보유하고 있는가' 입니다. 많은 국민들이 세금을 올리거나 공공 소비를 줄이는 것과 같은 긴축을 좋아하지 않습니다. 따라서 재정 상황이 어려워져 이러한 조정 노력이 반드시 필요할 때 어려운 과제를 추진해 나갈 수 있는 정치적 자본과 리더십을 얼마나 갖고 있는가 여부가 중요합니다. 이것은 정치형태와 관련이 없는 경우가 많습니다. 포용적인 제도를 가진 국가에서도 사회적인 합의를 통해 어려운 과제를 관철하는 것은 무척 어렵습니다. 설득의 과정에서 리더의 정치적 자본을 희생해야 할 경우가 많습니다. 반면 권위주의 국가의 리더는 오히려 합의와 설득의 과정을 배제하면서 정치적 리더십만으로 어려운 과제를 빠르게 결정해서 추진해나가기도 합니다. 즉, 정책 결정 과정과 추진력에서 단기적인 효율성이 높을 수 있지만 정치적 참여와 책임이 주어지는 합의와 설득의 과정이 장기적으로 정치체제의 안정성을 높여줍니다.

민주적 정권과 독재정권 모두 강력한 성장을 추진하는 과정에서 장단점을 보여왔기 때문에 어느 곳이 확실히 앞선다고 말하기 어렵습니다. 5% 이상의 경제 성장을 보인 국가 중 독재정권이 50%, 민주정권이 50%를 차지했습니다. 어느 쪽의 성장이 더 높다고 말할 수는 없습니다. 그러나 경제 성장에 실패하고 잘못된 방향으로 갔을 경우, 권위주의 정부는 의회나 경쟁 정당으로부터 견제를 받지 않기 때문에 잘못된 방향으로 빠져들 수 있습니다. 또한 장기집권에 집착하다가 균형 잡힌 판단에 실패할 경우도 있습니다. 경제에 부정적인 결과를 낳을 수도 있습니다. 잘못된 방향으로 갔던 민주주의 정치체제를 가진 나라는 4년이나 6년마다 공정한 선거를 통해 다시 새로운 지도자를 선택할 수 있는 기회가 있는 반면 권위주의 정치체제에서는 선거를 통해 변화를 꾀할 수 있는 기회가 현저히 줄어들면서, 문제가 장기화될 가능성이 높아집니다. 부패한 권력일 경우 민주적 정치체제보다 권위주의 체제에서 악영향은 훨씬 커집니다. 그러나 정치적 자본과 리더십 등의 정치적 문제 해결 능력은 지표로 설명하기 어렵습니다. 오랜 관찰을 통한 인사이트가 필요한 부분이며, 한국 투자자들이 많은 노력을 들여 키워나가야 할 영역입니다.

정치 제도적인 측면을 분석하기 위해 세계 은행이 제공하는 지표들은 이미 널리 받아들여지고 있습니다. 법치 질서Rule of Law index, 정부효율성Government Effectiveness Index, 언론의 자유, 정치적 안정성, 규제의 질, 법률적 안정성(소유권 보호 및 사법제도) 등이 그것입니다. 지표가 높을수록 정부의 효율성이 높고, 정부 기관의 임기와 대응 능력이 높다고 판단할 수 있습니다.

① **정부 지지율**Approval Rating: 각국 정부와 정부 수반(대통령 또는 의원내각제의 총리)의 국정 수행 지지율을 비교할 수 있으며 주로 국가별 주요 언론사 및 공신력 있는 조사기관에 의해 주기적으로 발표됩니다.

② **J 커브(민주화 정도) 정부 지지율**: 경제학에서 사용하는 J 커브와 달리 미국의 정치경영 컨설팅업체인 유라시아그룹 회장 이안 브레머Ian Bremmer가 규정한 J 커브는 국가별 민주화 과정에 관한 궤적이 커브 형태를 띤다는 가정입니다.

③ **민주주의 지수**The Democracy Index(Economist Intelligence Unit: 《이코노미스트》가 개발한 167개 국가의 민주주의 수준을 평가한 지수로 선거 절차 및 다원주의, 시민의 권리, 정부의 기능, 정치 참여, 정치

문화의 다섯 가지 범주에 대한 지수와 함께 수량화한 것입니다. 각 나라들은 '완전한 민주주의', '결함 있는 민주주의', '혼합 체제', '권위주의 체제'로 분류되며 10점 만점 중 노르웨이가 9.87점, 한국은 8.0점, 북한은 1.08점입니다.

④ **세계 자유 지수**Freedom in the World: 미국 인권기관인 프리덤하우스에서 발표하고 있는 국민들의 자유 지수입니다. 세계인권선언에서 유래된 정치적 권리와 시민의 자유로 평가합니다. 계수는 두 가지로, 모두 1부터 7까지 있으며 숫자가 낮을수록 더 자유로운 국가로 평가됩니다.

⑤ **부패 지수**Corruptions Perceptions Index: 국제 투명성 기구TI : Transparency International가 매년 발표하는 국가별 부패 인식 지수입니다. 세계은행 등 일곱 개 독립기구가 실시한 국가별 공직자의 부패 정도에 관한 설문조사를 종합하여 분석, 평가합니다. 10점을 만점으로 하여 점수가 높을수록 부패 정도가 낮은 것으로 간주합니다.

⑥ **인적자본 지수**Human Capital Index: 세계은행IBRD에서 한 나라의 보건과 교육환경을 반영해 오늘 태어난 아기가 18세까지 얻게 될 인적자본의 총량을 측정한 것입니다. 이 지수는 0과 1 사이의 값으

로 표기하는데, 아이가 완전한 교육과 의료를 제공받았을 때의 값이 1입니다. 2018년 세계은행은 처음으로 세계 157개국을 대상으로 조사한 인적자본지수 결과를 발표했습니다. 한국은 0.84로 싱가포르(0.88)에 이어 두 번째로 높았습니다.

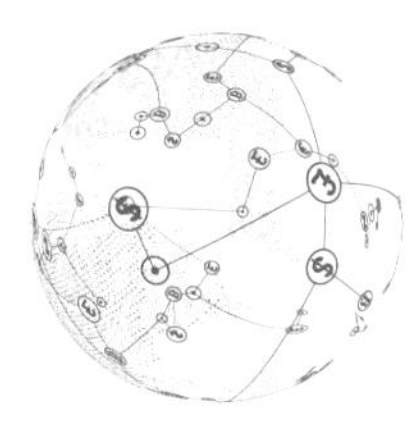

## 재정 건전성

세 번째 요인은 '유사시 정부가 사용할 수 있는 재정적인 여력'입니다. 경기 침체 시 사용할 수 있는 재정적인 여력을 경기 활황 또는 평상시에 얼마나 마련했는지를 재정수지와 정부부채 비율 등을 통해 재정 건전성 수준을 분석합니다.

우선 재정수지, 즉 정부 수입과 정부 지출에 대한 정부의 통제 능력을 분석합니다. 여기서 안정적인 정부 수입이 중요한데, 원자재에 대한 정부 수입 의존도가 높은 국가의 경우 그 가격 변동에 따라 함께 정부 수입의 변동성도 높습니다. 이런 국가들의 경우 중동국가들의 국부펀드 혹은 러시아의 안정화 기금 등을 통해 원자재 가격 변동성을 완화시키는 장치들이 필요합니다. 이러한 조치가 체계적이지 못할 경우 정부 수입의 안정성이 현저히 떨어지는 국가로 분류합니다. 또한 대규모 지하경제 등으로 세수 확보 능력이 취약한 국가들의 경우가 많아 GDP 대비 정부부채 비율보다, 세수 대비 정부부채 비율이 좀 더 정확한 경우가 많습니다.

정부 지출의 경우 탄력성에 더 중점을 둡니다. 이자, 혹은 공무원 연금, 사회보장 비용 등 반드시 지출해야 하는 고정비용이 많은 경우 인프라 투자, 교육 투자 등 생산성을 높일 수 있는 재량적 지출이 적어지기 때문에 탄력성이 좋은 국가로 볼 수 없습니다. 특히 경기 침체로 세입이 감소함에도 고정적인 지출이 많은 국가는 경기 침체에 정부가 대응할 수 있는 여력이 현저히 감소하게 됩니다.

재정수지가 쌓여서 만들어진 정부부채는 규모의 적정성을 분석합니다. 일반적으로 정부부채는 IMF의 정부재정통계에서 사용하는 '일반정부General Government(중앙정부 및 지방정부, 사회보장제도 시스템이 포함)'의 포괄적인 부채를 사용합니다. 공기업 부채는 포함되지 않지만, 전략적인 측면에서 중요한 공기업의 경우 부실화될 때 정부의 지원이 필요한 경우가 많이 있기 때문에 주의 깊게 볼 필요가 있습니다.

한편 정부부채 비율과 함께 정부부채 중 외화표시 부채 비율과 국내통화 부채 비중, 국내통화 부채 중 외국인 투자자 비중 등이 중요한 보조지표로 사용됩니다. 외화표시 부채에 투자한 외국인들과 국내통화에 투자한 외국인들이 글로벌 신용경색이 발생할 때 민감하게 반응하며 빠져나갈 가능성이 높기 때문입니다.

**① 재정수지**(단위: 퍼센트)

재정수지는 정부의 수입과 비용의 차이(흑자 혹은 적자)로, 이 차이가 일반정부의 순자금 조달 규모를 결정합니다.

**② 기초 재정수지**(단위: 퍼센트)

재정수지에서 정부 부채에 대한 이자지급 부분을 제외한 것으로 재정 수입과 지출의 규모를 분석하는 데 사용됩니다.

**③ 정부 부채 비율**(단위: 퍼센트)

GDP 대비 정부부채 비율을 말합니다. 신흥국의 정부부채는 공기업을 포함해 포괄적으로 해석하는 것이 적절합니다. 신흥국 공기업들의 채무는 위기상황에 더욱 구속력 있는 부채로 부각될 수도 있기 때문입니다.

**④ 세수 대비 정부부채 비율**(단위: 퍼센트)

실제로 정부가 부채를 상환하는 재원은 GDP가 아니라 정부수입Revenue 입니다. 많은 신흥국들은 효과적인 행정과 세금 징수 시스템을 통해 정부 수입을 제대로 거둬들이지 못하기 때문에 실질

채무 상환 재원인 정부 수입 대비 정부부채 비율을 보는 것이 적절할 수 있습니다.

### ⑤ 세수 대비 이자 비중

정부 수입 대비 이자 비용의 비중을 말합니다. 인프라 구축 등 다른 유용한 곳에 쓰일 수 있는 자원들이 이자 비용으로 과다하게 사용되고 있는지를 확인합니다.

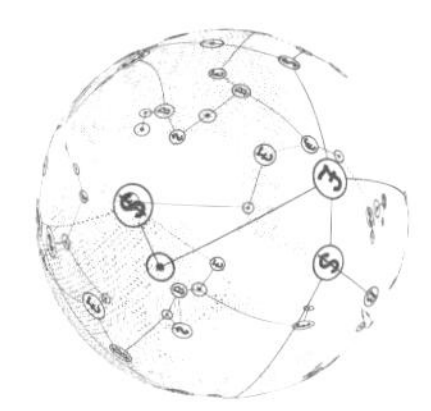

## 외환 유동성

네 번째 요인은 '유사시 적절한 외환 유동성을 유지할 수 있는 능력을 보유하고 있는지' 여부입니다. 글로벌 신용경색으로 인한 대외 자금조달이 급격히 악화될 경우에도 적절한 외환 유동성을 유지할 수 있는 대응 능력을 분석합니다.

1990년대 말 한국을 비롯한 아시아 신흥국들이 계속된 국제수지 악화와 함께 갑작스런 글로벌 신용경색으로 IMF 구제금융을 받는 외환위기를 겪었습니다. 당시 많은 신흥국들은 고정환율제에 집착했고 외환 보유고가 현저히 고갈된 상태였는데, 이때 대부분의 해외 금융기관들이 자금을 회수하면서 외환 유동성 위기를 증폭시켰습니다. 이처럼 국내 금융기관보다는 해외 금융기관들이 위기 발생 시 더욱 민감하게 반응하면서 외환 유동성을 확보하는 데 어려움을 보여왔습니다. 따라서 1990년대 말 이후 외환 유동성 문제는 신흥국 정부의 핵심적인 정책과제이자 아킬레스건으로 작용해왔습니다.

우선 국민경제 차원에서 외화의 유입과 유출을 나타내는 국제수지가 적절한지, 불균형이 심화되고 있는지를 판단합니다. 우리나라의 경우 대표적인 제조업 수출국가로 경상수지 흑자가 계속되어왔지만, 많은 신흥국들은 경상수지 적자를 보는 경우가 많습니다. 경상수지 적자가 나쁜 것은 아닙니다. 다만 지나친 경상수지 적자는 외환 유동성에 부담을 주기 때문에 개선이 필요합니다. 경상수지 적자 국가들은 외국인 직접 투자Foreign Direct Investment 혹은 외국인 주식/채권투자Portfolio Investment로 채워지는 경우가 많습니다. 그럼에도 지나친 경상수지 적자가 계속되는 것은 외환 유동성 측면에서 좋지 못한 시그널로 볼 수 있습니다.

따라서 향후 1년간 순상환할 수 있는 혹은 순조달해야 하는 외화 유동성의 수준을 "경상수지 + 순외국인직접투자Net FDI - 단기외채 - 장기외채 중 1년 이내 상환할 금액"으로 구합니다. 이를 수출액, 외환 보유고 등과 비교하여 유사시 외환 유동성 리스크가 높아질 가능성을 분석합니다.

정부와 공공기관의 대외채무도 중요한 분석 대상입니다. 국내 채권시장이 발달하지 않은 국가의 경우 GDP 대비 정부부채 비율이 높지 않더라도 대외채무 비율이 높은 경우가 있습니다. 이때 대외채무에서 정부와 공공기관 채무가 얼마나 많은 비중을 차지하는지와 1년 이내 상환해야 하는 단기부채 비율이 얼마나 되는지가 외환 유동성에 실질적인 부담으로 볼 수 있습니다. 1997년 신흥국 외환위기 이후 신흥국 정부들은 외환 보유고를 쌓으면서 단기 부채 상환 능력을 크게 높여왔습니다.

금융기관의 외환 유동성은 실제 1997년 신흥국 외환위기가 발생한 핵심 원인이라고 볼 수 있습니다. 당시 우리나라에서도 금융기관들이 단기 조달한 달러로 무리한 해외 장기 투자를 하다가 금융기관의 자산건전성에 문제가 발생하면서 외환위기로 확산됐습니다. 따라서 금융기관의 외환 유동성은 단기외채 규모뿐 아니라 금융기관의 자산 건전성과 함께 분석해야 합니다.

한편 2000년대 이후 우리나라는 해외투자자산이 부채보다 많아지면서 순해외투자자산이 플러스(+)가 되었습니다. 이처럼 유사시 해외자산의 청산으로 대외채무를 감당할 수 있는 능력도 함께 분석해야 합니다.

#### ① 명목 환율

매일 고시되는 두 개의 다른 통화가 교환되는 비율을 말하며 양국 통화의 상대가격을 나타냅니다. 우리의 경우 세계 외환시장에서 원화와 외환이 교환되는 비율로 1달러당 1,150원(1,150 USD/KRW)으로 표시합니다. 이는 1달러를 구매하기 위해서 1,150원을 지불해야 한다는 의미입니다. 만일 1달러당 원화 환율이 1,200원이 되면 원화 가치가 하락했다(평가절하)고 말하고, 만일 1달러당 원화 환율이 1,100원이 되면 원화 가치가 상승했다(평가절상)고 말합니다.

### ② 실질 실효 환율

'실질'이란 말이 붙으면 물가 효과를 제거한 것을 의미합니다. 명목 환율이 화폐 자체의 교환 비율이라면, 실질 환율은 물건의 교환 비율(교역 조건이라고도 함)을 말합니다. '실질 실효 환율'은 자국과 주요 교역 상대국들 간의 물가상승률 차이를 반영하여 산출한 환율REER, Real Effective Exchange Rate을 말합니다. 이는 환율이 장기적으로 각국의 구매력을 동일하게 만들어주는 수준에서 결정된다는 구매력 평가 이론을 바탕으로 균형 환율 수준을 판단하는 지표로 활용되고 있습니다.

### ③ 단위 노동 비용(기준: 2005년=100)

단위 노동 비용은 산출물 1단위를 생산하는 데 소요되는 노동비용입니다. 국제 무역에서 인건비 경쟁력을 나타내는 지표로 사용되며 단위 노동 비용은 시간당 노동 비용(임금 상승률)을 노동생산성(생산성 향상률)으로 나눈 것입니다. 따라서 임금이 증가하거나 노동생산성이 하락하면 단위 노동 비용이 증가하며, 반대로 임금이 하락하거나 노동생산성이 개선(상승)되면 단위 노동 비용이 감소합니다.

**④ 경상수지**(단위: 퍼센트)

국제수지에서 경상수지는 물건과 서비스의 수출·수입, 이전 거래를 포함하며, 해외 자산과 부채에 대한 이자지급과 배당금도 포함합니다.

**⑤ 대외채무 비율**(단위: 퍼센트)

대외 채무가 GDP에 비해 얼마나 큰지를 보여주는 지표로, 자국 내 채권 시장이 크지 않은 신흥국일수록 대외채무 비중이 높고 차환 리스크가 높다고 볼 수 있습니다. 대외채무 비율을 줄이기 위해서는 내부에 상당한 규모의 채권 시장을 육성해야 합니다.

**⑥ 대외채무 중 공공 부채 비중**(단위: 퍼센트)

대외채무 중 공공기관 부채(정부와 통화 당국의 규제를 받는 부채)와 민간 부채 규모가 얼마인지를 보여주는 지표입니다.

### ⑦ 대외채무 중 단기 부채 비중(단위: 퍼센트)

대외 채무 중 단기 부채의 비중(1년 미만에 만기가 돌아오는 부채 비율)으로, 부채는 규모와 함께 부채의 만기 구성이 매우 중요합니다. 아무리 부채 규모가 커도 장기간에 걸쳐 분산되어 있으면 위험하지 않은 반면, 적은 부채라도 단기간에 만기가 집중되어 있으면 부담이 높아지며 위험해질 수 있습니다.

### ⑧ 대외채무/경상수지 수익

이 지표는 외화 부채/수출 비율로 부르기도 하며, 수출로 벌어들인 수익으로 외화 부채를 얼마나 감당할 수 있는지를 보여줍니다.

### ⑨ 순외국인 직접 투자 비율(단위: 퍼센트)

금융 자산이 아닌 실물 자산에 대한 외국인들의 투자의 GDP 대비 비율을 가리킵니다. 금융 자산 투자는 증권 및 채권 투자/GDP를 말합니다.

### ⑩ 순해외 투자 자산 비율

국내투자자가 해외에 투자한 자산에서 외국인들의 한국 투자 자산을 차감한 것으로, 외국인의 국내 투자와 내국인들의 해외 투자 자산 중 어느 것이 많은지를 보여주는 지표입니다. 유사시 해외 자산을 청산하여 대외 채무를 감당할 수 있는지 알 수 있습니다.

**⑪ 외환 보유고**(단위: 백만 달러)

비상시 대외 채무 지급을 위해 중앙은행이 보유하고 있는 외환의 규모로, 여기에는 IMF의 특별 인출권Special Drawing Rights: SDRs과 금을 포함시키지 않습니다. 거의 모든 국가들이 외환 보유고의 상당 부분을 미달러로 보관하고 있습니다.

**⑫ 외환 보유고 대비 대외채무 비율**(단위: 퍼센트)

글로벌 신용경색 발생 시 해외 채권자들이 단기 채무를 연장해주지 않는 경우, 외환 보유고로 대외채무를 얼마나 상쇄할 수 있는지를 보여주는 대표적인 외환 유동성 지표입니다.

**⑬ 취약성 지수**(단위: pt)

이 지표는 해외 채권자들이 단기 채무를 연장해주지 않는 경우, 국가에서 즉시 인출이 가능한 외환이 1년 내 만기 도래하는 해외 채무를 지급하기에 충분한지를 보여줍니다. 이 지수는 '단기 외채+1년 미만 만기 도래하는 장기외채+1년간 외국인 보유 총 저축액'을 '외환 보유고'로 나누어 계산합니다.

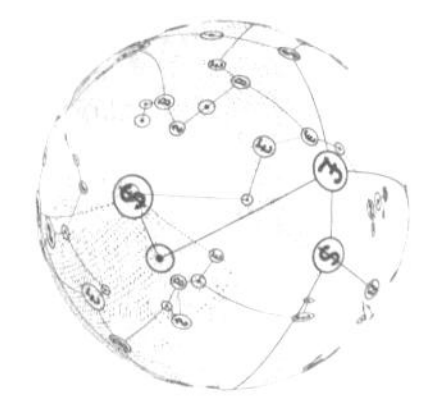

## 통화정책 및 금융 안정성

다섯 번째 요인은 '통화정책과 금융 시스템의 안정성을 유지할 능력을 보유하고 있는지' 여부입니다. 중앙은행의 통화정책이 독립적인지 여부와 금융 시스템이 안정적이고 효율적으로 운영되고 있는지를 분석합니다.

우선 '통화정책의 독립성' 측면에서, 해당 정부가 중앙은행에 대해 얼마나 개입하고 있는지, 중앙은행이 물가 관리 등의 자체적인 목표를 설정하고 그 목표를 달성하기 위해 사용할 수 있는 독립적인 수단을 보유하고 있는지가 중요합니다.

과거 많은 국가들이 정치적인 요구에 의해 금리를 조정하면서 하이퍼인플레이션이 발생하기도 했습니다. 최근까지도 많은 정부는 중앙은행의 통화정책에 대한 독립성에 대한 불만을 표출하기도 합니다. 지나친 물가 관리 위주의 판단으로 경제 성장을 둔화시킨다는 비판이 대표적입니다. 과거에는 이러한 불만이 실제 중앙은행에 대한 압력으로 작용하면서 독립성 훼손이라는 결과를 낳기도 했습니다. 그러나 최근에 많은 국가들에서 중앙은행과 정부의 역할에 대한 제도적인 분리가 만들어지면서 해소되는 추세입니다. 그럼에도 G20의 몇몇 국가들은 정부의 노골적인 통화정책 개입으로 제도적인 수준에 대한 신뢰가 현저하게 약화되면서 자본 유출이 발생하기도 했습니다.

2000년대 이후 많은 신흥국들이 '물가 목표제Inflation Targetting'를 도입해서 적절한 범위의 물가상승률을 제시하고 중앙은행도 그에 근거한 금리 조정을 하고 있습니다. 물가상승률이 물가 목표제 범위 내에서 움직이는 국가의 중앙은행과 정부는, 경제 전반의 통제 능력이 매우 높으며, 시장으로부터 높은 지지를 받고 있는 것으로 볼 수 있습니다.

'금융 시스템 안정성' 측면에서는 해당 국가가 얼마나 크고 탄탄한 금융시장을 보유하면서 실물 경제에 자금을 공급하고 있는지, 적절한 금융 감독체계를 갖춘 금융기관들이 양호한 자산건전성, 자본적정성, 유동성을 보유하고 있는지가 중요한 지표로 활용됩니다.

금융 시스템을 분석하는 목적은 금융 부문의 부실화 가능성을 스스로 통제 및 개선할 수 있는 적절한 감독체계를 보유하고 있는

가에 있습니다. 금융 시스템은 국가 경제의 동맥으로 여수신 활동을 통해 경제 활동에 중대한 영향을 미칩니다. 금융 부문의 부실은 시스템 리스크로 확대될 때 심각한 정부부채 상환 능력을 저하시킬 수 있기 때문에 다양한 방식의 감독과 지원, 선제적인 정책이 이루어지게 됩니다.

크고 성숙한 금융시장을 보유하고 있는 국가는 위기가 발생할 때 자체 금융시장을 통해 경제 회복에 필요한 자금을 동원할 수 있습니다. 이러한 측면에서 잘 발달된 금융시장은 경제 사이클의 충격을 완화시킬 뿐 아니라, 경제 전반의 효율성을 높일 수 있습니다.

### ① 소비자물가지수(단위: 퍼센트)

전국 도시의 일반 소비자 가구에서 소비 목적을 위해 구입한 각종 상품과 서비스에 대해 그 전반적인 물가 변동 수준을 측정한 것입니다.

### ② 총통화M2 (단위: 퍼센트)

통화 M1(현금과 요구불예금)에 정기 적금, 정기 예금과 같은 은행의 저축성 예금과 거주자 외화예금까지 포함시킨 통화 지표입니다. 이들 예금은 언제나 원하는 대로 인출해 현금화할 수 있기 때문에 유동성 면에서 아무런 제약이 없다고 봅니다. 우리나라와 신흥국들은 M2를 중심지표로 삼아 매년 그 증가 목표를 설정하고 관리해 적정한 수준의 통화를 공급해왔으나, 금융 환경 변화로 M2가 제기능을 못하고 있는 실정입니다.

**③ 정책 금리(단위: 퍼센트)**

각국 중앙은행의 통화 정책 회의에 의해 결정되는 정책 금리로서 국가마다 기준금리가 다릅니다. 미국은 연준 기금금리Fed Fund rate, 한국은 7일물 환매 조건부 증권RP 금리를 사용합니다.

**④ 민간 부채 성장률(단위: 퍼센트)**

은행이 발행한 국내 신용의 규모가 매년 얼마나 증가하는지 확인하는 지표입니다. 경제성장률보다 지나치게 높은 민간 부채 증가율은 버블을 만들면서 금융위기의 전조가 되기도 합니다.

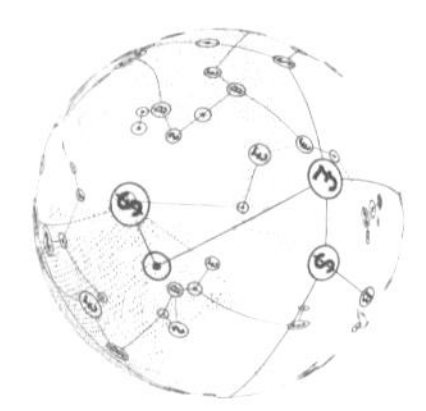

## 이벤트 리스크 대응 능력

마지막 요인은 '국가 외부로부터 발생한 갑작스러운 위험에 대한 대응 능력', 즉 최악의 시나리오에 대처하는 능력입니다. 외부 사건이란 국가의 경제적 탄력성, 정치 제도와 문제 해결 능력, 재정 안정성, 외환 유동성, 통화정책과 금융안정성에 미칠 수 있는 리스크의 강도를 나타냅니다.

국가의 외부 사건은 지진이나 태풍, 해수면 상승과 같은 기후 변화로 인한 자연재해이거나, 코로나19 확산과 같은 전 세계적인 팬데믹 상황, 국가 간 전쟁이나 테러의 위협으로 인한 제재Sanction 같은 지정학적인 문제일 수도 있습니다. 또한 보호무역주의로 인한 무역 분쟁과 채무국의 부도 선언처럼 채권자를 위협하는 경제적인 문제일 수도 있으며, 커다란 무역 블록이 통합되거나 해체되면서 발생하는 국제 정치경제적 혼란일 수도 있습니다. 국가 내부의 정치적 혼란이 아니라 주로 국가 외부에서 발생할 가능성이 높지만, 영국의 브렉시트처럼 국내외 모두에서 발생된 복합적인 이벤트도 여기에 해당됩니다.

이러한 이벤트가 발생했을 때 그에 대한 해당 정부의 경제적, 정치적, 재정적, 외환 유동성 측면, 통화정책과 금융 안정성 측면에서의 대응 능력을 말합니다. 과거에 외부 이벤트에 의해 정부의 부도를 초래하거나 또는 부도 위기를 실질적으로 높인 직접적이고 즉각적인 위험이 있었는지를 점검합니다. 2020년과 같은 코로나19 확산으로 인한 팬데믹 상황은 과거에는 한 국가를 붕괴시킬 정도로 파장이 컸습니다. 전쟁이나 테러 등 군사적인 갈등이 지속되는 국가들의 지정학적 리스크도 일반적으로 경제제재와 연결되어 경제의 심각한 침체로 이어지는 경우가 많았습니다. 무역 전쟁이 오래 이어지는 경우도 보호무역주의의 확산과 함께 블록화될 때 상당한 경제적, 재정적, 외환 유동성 측면에서 타격을 받게 됩니다. 대외 경제와 금융에 의존도가 높은 국가일수록 이런 외부 이벤트 리스크에 취약합니다. 국제 금융시장에서 충격이 발생할 때 글로벌 금리 급등으로 인한 신용경색으로 대응 능력이 취약한 국가의 자산이 급락할 수 있습니다.

이벤트 리스크 대응 능력은 갑작스럽게 발생하기 때문에 평상시는 국가 간 대응 능력 차이를 찾기 어렵습니다. 그러나 국가들의 이벤트 리스크 대응 능력은 위기 상황에서 커다란 차이를 보입니다. 이렇게 쇼크에 대한 한 국가의 리스크와 탄력성을 결합해서 보는 것이 쇼크에 취약한 국가들을 구별해내는 것을 도와주고 투자 국가를 선정하는 데 도움이 됩니다.

### ① 경제 개방도(단위: 포인트)

한 국가의 수입과 수출의 합계를 GDP로 나눈 것으로 그 국가가 얼마나 대외 무역에 개방되어 있는지를 보여줍니다. 이 지표는 개방성을 측정하는 데 가장 널리 사용됩니다. 무역과 투자를 통해 국가를 세계 경제와 통합시키는 것은 국내 시장의 경쟁력을 높이는 데 중요합니다. 다만 수출산업의 비중이 매우 크고 원자재와 중간재를 수입에 의존하는 국가들의 경우 개방성이 다소 높게 측정될 수 있고, 대규모 경제 국가는 다소 과소평가될 가능성도 있어 주의가 필요합니다.

### ② GDP 대비 국내 은행 대출 비중(단위: 퍼센트)

은행을 통해 공급된 자금이 GDP에서 얼마나 차지하는지를 나타내는 지표입니다. 한 나라의 경제가 발전하면서 금융시장의 규모와 시스템이 얼마나 발전했는지를 추정할 수 있습니다. 또한 국내 은행 대출 시장이 커지면 해외 자금 의존도를 낮출 수 있어 글로벌 신용경색 시 국내 자금 조달로 대체할 수 있는 중요한 완충 장치 역할을 하는 자금 통로로 기능할 수 있습니다.

### ③ 지정학적 리스크 지수Geopolitical Risk Index

2016년에 개발된 지수로, 1900년부터 현재까지 11개 세계 주요 언론에서 지정학적 긴장과 관련된 단어의 발생 빈도를 계산해 지정학적 위험 정도를 파악합니다. 칼다라Caldara와 이아코비엘로Iacoviello가 개발한 지표와 미국 중앙은행Fed이 개발한 지표가 사용됩니다.

# 6장

# 국가 ESG,
# 향후 전쟁터가 될 것

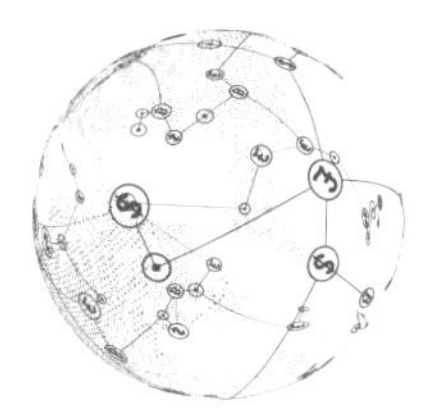

## 국가 ESG 평가 방법

경제 활동에서 환경, 사회적, 거버넌스가 미치는 영향을 종합적으로 고려해 투자 의사결정에 반영하는 ESG가 빠른 속도로 확산되고 있습니다. 전 세계를 대혼란에 빠뜨린 코로나19 사태가 중요한 계기가 되기도 했지만, 지난 15년간 '유엔의 책임투자 원칙UN Principles for Responsible Investment: UN PRI'을 중심으로 글로벌 자산 보유자들과 운용가들의 노력이 중요한 역할을 했다고 판단됩니다.

최근에는 개별 기업의 ESG 평가를 넘어 그 기업이 속한 국가의 ESG 평가(소버린 ESG 평가)가 시작되었습니다. 특히 무디스, S&P, 피치와 같은 글로벌 신용평가 회사들은 기존의 정부 신용평가 등급에서 ESG 요인을 적극적으로 고려하고 있습니다.

이전에도 글로벌 금융시장에서는 어떤 국가에 투자할 때 정치

사회적인 요인들을 주의 깊게 보는 경향이 있었습니다. 정책 컨설팅회사 유라시아 그룹을 설립한 이안 브레머는 'J커브'라는 개념으로 정치사회적인 요인과 지정학적 요인이 중요한 투자 리스크라고 분석한 바 있습니다. 글로벌 신용평가사들도 정부신용등급을 평가할 때 사회적 리스크와 정부의 거버넌스(개별 기업의 지배구조 문제와는 완전히 다르다)를 분석했고, 국가별 등급을 평가할 때 일정 부분 고려했습니다. 따라서 해당 국가의 정치 제도적 투명성을 분석하는

**| J커브 상의 주요 국가 |**

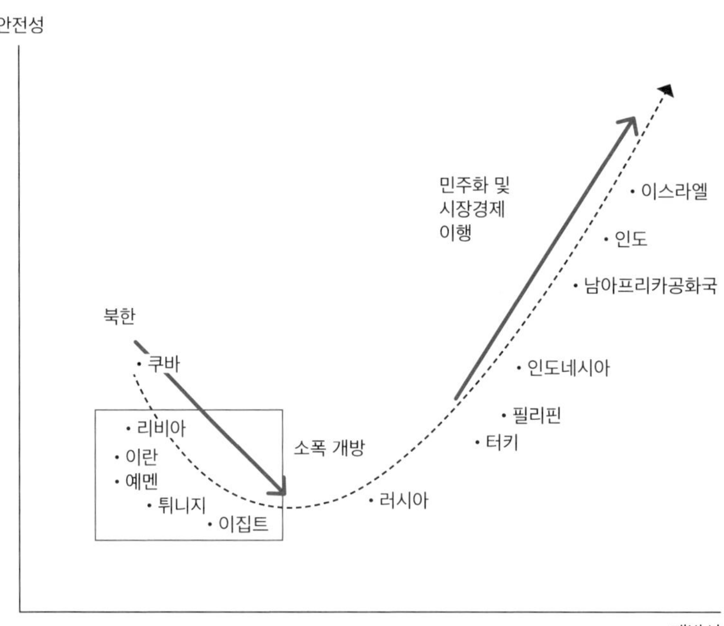


◈ 출처 : NH투자증권 리서치본부

중요한 요소로 법치, 정부의 효율성, 언론의 자유, 부패 등의 이슈를 다루곤 했습니다. 이런 가운데 최근 기후 변화 리스크를 중심으로 한 환경 리스크가 본격적으로 대두되면서 사회적 리스크와 거버넌스도 좀 더 분명하게 평가에 반영될 것으로 보입니다. 그렇다면 국가 ESG 평가 방법에는 어떤 것이 있는지 하나씩 살펴봅니다.

### 1) 소버린 ESG 평가

소버린 ESG 평가를 제시하거나 고려한 글로벌 신용평가사는 무디스와 S&P가 있으며 일반 금융 인덱스 회사로는 MSCI가 있습니다. 무디스와 S&P는 정부신용등급을 평가할 때에도 ESG를 중요하게 고려하기로 하고 ESG 등급을 제시했습니다. 그중 평가 방법론과 등급 체계를 공개한 무디스는 2021년 1월 모든 평가 국가의 ESG 점수를 발표했습니다.

무디스의 발행자 프로필 점수Issue Profile Scores: IPS는 ESG 요인에 대한 노출을 측정하는 반면, 신용 영향 점수Credit Impact Scores: CIS는 해당 국가의 ESG 리스크에 대한 영향을 측정합니다. ESG IPS는 환경E, 사회S, 거버넌스G에 대한 몇 가지 핵심 포인트를 제시했습니다. ESG CIS는 1등급 긍정적Positive, 2등급 다소 낮음Neutral to Low, 3등급 다소 부정적Moderately Negative, 4등급 부정적Highly Negative, 5등급

**| ESG IPS 평가항목 |**

◈ 출처 : NH투자증권 리서치본부

매우 부정적Very Highly Negative으로 나뉩니다.

ESG CIS는 정부신용등급과 87%라는 높은 상관관계를 보인 것으로 알려져 있습니다. 신용등급이 우수한 정부는 이미 환경 및 사회적 위험, 정치체제의 안정성 등에서 탄탄한 시스템을 갖추고 있기 때문입니다. 이러한 환경 및 사회적 위험, 거버넌스 리스크의 중요성을 공통적으로 반영하고 있지만, ESG CIS와 정부신용등급이 같다고 판단하기는 어렵습니다. 여기에서는 가장 투명하게 공개되어 있는 무디스의 소버린 ESG 평가 방법론을 중심으로 분석할 것입니다.

S&P는 국가신용등급 평가에서 국가기관의 질과 정부 효율성을

평가할 때 ESG 요소를 약 25% 비중으로 고려할 것이라고 밝혔습니다. 또한 다른 신용평가사들과 마찬가지로 ESG 평가에서 ESG 프로필과 ESG 준비도를 합산했습니다. 리스크 아틀라스Risk Atlas를 통해 ESG를 분석하는데, 소버린 측면에서는 지역의 자연재해 리스크, 사회적 기준, 정부 거버넌스 등을 평가합니다.

ESG 등급은 1등급(노출 낮음)~6등급(노출 높음)으로 나뉘고 1~2등급은 우수, 3~4등급은 보통, 5~6등급은 취약으로 분류합니다. 국가별 거버넌스 등급을 보면 우수 등급이 14%, 보통 등급이 33%, 취약 등급이 53%로 취약 등급 비중이 높으나 국내총생산 가중으로 하면 선진국 비중이 높아 우수 등급이 전체의 절반 가까이를 차지합니다.

**| S&P 소버린 평가체계(진한 붉은색 부분에서 ESG 요소 반영) |**

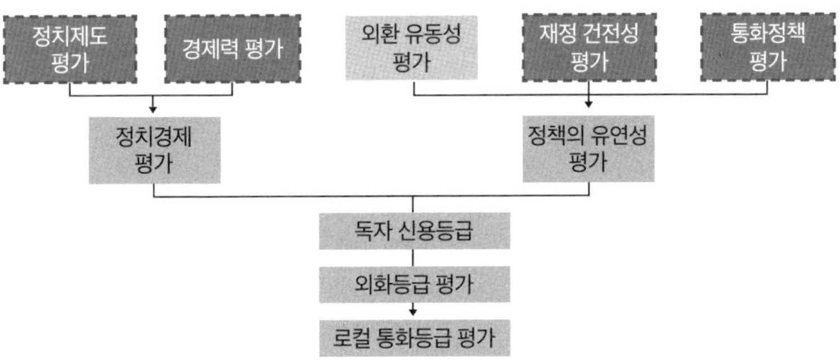


◈ 출처 : NH투자증권 리서치본부

MSCI에서는 2012년 1월부터 MSCI ESG 국가 등급을 발표해왔습니다. 평가 대상을 AAA~CCC의 7단계로 나누어 선두주자Leader, 평균Average, 후발주자Laggard로 평가하는데, ESG 평가 요소는 무디스와 유사하게 ESG 리스크 노출 규모와 세부 항목별 관리 정도입니다.

## 2) 환경 리스크

무디스의 환경 평가를 위한 세부 항목은 탄소 전환, 수자원 관리, 자연 자본, 물리적 기후 위험, 쓰레기 및 공해 등 다섯 가지로 이루어져 있습니다.

첫째 항목은 탄소 전환입니다. 해당 국가의 현재 탄소 전환 단계를 검토하고, 기술과 시장 등 다양한 측면에서 어떤 정책 리스크가 있는지 분석합니다. 또한 리스크를 줄이기 위해 해당 정부가 어떤 노력을 하고 있는지 평가하고, 가속화되는 탄소 전환 리스크의 중장기 복원력을 검토합니다.

둘째는 수자원 관리입니다. 이는 기후 변화와 직접적인 관계는 없지만 경제 활동에 커다란 영향을 끼칩니다. 수자원의 사용 가능성과 접근성, 소비를 분석하고 물 사용의 효율성을 높이기 위해 노력하는지, 오염 관련 규제를 위반했을 때 얼마나 적절히 대응하고

**| MSCI의 ESG 평가 단계 |**

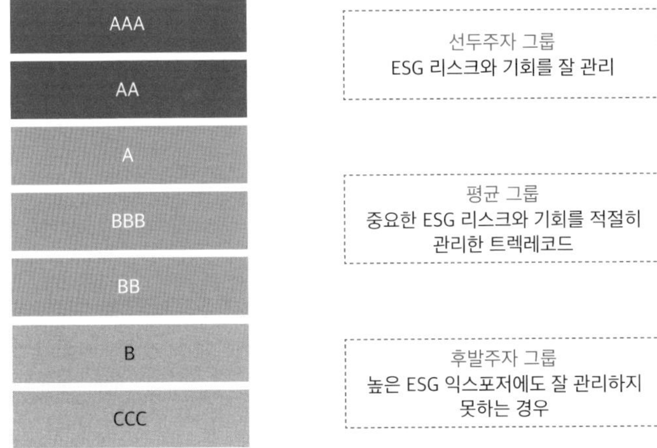


◈ 출처 : NH투자증권 리서치본부

관리하고 있는지 판단합니다.

셋째는 자연 자본으로 토양, 생물학적 다양성, 삼림, 토지, 해양 등의 자연 시스템에 대한 영향을 분석합니다. 또한 자연에서 유래한 상품(농업, 어업, 섬유 등)과 서비스에 얼마나 의존하고 있는지 살펴봅니다.

넷째는 물리적 기후 위험으로 기후 변화의 현재와 미래 영향을 추적합니다. 지구 온난화와 물 부족, 홍수, 허리케인과 해수면 상승, 산불 등에 얼마나 노출되어 있는지 분석합니다.

다섯째는 쓰레기 및 공해로, 온실가스 등 공기 오염 물질을 얼

**| MSCI 정부 ESG 평가 요소 |**

| | 리스크 요소 | 세부 항목<br>(익스포저) | 세부 항목<br>(관리) |
|---|---|---|---|
| 환경 | 천연 자원 | 에너지 안보<br>수자원<br>생산적인 토지 및<br>광물 자원 | 에너지 자원 관리<br>자원 비축<br>수자원 관리 |
| | 환경 외생성/취약성 | 환경 문제에 취약성<br>환경적 외부성 | 환경적 퍼포먼스<br>환경적 외부성의 효과 |
| 사회 | 인적자원 | 기본 인적 자원<br>고등 및 기술교육<br>지적자본 | 기본 니즈<br>인적자본 퍼포먼스/인프라<br>지적 자본 관리 |
| | 경제환경 | 경제환경 | 고용 복지 |
| 거버넌스 | 재무적 거버넌스 | 재무 자원 | 재무 관리 |
| | 정치적 거버넌스 | 기관(institution)<br>법 및 형벌제도<br>정부 효율성 | 참정권 및 시민 자유보장<br>부패 컨트롤<br>안정성 및 평화 |

◈ 출처 : NH투자증권 리서치본부

마나 만들어내는지, 토지에서 오염 물질 유출이 얼마나 자주 일어나는지 분석합니다. 또한 유해한 쓰레기 문제를 해당 정부가 어떻게 관리하는지도 주요한 분석 대상입니다.

ESG CIS 등급을 보면 환경 리스크는 가장 앞선 선진국도 중립 수준(2등급)이고, 국가 대부분은 다소 부정적인 수준(3등급)에 그칩니다. 선진국들은 그래도 환경 위험에 선제적으로 대처하면서 중립 수준으로 평가받지만, 신흥국의 40%가 기후 위험과 수질 위험

**| 환경 평가를 위한 5가지 세부 항목 |**

환경

| 탄소 전환 | 수자원 관리 |
| --- | --- |
| • 탄소 전환의 현재 단계<br>• 기술, 시장 및 정책 리스크<br>• 리스크를 줄이기 위한 대응<br>• 탄소 전환 가속력 리스크에 대한 장기 복원력 | • 기후와 관계 없는 리스크<br>• 경제활동의 영향<br>• 수자원 사용가능성, 접근성, 소비<br>• 물 사용 효율성 향상을 위한 혁신<br>• 공해와 연관된 규제 위반 리스크 |
| **자연 자본** | |
| • 자연 시스템(토양, 생물학적 다양성, 삼림, 토지, 해양 등)에 대한 영향<br>• 자연에서 유래한 상품과 서비스 의존도(농업, 어업, 섬유 등) | |
| **물리적 기후 위협** | **쓰레기 및 공해** |
| • 기후 변화의 현재와 미래 영향<br>• 온난화, 물부족, 홍수, 허리케인, 해수면 상승, 산불 등에 대한 익스포저 | • 비 온실가스 공기오염 물질<br>• 토지 기반의 사고, 오염물질 유출 등<br>• 유해/비유해 쓰레기 문제<br>• 순환경제 |

◈ 출처 : NH투자증권 리서치본부

을 통해 상당히 부정적인 평가를 받았습니다. 특히 수질 오염이 가장 심각한 환경 위험 요인으로 부각되었습니다. 탄소 전환 이슈는 탄화수소 생산자·소비자 여부와 탄화수소 제품에 대한 국가별 의존도에 따라 다른 가운데, 신흥국은 현재의 높은 의존도를 낮추기 쉽지 않은 상황입니다.

물리적 기후 위험은 특히 신흥국에 중요하며, 이들 국가 중

43%가 매우 부정적인 영향을 받고 있습니다. 많은 신흥 국가가 물 스트레스, 홍수 및 허리케인과 같은 물리적인 기후 위험에 노출되어 있고 취약한 상태입니다. 물리적 기후 위험이 해당 국가의 경제, 특히 정부 재정에 부정적이고 지속적인 영향을 미칠 경우 신용등급에 부정적인 영향을 줄 수 있습니다.

국가 대부분에서 수자원 관리 위험은 크지 않지만 신흥국의 33%는 상당히 부정적인 평가를 받고 있습니다. 수자원 위험에 대한 노출은 자연적 조건과 수자원 관리의 질로 인해 본질적으로 다르지만 물리적 기후 위험과 관련될 수 있습니다. 심한 가뭄은 정기적으로 심각한 사회적·경제적 고통을 야기합니다. 인도, 방글라데시, 파키스탄 등은 정부가 주민들에게 안전한 물을 공급하지 못할 가능성이 계속 이슈화되고 있어서 수자원 관리가 매우 중요한 신용 이슈로 발전할 가능성이 있습니다. 반대로 아이슬란드는 수자원 접근성이 풍부해 좋은 평가를 받습니다.

탄소 전환에 대한 노출은 탄화수소 생산자에 따라 다릅니다. 국가 대부분은 탄화수소 소비자 및 수입업자입니다. 일부 지역은 저탄소로의 지속적인 전환 때문에 압력을 받을 수 있지만, 국가 차원에서 탄소 전환의 영향은 국가 대다수에 낮은 수준으로 나타납니다.

자연 자본에 대한 노출, 폐기물 및 오염 위험은 일반적으로 낮은 편입니다. 자연 자본에 대한 위험 노출은 일반적으로 물리적 기후 위험, 수자원 위험 또는 관련 탄소 전환에 대한 노출보다 낮은 것으로 평가됩니다.

폐기물 및 오염과 관련한 위험 노출은 일반적으로 부정적입니다. 이는 폐기물 및 오염 위험이 일반 정부 수준이 아닌 지역에서 중요해지는 경향이 있다는 사실을 반영합니다. 인도는 이런 노출이 매우 부정적이어서, 폐기물 관리 또는 오염이 해결되지 않으면 성장 잠재력, 사회적 긴장 및 공공 재정에 중대한 부정적 영향을 미칠 가능성이 있습니다.

### 3) 사회적 리스크

사회적 리스크 평가를 위한 세부 항목은 인구, 고용 및 소득, 교육, 주거, 보건 및 안전, 기초 서비스 접근성 등 여섯 가지로 이루어집니다.

첫째 항목은 인구 통계적인 측면입니다. 연령별 인구 분포를 통해 노령화 정도를 분석하고, 이민 정책과 출생률을 통해 생산가능인구의 추세를 판단합니다. 인종과 민족의 구성도 사회적인 갈등을 유발할 수 있기 때문에 중요한 분석 요소입니다.

둘째, 고용 및 소득 측면에서는 경제활동 참가율과 소득 불평등을 분석합니다. 많은 신흥국에서는 사회적 리스크의 많은 부분이 소득 불평등에서 시작되기 때문에 중요합니다.

셋째, 교육 측면에서 초등·중등·고등 교육에 대한 접근성과 교육받은 인구, 문해력 등이 주요 평가 요소입니다. 다시 말해 국민들이 적절한 교육을 받을 수 있는 환경을 갖추었는지가 중요한 분석 요소입니다.

넷째로 주거 측면에서는 국민들이 쉽게 주택을 구입할 수 있는 환경인지, 실질적으로 적절한 주거 환경을 갖고 있는지를 분석합

**| 사회에 영향을 미치는 6가지 요소 |**

사회

| 연구 | 고용 및 소득 |
|---|---|
| • 연령별 인구 분포<br>• 이민<br>• 출생률<br>• 인종/민족, 구성/트렌드 | • 경제활동 참가율<br>• 소득 불평등 |
| **교육** | **주거** |
| • 초등/중등/고등교육 접근성<br>• 교육받은 인구<br>• 문해력 | • 주택 구입 가능성 및 접근성<br>• 주거의 질 |
| **보건 및 안전** | **기존 서비스 접근성** |
| • 보건<br>• 안전한 식품<br>• 환경적 질<br>• 개인의 안전과 웰빙 | • 상하수<br>• 전기<br>• 금융서비스<br>• 교통<br>• 통신/인터넷 |

◈ 출처 : NH투자증권 리서치본부

니다.

다섯째는 보건 및 안전 측면으로, 국가 전반의 보건 복지 수준은 어떤지, 음식물을 안전하게 공급받고 있는지, 환경의 질은 어떤지, 치안과 건강 등의 개인 안전이 잘 보호되고 있는지를 분석합니다.

여섯째는 기초 서비스에 대한 접근성으로, 위생적인 상하수도 관리, 전기, 금융 서비스, 교통 운송 서비스, 인터넷·통신 서비스 같은 기초 서비스에 접근성을 잘 유지하고 있는지를 분석합니다.

대부분의 선진국은 상대적으로 사회적 리스크가 낮은 편이지만 신흥국은 매우 부정적인 수준입니다. 선진국들은 인구 고령화가 가장 중요한 사회적 리스크로 제시됩니다. 그러나 신흥국은 경기 침체가 장기화될 때 불평등한 소득 격차에 대한 불만이 점점 더 커지고, 이러한 사회적 요구를 민주적인 방식으로 해결하지 못하는 국가들은 사회적 긴장이 더욱 높은 상태입니다. 특히 교육, 주택, 의료 혜택과 치안 등 기본적인 서비스에 대한 접근성이 부족한 국가들은 코로나19와 같은 충격에 특히 취약했습니다.

인구 통계학적 위험은 다른 사회적 위험 요인과는 다소 다릅니다. 인구 통계학적 위험에 크게 노출된 국가는 일반적으로 다른 사회적 위험에 노출되지 않거나 적게 노출되는 경우가 많았습니다. UN에 따르면 일본의 생산가능인구는 지난 5년 동안 매년 평균 0.85% 감소해왔고 향후에도 계속 감소할 것으로 보입니다. 이탈리아에서는 생산가능인구가 향후 10년 동안 연평균 0.45%씩 감소할 것으로 전망됩니다. 고령화 인구는 정부부채 부담이 가장 높은 일본과 이탈리아에서 보듯이 경제 성장과 세수를 제한할 수 있는 반면 노인 서비스 제공은 비용을 증가시켜 공공 재정에 부담을 줍니다.

2020~2030년에 생산가능인구가 연간 0.6 % 감소할 태국과 중국 같은 일부 신흥 경제국조차도 이미 인구 고령화를 겪으면서 부자가 되기 전에 늙을 가능성이 높아지고 있습니다. 인구 통계학적 위험을 평가할 때 노령화 외에 이민 등의 다양한 변수를 고려합니다. 예를 들어 그리스는 지난 몇 년 동안 우수한 자격을 갖춘 젊은 이들이 다른 유럽 국가로 많이 이주했습니다. 이렇듯 이민도 사회적 위험을 촉발할 수 있는 인구 통계의 특징으로 나타나고 있습니다. 일반적으로 인구가 젊고 증가하지만 일자리나 사회 기반 시설이 수요를 따라가지 못한다면 역시 커다란 도전이 될 수 있습니다. 반대로 상대적으로 젊고 증가하는 인구를 반영해 인구 통계에 긍정적인 평가를 받는 국가도 존재합니다.

한편 낮고 불평등한 노동 및 소득 기회도 주요 리스크로 작용합니다. 선진국들은 이 리스크가 상대적으로 낮은 편이지만 고용률과 여건, 경제 성장의 강도와 일관성, 정부 수입과 지출에 영향받으며 사회적·정치적 위험에 영향을 미치고 있습니다. 선진국 중에서 미국이 여기에 해당합니다. 이렇게 상대적으로 높은 소득 불평등이 부와 기회 격차 확대에 대한 우려와 함께 해결되지 않고 방치되면 국가의 재정 상태를 더욱 약화시키고 정치적 위험과 사회적 불안을 증가시킬 수 있습니다. 스페인에서는 청년층의 장기 실업률과 불안정한 단기 고용 계약이 사회적인 위험을 초래하고 있는 것으로 조사되었습니다.

소득과 부의 불평등은 신흥국에서 더욱 악화되는 경우가 많습니다. 예를 들어 남아프리카공화국은 소득 불평등이 가장 높고 특히 청년층의 실업률이 매우 높아 성장 잠재력을 저해하고 사회적 긴장을 유발합니다. 일반적으로 코로나19 사태는 여러 국가에서 소득과 부의 불평등을 더욱 악화했고, 그에 따라 정부가 경제 재건과 함께 성장의 혜택을 보다 균등하게 분배해야 한다는 목소리가 커지고 있습니다. 이러한 요구를 처리하지 못하는 국가들은 회복의 속도가 더딜 뿐 아니라 사회적 긴장의 위험도 높아질 것입니다.

교육, 주거, 건강 및 안전, 기초 서비스 접근성과 관련된 위험은 특히 신흥국에 부정적으로  작용합니다. 양질의 교육에 대한 접근이 제한되면 성장 잠재력도 제한됩니다. 교육 측면에서 부정적인 평가를 받는 여러 아프리카 국가와 아시아 최빈국들은 예산이 GDP의 2% 미만으로 책정된 반면, 유럽 선진국은 8% 가까이 지출하고 있습니다.

한편 주택 부족은 성장을 억제하는 동시에 정부에 지출 압력을 가하거나 사회적·정치적 부담을 가중시킬 수 있습니다. 건강 및 치안 문제는 특히 개인의 근무 수명과 기대수명 전반에 걸쳐 건강에 영향을 미칠 때 경제 성장을 제한할 수 있고, 안전이 보장되지 못하면 투자와 경제 성장도 타격을 받습니다. 치안이 불안한 중남미 등 일부 신흥 국가의 높은 수준의 폭력과 불안은 국가의 투자 수준, 생산성 및 장기적인 성장 잠재력을 저해합니다. 기초 서비스에 대한 접근성이 부족한 국가도 사회적 불평등을 야기하고 높은 정치·사회적 긴장을 유발할 수 있습니다.

### 4) 거버넌스

거버넌스 리스크 평가를 위한 세부 항목은 정부 구조, 정책 신뢰 및 효율성, 투명성 및 공개도, 예산 관리라는 네 가지 요인으로 이루어집니다.

첫째 항목은 정부 구조로, 사법부와 시민 사회의 견고함을 통해 민주적인 제도가 기능하고 있는지 분석합니다. 특히 거시경제 정책과 재정정책을 이끌어갈 제도적인 준비가 되어 있는지, 얼마나 부패했는지, 부패를 어떻게 관리하고 있는지를 분석합니다. 둘째는 정책 신뢰 및 효율성으로 재정정책의 과거 기록과 효율성을 분

**| 거버넌스와 관련된 4가지 주요 평가 항목 |**

거버넌스

| 정부 구조 | 정책 신뢰 및 효율성 |
| --- | --- |
| • 사법부와 시민 사회의 견고함<br>• 거시경제정책과 재정정책을 이끄는 제도적 준비<br>• 부패 관리 | • 재정정책의 효과 및 트랙레코드<br>• 통화 및 거시경제정책의 효과<br>• 규제의 효과 |
| **투명성 및 공개도** | **예산 관리** |
| • 경제, 재정, 금융데이터의 신뢰도 및 통합<br>• 재무정보의 적시 공개 | • 예산 및 전망의 정확성<br>• 매니지먼트의 질과 경험<br>• 운영과 자본지출에 대한 다년간 계획의 효과적인 사용 |

◈ 출처 : NH투자증권 리서치본부

석합니다. 통화정책과 거시경제 정책의 효과뿐 아니라 규제의 효과도 중요하게 분석합니다. 셋째, 투명성과 공개도 측면에서는 경제, 재정, 금융 데이터의 통합과 신뢰도를 분석합니다. 재무 정보를 제때 공개하는지도 중요합니다. 넷째, 예산 관리 측면에서는 정부 예산과 전망의 정확성을 분석합니다. 경제를 운영하는 기관의 질과 경험도 중요한 분석 요소로 수년간 운영과 자본 지출의 효과적인 사용도 분석 대상입니다.

국가의 거버넌스·정치체제 안정성 평가는 정치경제적 제도화가 안정적으로 이루어져 있는지를 분석합니다. 거버넌스·정치체제 안정성은 오랜 기간에 걸쳐 정치경제적 시스템을 제도화한 선진국에는 강점이지만 제도적 시스템이 미비한 신흥국에는 치명적인 단점으로 작용합니다. 선진국의 특징은 대부분 민주화되어 있고 법치와 언론의 자유를 통해 개인이나 일부 집단이 아니라 국민이 지배하는 통치 시스템이 안정화되어 있다는 것입니다. 신흥국의 상황은 전혀 다릅니다. 공산주의를 표방하며 일부 집단의 통치를 공식화했지만 거버넌스가 강한 국가가 있고, 민주적인 선거를 통해 선출되지만 전통적으로 거버넌스가 약한 국가도 있습니다.

선진국과 신흥국 중 많은 국가가 정치적으로 민주화되면서 강력한 거버넌스를 보유하게 되었습니다. 호주는 물리적 기후 위험과 탄소전환 위험 모두의 노출에서 부정적인 평가를 받았습니다. 특히 기후 변화와 관련된 자연재해, 특히 물 부족 이슈와 산불은 중대한 경제적 혼란을 일으킬 수 있다고 지적됩니다. 그리고 호주의 수출에서 탄화수소가 약 18%를 차지하고 있기 때문에 세계적인 에너지원의 전환에 호주의 경제 성장과 정부 재정 건전성이 상당히 영향을 받을 가능성이 높습니다. 그러나 매우 강력한 거버넌스와 강력한 재정 건전성은 이러한 위험에 대한 국가의 민감성을 완화해 호주의 ESG 등급에 제한적인 영향을 주고 있습니다. 마찬가지로 일본과 이탈리아도 인구 통계 리스크에 매우 부정적인 평가를 받지만 상대적으로 강력한 거버넌스로 완화되고 있습니다. 반대로 아르헨티나는 환경 및 사회적 평가가 보통 부정적이지만,

일관성 없는 정책 결정과 반복적인 채무 불이행 탓에 거버넌스가 매우 부정적으로 평가됩니다.

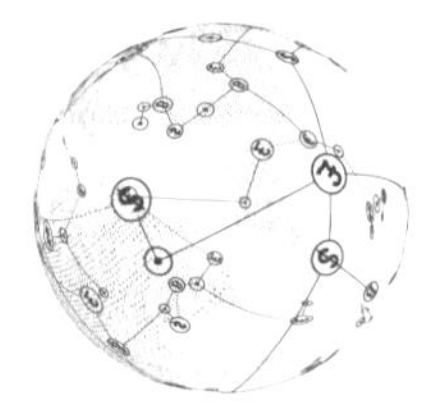

## 전 세계 주요국 ESG 평가

주요국들의 ESG 평가를 보면 선진국들은 평균적으로 CIS-1~2등급이고 신흥국들은 평균 CIS-3~4등급입니다. 선진국 중에서 유럽의 대표적인 복지국가들은 1등급, 대부분은 2등급을 받았으나 미국은 2등급, 일본은 3등급을 받았습니다. 유럽 주요국 중에서 모든 ESG 분야에서 모범을 보이는 독일과 프랑스가 1등급을 받았지만, 교육 환경과 노동 환경 등의 사회적 리스크에서 낮은 평가(S-3)를 받은 스페인은 2등급, 교육 환경, 노동 환경과 함께 인구 구조의 고령화가 빠르게 진행되는 이탈리아는 3등급을 받았습니다.

미국은 타 선진국 대비 사회적인 부문에서 소득 불균형과 노동 환경 부문에서 낮은 평가(S-3)를 받았으나 환경(E-2)과 거버넌스(G-1)에서 우수한 평가를 받으면서 종합적으로 2등급을 받았습니다.

일본은 빈발하는 자연재해로 인한 자연 자본의 악화에도 불구하고 견조한 대처 능력을 보유해 환경(E-2)과 거버넌스(G-1)가 다른 선진국과 유사한 등급을 받았습니다. 그러나 사회적 리스크(S-4)에서 매우 낮은 등급을 받으면서 종합적으로 선진국 중에서 가장 낮은 3등급을 받았습니다. 인구가 감소세로 전환되고 초고령화 사회 구성을 보이는 인구 구조로 경제 활력의 저하가 우려되기 때문입니다.

한국은 환경, 사회, 거버넌스 전 부문에서 1등급을 받았습니다. 고령화 사회로 진입하고 있는 인구 구조와 고용 및 소득 불균형 등 몇 개 부문이 부정적으로 평가받았을 뿐입니다.

신흥국 중에서는 중국과 인도네시아, 브라질, 멕시코, 러시아, 이스라엘과 GCC 국가들이 3등급을 받았고, 인도, 베트남, 터키, 남아공 등이 4등급을 받았습니다. 중국은 2060년 탄소중립을 선언하고 에너지 전환을 추진하고 있지만 여전히 물 부족 문제와 기후 대응 관련 노력이 부족하다는 평가(E-3)를 받았습니다. 사회적 측면에서도 기본권 보장과 주거 및 노동, 교육 환경 전반과 인구 구조의 고령화에서도 낮은 평가를 받았습니다. 다만 거버넌스(체제 안정성) 측면에서는 투명성과 신뢰도가 낮지만 우수한 재정 관리 및 정책 집행력으로 양호한 평가를 받았습니다.

브라질과 멕시코, 인도네시아, 이스라엘과 GCC 국가 등 3등급

| 주요국 ESG 등급 평가 |

| 국가 | CIS | E-IPS | S-IPS | G-IPS |
|---|---|---|---|---|
| 한국 | CIS-1 | E-2 | S-2 | G-1 |
| 미국 | CIS-2 | E-2 | S-3 | G-1 |
| 독일 | CIS-1 | E-2 | S-2 | G-1 |
| 일본 | CIS-3 | E-2 | S-4 | G-1 |
| 호주 | CIS-2 | E-3 | S-1 | G-1 |
| 중국 | CIS-3 | E-3 | S-3 | G-2 |
| 인도 | CIS-4 | E-3 | S-4 | G-3 |
| 인도네시아 | CIS-3 | E-4 | S-3 | G-2 |
| 베트남 | CIS-4 | E-3 | S-3 | G-4 |
| 브라질 | CIS-3 | E-3 | S-3 | G-2 |
| 멕시코 | CIS-3 | E-3 | S-3 | G-3 |
| 러시아 | CIS-3 | E-3 | S-3 | G-3 |
| 터키 | CIS-4 | E-3 | S-3 | G-4 |
| 사우디 아라비아 | CIS-3 | E-4 | S-3 | G-2 |
| UAE(아부다비) | CIS-3 | E-4 | S-2 | G-1 |
| 카타르 | CIS-3 | E-4 | S-2 | G-1 |
| 이스라엘 | CIS-3 | E-3 | S-3 | G-1 |

◈ 출처 : NH투자증권 리서치본부

을 받은 국가들은 전반적으로 신흥국 평균 정도의 환경(E-3)과 사회적 리스크(S-3), 양호한 거버넌스·체제안정성(G-2)을 보유한 것으로 드러났습니다. 다만 러시아는 만연한 부패와 법치 부재, 열악한 재산권 보호 등으로 G-3등급을 받았습니다.

**| 선진국과 신흥국의 CIS 등급 분포 |**

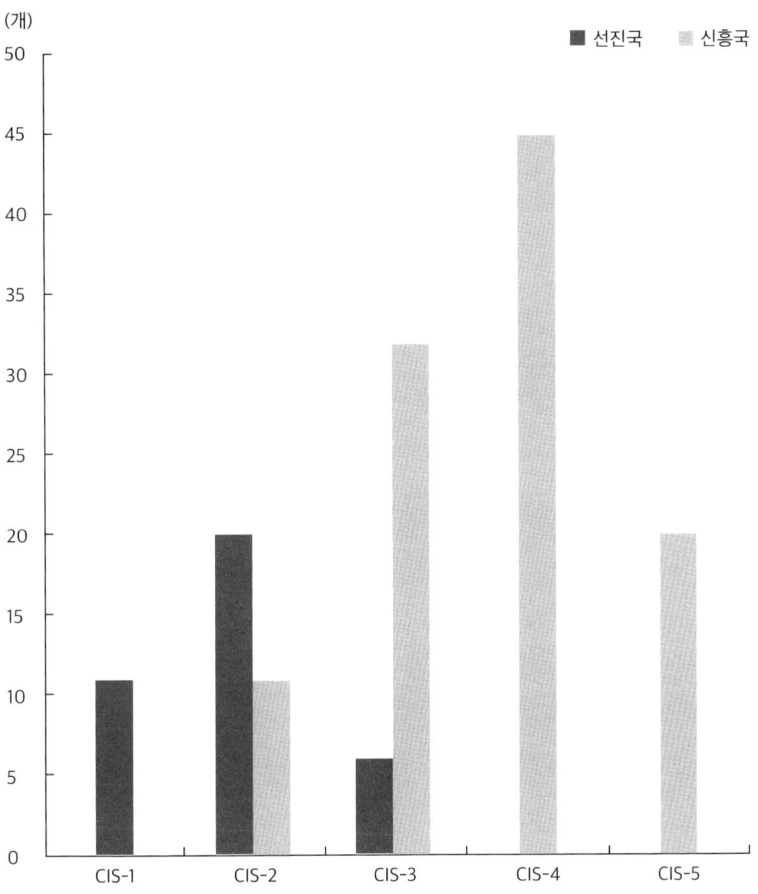


◈ 출처 : NH투자증권 리서치본부

CIS-4등급을 받은 국가들 중 인도는 환경 및 사회적 위험에 대한 평가가 낮으며(E-4, S-4), 거버넌스·체제안정성은 환경과 사회적 리스크를 완화하기엔 정부의 재정 및 제도적 대응 능력이 미약한 상황입니다. 터키와 베트남 등은 환경(E-3)과 사회적인 리스크(S-3)는 다른 신흥국과 유사한 수준으로 평가받았지만, 점차 약화되고 있는 거버넌스·체제안정성에서 낮은 평가(G-4)를 받으면서 종합적으로 CIS-4등급을 기록했습니다.

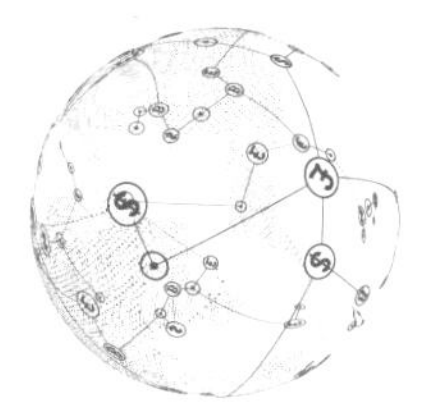

## 국가 ESG의 의미

ESG 리스크는 일반적으로 국가 신용등급에 부정적인 영향을 끼칩니다. 이는 환경 위험뿐 아니라 특히 사회적 위험에 대한 부정적 노출을 반영하며, 종종 약한 거버넌스와 결합되어 많은 국가의 신용등급에 영향을 끼칩니다.

ESG 위험은 선진국보다 신흥국의 국가신용등급에 더 부정적인 영향을 미치고 있습니다. 선진국 대비 신흥국의 ESG 대응이 시간과 재원 등 여러 측면에서 부족했기 때문으로 보입니다. 정책 추진 측면에서도 경제 성장이 우선시되는 신흥국으로서는 강한 의지를 보이기 어려운 상황입니다. 따라서 선진국은 현재 중립 수준에서 리스크가 점차 낮아질 것으로 예상되는 데 반해, 신흥국은 중립에서 매우 부정적으로 더욱 악화될 것으로 전망됩니다.

신용등급 평가에도 ESG 리스크가 중요한 요소로 부각되면서,

| ESG 우수 국가와 신용등급 우수 국가간의 상관관계 |

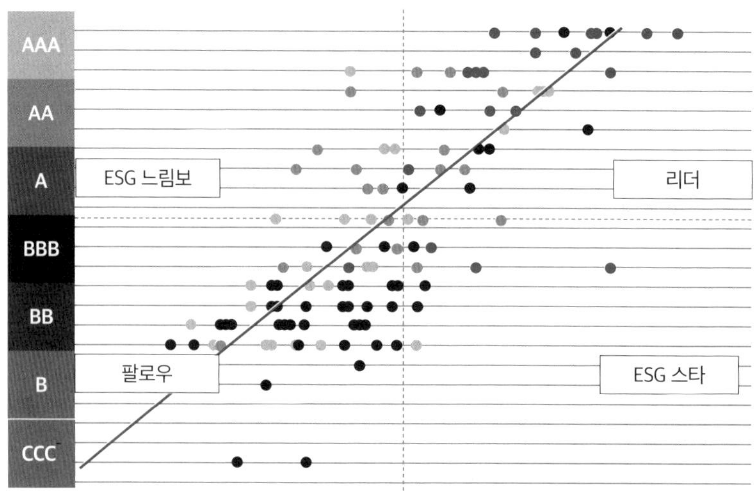


◈ 출처 : NH투자증권 리서치본부

| S&P의 경제력 평가와 노트르담 대학의 평가 |

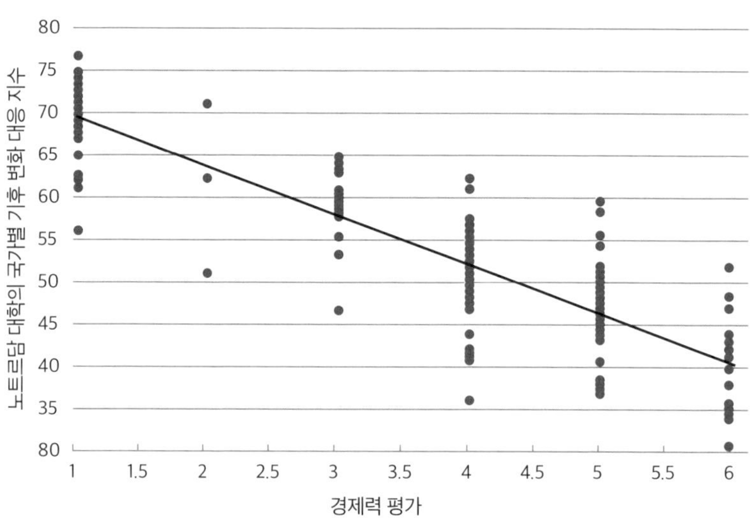


◈ 출처 : NH투자증권 리서치본부

ESG 등급이 낮은 신흥국의 신용등급 상향에 주요한 장애물이 될 것으로 보입니다. 기존에 경제 상황과 재정정책 변화에 따라 신용등급이 결정되던 시절과 달리, 다양한 사회적 요인과 거버넌스 요인 등이 등급 상향 결정에 판단 요인으로 작용할 것이기 때문입니다.

선진국 기업은 선진국들의 국가 ESG 등급이 이미 높은 수준이어서 큰 영향을 받지 못할 것으로 보입니다. 그러나 신흥국 기업들은 국가 ESG 등급에 영향을 크게 받을 가능성이 높아보입니다. 신흥국에서 국가의 역할이 여전히 크고 중요하기 때문입니다. 특히 공기업 등 직접적으로 정부와 관련되는 기업들은 지대한 영향을 받게 될 것입니다. 민간 기업들 또한 상대적으로 거리가 있지만 해당 국가 ESG 등급의 범위에서 크게 벗어나기 어려울 것입니다.

한편 방법론 측면에서 국가 ESG 분석에서 부족한 부분은 거버넌스·체제안정성인 듯합니다. 환경 리스크는 점점 명확해지고 있고 사회적 리스크도 상대적으로 분명해보입니다. 그러나 거버넌스·체제안정성은 아직 명쾌하게 정립되지 못한 상황입니다. 특히 문화적 다원주의라는 시각에서 특수성을 주장하는 국가들과의 지정학적 갈등이 심화되면서 ESG 분석 틀은 선진국들이 신흥국을 압박하는 주요한 수단으로 사용될 것으로 보입니다.

# 7장

L A N D M O N

# 미중 갈등이란 거대한 지정학적 충격

Y P O W E R

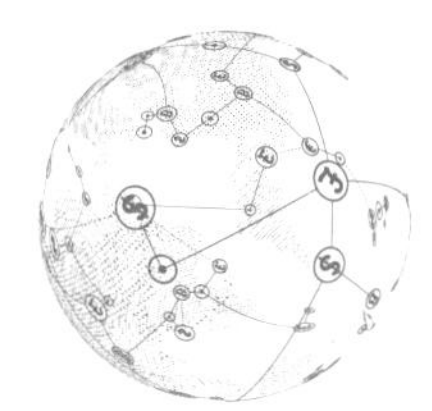

## 미중 갈등은 어떻게 전개될까?

코로나19 팬데믹 이후 세계 경제 리스크에 대한 전망이 다각도로 쏟아져 나오고 있습니다. 세계 경제를 뒤흔들 다음 이벤트가 뭐냐는 것이지요. 저는 금융투자 측면에서 가장 중요한 이벤트는 미중 갈등이라는 지정학적 리스크라고 생각합니다. 앞으로 미국과 중국 관계가 악화되면서 신냉전의 시나리오가 펼쳐진다면, 주요 국가들의 주식과 채권, 대체투자 시장은 어떻게 될까요? 저는 향후 10년 동안 미국과 중국의 갈등이 심화되면서 전방위적으로 충돌할 가능성이 높아질 것으로 전망합니다. 이전 30년과는 다른 신냉전이 전개된다는 것이지요.

트럼프 정부가 출범한 이후 미국을 방문할 때마다 미국 사람들에게 여러 채널을 통해 물어봤습니다. 왜 그렇게 중국을 싫어하냐

고요. 그들은 이렇게 말했습니다. "중국은 미국을 비롯한 선진국 등의 제품을 불법적으로 베껴오면서 30년 동안 미국의 일자리와 부富를 빼앗아갔다"고.

미국 사람들은 또한 WTO 체제에도 심각한 문제가 있다고 생각합니다. 중국에 너무 유리하게 운동장이 기울어져 있다는 것이죠. 이대로 계속 진행된다면 10~20년 뒤에 중국이 세계 최고의 국가가 될 수밖에 없다는 것입니다. 그리고 그 후론 결코 돌이킬 수 없는 패권의 지위가 중국으로 넘어간다는 거죠.

따라서 향후 10년이 이 불균형을 해결할 골든타임이라고 생각하는 것입니다. 이렇게 중국에 뒤처지는 상황을 미국이 용인할 수 있을까요? 운동장이 기울어져 버린 WTO 체제 등으로 중국에 밀릴 수 있다는 불안감이 미국인 70%가 중국을 싫어하는 핵심적인 이유라고 봅니다.

미국인들이 중국 말고 또 하나 싫어하는 대상이 있지요. 바로 도널드 트럼프 이전 대통령들과 워싱턴 정가의 위선적인 엘리트 정치인들입니다. 대표적으로 빌 클린턴, 조시 W 부시, 버락 오바마 전 대통령들을 꼽을 수 있겠네요. 중국에 곧 추월당하는 상황이 될 동안 뭘 했냐는 것입니다. 이 점을 정확히 지적하면서 국민들의 분노를 선거에 활용한 사람이 트럼프 전 대통령이었습니다.

그래서 트럼프 전 대통령은 4년의 집권 기간 동안 실질적으로 중국을 제어하기 위한 압박을 시작했다고 봅니다. 뭐라도 해보라는 국민들의 요구를 알아차린 거죠. 지금이 아니고서는 중국을 압박해서 통제할 수 있는 기회는 다시 오지 않는다는 인식입니다. 트럼프의 독선적인 성격에 집중하기보다는 미국인들의 생각과 미국의 시대 정신을 잘 들여다봐야 할 필요가 있습니다.

이처럼 미중 갈등의 근본적인 원인은 바로 중국의 급부상에 따른 패권국가 미국의 불안감이죠. 여기서 많은 경제전문가들이 간과했던 부분은 바로 지나치게 경제 중심으로 원인을 분석했다는 것입니다. 미중 갈등의 원인을 경제적인 것으로만 환원하지 말고, 정치경제적, 지정학적, 문화와 생각의 차이, 심리적인 관점에서 분석해야 제대로 된 인사이트를 얻을 수 있습니다.

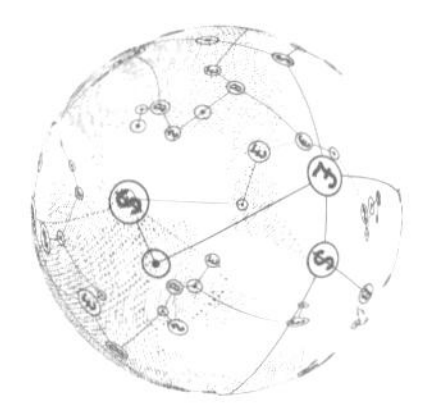

# 좁혀지지 않는 이념과 가치

## 1) 국가 간 갈등과 전쟁의 3가지 이미지

여러 가지 측면에서 갈등이 발생하고 있는 미중 관계는 경제적인 문제로만 환원하기는 어렵습니다. 정치, 외교, 사회, 문화적으로 다양한 측면에서의 접근이 필요하죠. 그중에서도 국제정치학은 국가 간의 갈등을 집중적으로 다루는 학문이기 때문에, 어떻게 문제에 접근하고 있는지 반드시 참고할 필요가 있습니다. 국제정치학 고전인 케네스 왈츠Kenneth Neal Waltz의 『인간, 국가, 그리고 전쟁Man, the State, and War』은 국가 간 갈등과 전쟁의 원인을 다음의 세 가지 이미지로 설명하고 있습니다.

### ① 인간: 개인 본성, 지도자의 특성

첫 번째 이미지는 인간 개인에 관한 것입니다. 많은 사람들이 전쟁의 원인을 지도자의 카리스마, 즉 개인적인 인간 본성에 중점을 두어왔습니다. 토마스 홉스Thomas Hobbes, 스피노자Baruch de Spinoza, 한스 모겐스Hans Morgenthau 등은 전쟁의 원인을 인간의 공격적인 성향에서 찾았습니다. 그들은 이러한 인간의 본성이 변화하지 않는 한 평화는 불가능하다고 보았습니다. 이러한 접근은 2차 대전의 중요한 원인을 히틀러 개인에서 찾습니다. 히틀러를 비정상적인 미치광이로 몰아세우는 것이죠. 미중 갈등의 원인을 트럼프 개인의 성격, 시진핑 주석과의 관계에 초점을 두고 접근하는 방법도 이러한 맥락입니다. 우크라이나 전쟁의 원인을 푸틴이라는 인물에 초점을 두는 것도 유사한 방식입니다.

### ② 정치체제: 서로 다른 정치체제 간 갈등

두 번째 이미지는 정치체제 측면입니다. 어떤 정치체제 또는 경제체제가 지닌 내부적 특성, 즉 민주주의·전체주의·사회주의·권위주의 국가 등 서로 다른 정치체제 사이의 갈등이 전쟁의 원인이라는 것이죠. 독일 철학자 임마누엘 칸트Immanuel Kant나 우드로 윌슨Woodrow Wilson 미국 전 대통령에 따르면 국가가 전쟁을 하는 원인은 그 국가의 정치체제가 민주적이지 않기 때문입니다. 반대로 레닌Vladimir Il'ich Lenin은 자본주의적 국가체제는 그 자체가 팽창적이기 때문이라고 주장하지요.

칸트는 1795년 프랑스 대혁명 이후에 쓴『영구 평화론』이란 책에서 영원한 평화를 구축하기 위해서는 "모든 국가들이 국왕이 다스리는 왕정이 아니라, 국민이 대표를 선출하는 민주주의 공화정으로 바뀌어야 한다"고 주장했습니다. 또한 이러한 국가들끼리 힘을 모아 연합한 국제기구를 만들어야 한다고 말했습니다. 왜냐하면 전쟁터에서 싸우게 되거나 가장 큰 피해를 입는 사람들이 일반 국민인데, "국민에 의해 선출된 대표들이 전쟁 여부를 결정하게 되는 공화정에서는 과거처럼 소수의 이권을 위해 전쟁을 선택하기 어렵다"고 보았기 때문입니다.

### ③ 국제사회의 무정부적 속성: 투키디데스 함정

세 번째 이미지는 국제정치 차원으로, 전쟁의 원인을 국제정치의 무정부성에서 찾는 관점입니다. 전쟁의 근본 원인은 국가보다 상위에서 국제관계를 조율하고 특정 국가의 의무 위반을 처벌할 수 있는 세계 정부가 존재하지 않는 무정부 상태이기 때문이라는 것입니다. 펠로폰네소스 전쟁사를 쓴 투키디데스Thukydides나 사슴사냥의 비유를 통해 국제체제에서의 협력의 어려움을 설명한 장자크 루소Jean Jacques Rousseau 의 주장이 이러한 관점을 반영합니다. 토마스 홉스는 성경 욥기에 나오는 거대한 바다짐승인 리바이어던을 국가에 비유했습니다. 만인의 만인에 대한 폭력 상태를 벗어나기 위해, 다시 말해 자잘하고 만연한 작은 폭력을 막기 위해 리바이어던에게 모든 권력을 주는 계약을 맺은 것을 국가라고 보았습니다. 루소는 국제사회가 이러한 리바이어던이 없는 무정부 상태이기 때문에 전쟁이 발생한다고 생각했지요. 투키디데스의 함정은 패권국가가 2등 국가의 부상에 위협을 느끼면서 갈등이 심화되는 것을 말합니다. 미중 갈등의 근본적인 원인을 중국의 급부상에 따른 패권 국가의 불안감으로 지적한 것입니다.

이 세 가지 관점은 지금도 널리 인용되면서 많은 사람들이 전쟁이나 국제 갈등의 이유를 설명할 때 활용합니다. 미중 갈등을 설명하는 논의는 그동안 첫 번째 이미지인 트럼프 대통령과 시진핑 주석의 개인적 특성에 초점을 맞추거나, 세 번째 국제정치의 무정부적 속성에 집중하는 논의가 대부분이었습니다. 최근 미중 갈등의 원인을 설명한 그레이엄 앨리슨Graham Tillett Allison 교수의 접근은 이 세 가지 이미지 중 세 번째 이미지, 즉 국제체제의 무정부성에 주목한 것이었습니다.

## 2) 서로 다른 정치체제 간의 갈등

저는 그동안 미중 갈등에 대한 대부분의 논의들이 대부분 첫 번째 인간 본성과 세 번째 국제정치의 무정부적 속성(투키디데스의 함정) 이미지에 초점이 맞춰지면서 서로 다른 정치체제 간 갈등의 이미지가 상당히 간과되었다고 생각합니다.

이 두 번째 이미지를 대표하는 이론이 바로 '민주평화론'인데 요즘 말로 하면, "민주주의 국가끼리는 전쟁을 할 가능성이 높지 않다"는 겁니다. 대표적인 사람이 임마누엘 칸트, 마이클 도일, 러셀로 이 이론에서는 전쟁을 두 개 이상의 국가 간 무력충돌로 규정했고, 민주주의 국가를 "상당수 인구가 실질적인 선거권을 가지고, 행정부 구성은 두 개 이상의 정당이 경쟁하는 선거에서 승리하는 국가, 기본권 보장에 대한 제도적 장치가 존재하는 국가"로 정의합니다. 그리고 1815년 이후 지금까지 민주주의 국가는 서로 전쟁을 하지 않았으며 분쟁을 평화적으로 해결했다고 주장합니다.

반면 민주주의 국가들과 민주주의 국가가 아닌 다른 정치체제를 유지한 국가들과는 전쟁을 했다는 겁니다. 대표적으로 2차 세계대전을 일본, 독일 등의 군국주의 혹은 전체주의 국가와 민주국가들이 싸운 전쟁이었다는 거죠. 민주주의 국가들은 전쟁을 선호하지 않지만 다른 정치체제를 가진 국가들이 민주주의 국가를 위협하게 된다면 기꺼이 싸웠다는 것입니다.

이런 생각을 처음 했던 사람은 1795년 『영구평화론』이라는 책을 쓴 임마누엘 칸트였는데요. 18세기까지 유럽국가들의 많은 전쟁들이 왕의(종교적, 경제적, 정치적) 이해관계에 의해 독단적으로 결정된 경우가 많았습니다. 왕이 결정하고 국민들은 명령대로 싸울 수밖에 없었습니다. 그러나 1787년 미국에서 근대 최초의 공화정 국가가 탄생하고, 1792년 프랑스 대혁명으로 왕정이 붕괴되고 공화정이 탄생하면서 상황이 완전히 바뀌게 되었습니다. 국민에 의해 선출된 민주주의 국가들은 사적인 이해관계를 국민들에게 설득하기 어려웠고, 모든 국가가 공화정(민주주의 정치체제)으로 바뀌면 전쟁의 가능성이 낮아진다고 생각했던 것입니다.

이에 따라 칸트는 영원한 평화를 구축하는 방안으로 "인간 본성 개조해 영구 평화를 구축하는 것, 국가 내부의 변화(민주주의 공화정)를 통해 평화를 건설하는 것, 국제기구를 창설하고 분쟁을 조정한 국가 간 협력 강화"를 제시했습니다. 이러한 논의를 이어받은 미국의 윌슨 대통령이 1919년 "민주주의 확산을 통해 세계 평화를 구축할 수 있다"고 주장했고, 이후 국제기구의 창설로 이어집니다. 1919년 국제연맹, 그리고 2차대전 후 국제연합UN이 그것입니다.

이들은 민주주의 정치체제는 전쟁을 방지하는 독특한 정치 규범을 갖고 있다고 생각합니다. 민주주의 정치체제는 우선, 개인의 인권에 대한 강한 신념을 갖고 있으며, 자유와 평등을 보장하고,

갈등 해결에 대한 타협과 협상을 통한 정치 문화를 갖고 있다는 것입니다. 둘째, 평화를 지켜줄 수 있는 민주적인 제도적인 장치가 마련되어 있다고 합니다. 정치권력이 일반 국민에 의해 통제되고 징집, 전쟁 비용 조달 세금, 권력 분립. 선전포고에 대한 동의권 등의 중요한 의사결정이 국민의 이익을 반영해야 하기 때문이라는 거죠. 셋째, 전쟁의 동기, 예산, 의회 지원, 언론의 보도 등 주요한 사안에 대한 핵심적인 의사결정 과정이 공개되는 것도 소수의 이익을 위해 전쟁을 하기 어렵다는 겁니다.

하지만 반대로 다른 정치체제를 갖고 있는 국가들, 특히 자유를 억압하는 국가들과는 엄청난 피해를 보더라도 전쟁을 할 수 있다는, 아니 전쟁을 해서라도 지켜야 한다는 이야기가 될 수도 있습니다. 왜냐하면 서방국가들은 민주적인 정치체제와 그에 수반되는 시장 경제는 상당한 비용을 지불해서라도 지켜야 하는 가치라고 믿기 때문입니다.

한편 레닌은 "자본주의 국가는 기본적으로 팽창적인 속성을 갖고 있기 때문에 제국주의로 확장할 수밖에 없고 전쟁은 필연적"인 반면, "공산주의 국가들끼리 전쟁할 이유가 없다"고 주장했습니다. 그러나 실제는 1956년 소련의 헝가리 침공, 1969년 소련과 중국 간 전쟁, 1979년 중국과 베트남 전쟁 등 공산주의 국가들끼리 많은 전쟁이 있었습니다.

20세기 많은 국가들이 민주주의 정치체제로 전환되었지만 다양한 이유로 그들끼리 전쟁을 치렀던 것도 사실입니다. 이처럼 같은 정치체제를 공유한 국가들 간에도 여러 가지 갈등을 이유로 전쟁을 피할 수 없었습니다. 따라서 마이클 도일과 러셀이 주장하는 민주 평화론으로 모든 전쟁을 설명하는 것은 불가능합니다.

민주주의 정치체제가 정착하기까지 상당한 권위주의적인 정치체제가 실제 유지된 데다, 주변 국가와의 다양한 측면에서의 갈등이 불거지면서 벌어지는 크고 작은 충돌을 포함시킨다면 정치체제의 변화를 모든 것을 설명하기 어렵다는 한계를 가지고 있습니다. 따라서 모든 전쟁의 원인을 설명하는 거대 담론이라기보다는' 왜 다른 정치체제와의 갈등이 전쟁으로 연결되는지'와 '이를 극복하기 위해 어떤 시도들이 있었는지'에 주목하는 것이 좋을 것 같습니다.

1994년 당시 미국 대통령이었던 클린턴은 민주 국가들은 서로 전쟁을 하지 않기 때문에, 미국의 안보와 세계평화를 위한 가장 좋은 전략은 전 세계에 민주주의와 시장경제를 확산하는 것이라고 주장했습니다. 중국을 WTO 체제로 끌어들이려 했을 때 미국의 의도는 중국이 시장경제를 받아들인다면 서구식 민주주의 체제로 변화할 것이라고 생각했기 때문이었습니다. 그러나 이 일을 주도했던 미국의 외교 엘리트들은 당시에 가졌던 생각이 매우 순진했었다고 회고하는 것으로 알려져 있습니다.

## 3) 정치체제에 대한 비판

### ① 중국의 민주주의는 서양의 민주주의와 다를까?

중국과 미국이 서로 다른 정치체제를 갖고 있기 때문에 갈등이 더욱 심화될 것으로 예상하고, 중국에 투자할 때 중국의 민주주의와 인권 문제에서 부각될 이슈를 지적한다면, 구시대적인 냉전 사고에 젖어 있는 것일까요?

트럼프 행정부에서 국무장관을 역임한 마이크 폼페이오Michael Richard Pompeo의 대중국 제재정책은 '중국'이 아니라 '중국 공산당'이라는 정치체제에 집중됐습니다. 중국의 민주주의와 인권 문제가 미국의 대중국정책의 핵심 의제로 자리잡았다는 의미입니다. 중국 공산당은 미국과 서방의 인권과 민주주의에 대한 비판에는 '내정 간섭'이라며 단호히 거부하고 있습니다. 그 문제를 언급한 국가인 호주와는 관세 인상 등 공격적인 제재를 통해 강하게 대응하는 것만 보아도 쉽게 짐작할 수 있지요. 민주주의와 인권의 문제는 중국을 보는 가장 중요한 문제란 뜻입니다.

중국 사람들은 흔히 "중국의 민주주의가, 미국의 민주주의와 다르다"고 말합니다. 이것을 미국과 중국의 문화적 차이라고 주장합니다. 중국 공산당이 말하는 "인민People이란, 국민의for the people, 국민에 의한by the people, 국민을 위한of the people 정치에서 국민에 의한by만 빠져 있다"고 합니다. 서양의 민주民主와 중국의 민주民主는 모두 나라의 근본이 백성이며 백성을 위한 통치라는 점은 같다고 주장합니다.

중국에서 중국의 민주적 정신은 '민본'이라는 지도자들의 도덕적 원칙을 강조하고, 국민이 참여하는 정치는 불허한다는 것이지요. 왜냐면 "중국은 권력이 분산될 때 지역으로 쪼개지면서 외세의 지배를 받았던 역사를 갖고 있기 때문에, 강력한 중앙집권형 권력이 필요하다"고 말합니다. 또한 "민본정신에 따라 정치 지도자들이 알아서 백성들을 위한 정치를 할 것이기 때문에 백성들에 의한 직접 정치 참여는 불필요하다"고 주장합니다.

그런데 선거를 통한 대표 선출을 거부하는 것은 과연 중국의 특수성 때문일까요? 한국 사람들은 이런 얘기들에 아주 익숙합니다. 과거 1970~80년대 체육관에서 대통령을 뽑을 당시 권위주의 정부가 했던 이데올로기와 유사하기 때문입니다. '중국의 민주주의는 다르다'는 논리는 한국처럼 같은 유교문화권에서 권위주의 정부를 경험했고 이후 민주화 과정을 거친 나라의 국민들을 설득하기엔 상당히 빈약할 수밖에 없습니다.

### ② 시진핑 정부의 정치철학

중국은 사회주의일까요? 현재 중국 정부가 지향하고 있는 정치철학은 무엇일까요? 명목상의 중국 정부의 정치철학은 사회주의라고 말하고 있지만, 그것으로 현재 중국 정부의 정치철학을 설명하기 어렵습니다. 그렇다고 자유주의는 더더욱 아닙니다. 시진핑 정부의 정치철학은 과거 마오이즘과 덩샤오핑의 사상에 더해, 신유학의 권위주의 통치 이데올로기를 융합시키고 있다고 판단하는 게 합리적으로 보입니다.

시진핑 정부가 '공자'를 부각시키는 이유가 바로 이것입니다. 유교 사상에 공산당의 일당독재를 옹호할 수 있는 중요한 사상을 끌어올 수 있기 때문인데요. 대표적인 것이 삼강오륜입니다. 권위적인 군신관계 등을 체계화하면서 제국을 통치할 수 있는 이념으로 발전시켰던 유학이죠. 원래 춘추전국시대 유학이 아니라 한나라시대 동중서에 의해 개념화된 유학을 말합니다. 이것이 현재 중국 공산당의 권위주의 통치를 정당화하는 데 중요한 역할을 하고 있습니다.

또한 중화사상이라는 천하중심질서와 조공관계로 중국이 만들어갈 새로운 국제관계를 설명하려 합니다. 중국 사람들은 과거의 중심과 주변국 간의 조공관계를 미화하고 중국 정부는 그런 교육을 학교에서 가르치게 합니다. 과거 동아시아의 국제관계는 위계적인 국제질서가 아닌 큰 나라와 주변의 작은 나라들 간 윈윈관계였다는 거죠. 학자들이 이런 식으로 권위주의 체제를 옹호하는 이념과 사상을 정부의 의도에 따라 끼워맞추고 있는 상황입니다. 자유로운 토론이 불가능 상황에서 정부 정책에 학문적 의미를 부여하는 작업이 어용학자, 관변학자들에 의해 진행되는 것도 신뢰를 받지 못하는 이유입니다.

### ③ 중국으로 이민 가고 싶다는 사람을 본 적 있나요?

국가의 경쟁력을 보여주는 많은 지표들이 있지만 어떤 국가의 정당성 혹은 정통성은 대부분 그 사회의 특수한 역사적 맥락에 의해 결정되는 경우가 많습니다. 반대로 어떤 사회적인 이벤트가 발생하면서 정당성이 약화되는 경우도 발생합니다. 해당 국가의 정치체제와 사회가 얼마나 살기 좋은지를 보기 위해서, '이민(국적변경)'이라는 방법을 사용해보려 합니다. 출장, 혹은 주재원 생활, 유학 등의 단기적인 이주 혹은 중국에서 사업과 일을 하기 위한 외국인으로서 거주하는 중국은 괜찮겠지만, 중국으로 이민(국적을 바꾸고 싶은)을 가고 싶은 사람은 얼마나 될까요?

실제로 중국은 화교가 아니면 외국인의 이민은 매우 어렵습니다만, 실제로 중국으로 이민을 원하는 사람도 거의 없을 겁니다. 이 얘긴 중국 사회에서 우리 아이를 키우고 싶지 않다는 이야기겠죠. 이것이 '가치'에 대한 문제인데요. 우리 사회도 그렇고, 자유민주주의체제가 여전히 문제는 많지만 그래도 여지껏 인류가 해온 체제 중에 가장 낫다고 생각한다는 거죠. 기회가 많을 수 있겠지만 자유로운 발언을 하지 못하는 폐쇄적인 중국 사회에서 우리 아이의 미래를 맡길 수 없다는 이유일 겁니다. 이렇듯 자유로운 민주주의 국가를 경험한 사람이라면, 권위주의적인 정부가 지배하는 정치적 자유가 없는 사회에서 살긴 어려울 겁니다.

1990년 초반 소비에트의 붕괴 이후 탈냉전 시대가 계속되면서 경제 중심적으로만 사고하다 보니, 가치의 문제를 많이 잊고 살았습니다. 지난 30년 동안은 이념이 더 이상 중요하지 않고 효율을 높이기 위해서 비용이 저렴한 지역으로 공장을 이전해야 한다는 시장 만능주의 사상이 지배했기 때문입니다. 그러나 중국으로 몰려갔던 지난 30년과는 완전히 다른 상황 속에 2020년대 서방의 민주주의 국가들과 중국이 계속해서 충돌하는 지점은 바로 '가치의 문제'가 될 것입니다.

### ④ 홍콩이 가지는 의미

그래서 홍콩은 앞으로도 계속해서 서방과 중국의 싸움이 벌어지는 최전선이 될 것으로 보입니다. 1980년대 홍콩이 중국에 반환할 때, 중국은 50년간 일국양제 시스템을 도입하기로 합의했습니다. 그때 덩 샤오핑은 "50년 후의 일을 어떻게 알겠습니까?"라고 말했다고 합니다. 서방국가들에게 홍콩이 중요한 이유는 일국양제 제도를 통해 중국이 홍콩처럼 민주화될 것으로 기대했기 때문입니다.

그러나 2020년 홍콩 보안법이 통과되면서 이런 기대는 산산조각이 나버렸습니다. 서방의 기대와 반대로 홍콩이 중국에 의해 권위주의적인 지배를 받게 된 것입니다. 자유 민주주의 체제로 변화를 기대했던 중국이 권위적인 통치를 확장하면서 오히려 자신들의 정치체제를 우월한 것으로 수출하는 모습에서 위협을 느꼈던 것이지요.

이에 따라 미국과 서방 국가들은 미국의 홍콩 특별지위 박탈 등 홍콩에 대한 제재를 확대하면서 대응하고 있습니다. 그동안 복잡했던 미국 내 정치상황과 서방 진영 국가들의 분열로 강력한 대응을 하진 못했지만 향후 글로벌 공조를 통한 강력한 홍콩에 대한 제재가 예상되고 있습니다.

이런 상황에도 홍콩 금융시장은 잠시 혼란에 빠지기도 했지만 이내 안정을 회복하는 등 강한 맷집을 보여주었습니다. 여기에는 미국보다 높은 홍콩의 금리가 중요한 역할을 하고 있습니다. 홍콩 달러가 미국 달러에 연동되어 있기 때문에, 홍콩의 기준 금리는 미국 기준 금리 하단에 50bp를 더한 수준에서 결정됩니다. 이에 따라 미국이 제로금리를 상당히 오랫동안 유지해왔던 2021년까지 홍콩의 3개월 금리는 미국 3개월 금리보다 30bp가량 더 높았기 때문에, 추가 수익을 원하는 글로벌 투자자금은 홍콩시장으로 여전히 유입되어왔습니다.

그러나 2022년 이후 금리가 빠르게 상승하면서 홍콩 금융 시장의 환경은 부담이 높아질 것으로 예상합니다. 특히 홍콩에 아시아 본부를 두고 있는 글로벌 금융기관들과 글로벌 기업들이 많은 고민을 하게 될 것으로 보입니다. 이들은 급격하게 성장하는 중국과 홍콩에서 많은 돈을 벌 기회를 놓치고 싶진 않지만 계속되는 서방의 제재는 다른 지역으로 본부를 이동하도록 할 가능성을 높이고 있습니다.

### ⑤ 홍콩인의 좌절을 중국 본토인들이 이해하지 못하는 이유

홍콩 시위를 보는 중국 사람 대부분은 홍콩을 비판했습니다. 같은 나라인데 왜 홍콩만 특별 대우를 받으려고 하냐는 이유였지요. 그런데 한국 사람인 제가 보기에는 중국 사람들과 홍콩 사람들의 정치체제가 달랐기 때문에 서로를 이해하기 어려웠다는 생각이 듭니다. 홍콩 사람들은 완벽하진 않았지만 정치적인 대표인 의원을 자신의 손에 의해서 선출해본 경험이 있는 사람들입니다.

반면 중국 사람들은 본인들의 대표를 직접 투표를 통해 보통선거로 결정해본 경험과 역사를 한 번도 갖지 못했습니다. 일반 국민들이 공적인 영역인 정치에 참여할 수 없도록 배제된 상태에서, 사적인 영역은 오로지 경제적인 이익 추구에만 관심이 집중되었던 것입니다. 따라서 중국 본토 사람들이 홍콩 사람들을 이해할 수 없는 것이 당연합니다.

반면 홍콩 사람들은 자유민주주의 시스템을 누리다가 다시 빼앗긴다는 것에서 너무나 큰 상실감을 느끼게 됩니다. 근대 역사에서 자유를 경험하지 못한 제3세계에서 권위주의 정권이 오랫동안 자유를 허용하지 않으면서 집권한 사례가 있었지만, 자유를 경험한 후에는 권위주의 통치가 훨씬 어려워지는 사례를 많이 볼 수 있습니다. 한국도 군부정권하에서 국민들이 권위주의 정부와 싸우면서 대통령 직선제를 비롯해 자유를 쟁취했던 처절한 경험이 있습니다. 다시 권위주의 정권으로 돌아간다는 것은 결코 인정할 수 없는 얘기인 것과 마찬가지입니다.

따라서 중국 정부가 민주주의, 인권, 인터넷 개방 등을 제외한 경제적인 자유는 대부분 인정하겠다고 하는 것은 사람들의 욕구를 너무 단순하게만 보는 것입니다. 좋은 뉴스만 들려주고 나쁜 것은 알려주지 않은 사회. 정부에 의해서 알릴 수 있는 것과 알아서는 안 될 것을 구분하여 보도하는 사회는 제대로 된 사회일까요? 따라서 국가의 장기적인 경쟁력을 분석할 때 언론의 자유(마음껏 얘기할 수 있는 자유를 갖고 있는 정치체제인가) 여부가 무척 중요해집니다. 자유민주주의 정치체제는 여기서 시작하죠.

중국 사람들은 한 번도 그런 정치체제를 가져본 적이 없습니다. 자유민주주의 체제가 갖고 있는 시민사회의 경험이 없어, 그저 먹고사는 문제에만 집중하고 정치적인 자유는 애초부터 포기했다는 겁니다. 영화에서 보았던 미래 사회에서 빅브라더가 지배하는 디스토피아 사회의 전형입니다.

### ⑥ 중국이 위협이 되는 이유

이러한 중국의 정치체제가 위협이 되는 이유는 중국이 미국을 넘어 세계 패권국가의 꿈을 키우고 있기 때문입니다. 중국이 전 세계 GDP에서 큰 비중을 차지하지 못했던 1990년대와 2000년대 초반까지 중국의 정치체제는 서방세계에 그렇게 큰 문제는 아니었습니다. 광대한 시장과 저임금 노동력 등이 중요했기 때문이었지만, 사회주의와 권위주의 국가의 경쟁은 이미 끝났다고 생각했기 때문이기도 했습니다. 따라서 미국을 비롯한 선진국가 대부분이 경제적인 이익을 위해 그 문제를 심각하게 다루지 않았습니다.

그러나 현재 미국 국내총생산의 70% 수준인 중국이 2028년께 미국 GDP를 상회할 것으로 예상되면서 얘기가 달라졌습니다. 최근까지 중국의 기술 수준을 무시해왔던 미국은 5G 시장을 장악한 화웨이의 급성장과 틱톡의 급부상에 놀라기도 했습니다. 미국이 중국의 첨단 기술력 성장에 강한 위협을 느끼면서 스푸트니크호 사건과 같은 충격을 받은 것입니다.

특히 홍콩 사태를 통해 2049년 기술, 경제, 군사안보 면에서 세계 1위 달성을 목표로 하는 '중국몽'이 현재 공산당 중심의 사회주의 체제를 확장하는 것임을 미국이 알게 되면서 미중 갈등은 가치에 대한 생각이 결합된 전방위적인 문제로 확산되고 있습니다.

시진핑 정부는 2021년 소강사회(굶어죽는 사람이 없는 사회), 2035년 선진사회에 진입한 후 2049년 중화민국 100년에 대동사회(풍요로운 사회)를 이룩하겠다는 목표를 제시했습니다. 이는 중국이 세계의 중심을 다시 회복하는 패권국가가 되겠다는 것입니다. 중국이 선진국으로 발돋움을 하는 것은 좋은 일이지만 중국이 주도하는 국제정치질서가 과거의 천하중심질서의 현대식 변형에 다름 아니라는 것이 문제입니다. 게다가 중국 공산당이 변함없이 영원히 지배하는 사회주의 체제를 계속 유지하고 확장하겠다는 전제조건도 변함 없습니다.

중국의 국제정치질서는 원래 천하중심질서 중화사상과 조공관계, 중심과 주변의 위계적 질서를 바탕으로 합니다. 그런데 19세기 아편전쟁과 위화단 사건으로 그런 중국식 국제질서가 깨지죠.

서구의 근대적 국제질서는 30년 전쟁(종교전쟁)을 치른 후 발표된 1648년 베스트팔렌조약에 의해 만들어집니다. 신교도와 구교도 간 종교 갈등으로 생긴 30년간의 엄청난 전쟁의 결과로, 자본주의와 함께 근대의 또다른 축인 국민국가가 등장하게 됩니다. 일정 영토 내의 독점권을 갖는 주권 Soverignty 개념을 기반으로 다양한 주권국가들의 독립적인 권한이 인정되면서 근대 국제정치질서가 만들어진 것입니다.

이후 유럽의 제국주의적 침탈에 의해 중국의 기존 국제질서(천하중심체계)가 깨져나가면서, 중국은 서구 근대국제체제에 약소국으로 편입합니다. 게다가 주변국이었던 일본에게도 침탈을 당하는 수치를 경험하기도 합니다. 그런 인고의 세월을 보낸 후 이제 150년만에 정치경제적인 힘이 커지면서 원래의 지위를 찾겠다는 것입니다.

### ⑦ 과연 중국몽은 성공할 수 있을까?

시진핑 정부는 공산당 일당이 지배하는 지금과 같은 정치체제를 2049년 중국이 패권을 장악한 후에도 계속해서 유지하고 싶어 합니다. 그러나 전 세계 국가들이 그것을 지지할 수 있을까요? 중국이 지향하는 중국몽은 중국 중심의 천하질서와 사회주의 정부가 계속 이어지는 국가자본주의 시장경제를 기반으로 하고 있는 권위주의 사회입니다. 전 세계 자유민주주의 국가들이 이것에 수긍하고 인정할 수 있을까요? 지금 중국 정부의 행태로 보았을 때 중국이 제시하는 중국몽이 현재 자유민주주의 체제의 문제를 극복할 수 있는 더 나은 정치체제를 인류에게 제시할 수 있을까요?

중국이 강압적인 권위주의 정치체제를 계속 유지한다면 많은 국가들은 좋은 글로벌 리더로 인정하기 어려울 것입니다. 이렇게 국제사회가 지지하는 정치구조를 갖추지 못한 상태라면 과연 글로벌 리더십이 가능할까요? 비용절감과 효율적인 시장 중심의 신자유주의 시대에는 저임금 공장이 들어설 중국 정치체제와 인권은 서구에 커다란 문제가 되질 못했습니다. 그러나 중국 경제규모가 세계 두 번째로 커지고 점차 1위 등극이 다가오는 가운데, 중국의 권위주의적인 정치체제와 인권 탄압으로 인한 여러 가지 갈등은 서구 문화에 중요한 위협으로 등장하고 있는 상황입니다. 이런 위협이 이제는 경제만의 문제가 아니라, 정치, 사회, 외교, 문화 등 전방위적인 문제로 부상하게 된 것입니다.

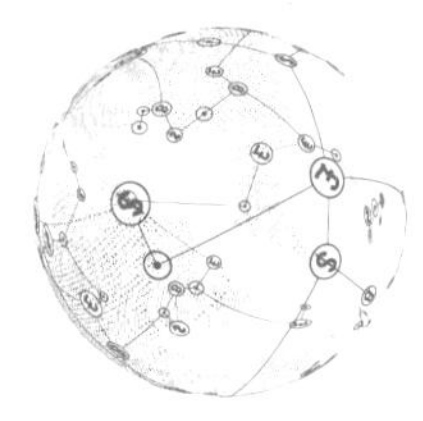

# 첨예한 갈등, 패권과 가치에 관한 싸움

## 1) 미국의 입장

### ① 월가와 기업 CEO, 그리고 애널리스트들의 시각

미국에서 중국을 보는 세 가지 시각이 존재합니다. 첫 번째, 미국 기업인들과 뉴욕의 월가 금융인들의 경제중심적인 시각입니다. 애플의 팀 쿡Tim Cook 등 기업인들과 뉴욕으로 대표되는 월가의 인물들, JP모건의 제이미 다이먼Jamie Dimon, 골드만삭스의 로이드 블랭크페인Lloyd Craig Blankfein, 헤지펀드 브리짓워터의 레이 달리오Ray Dalio, 모건스탠리의 스티븐 로치Stephen Roach 등이 해당하지요. 이들 월가 금융인들과 기업인들은 미중 무역전쟁은 가급적 피하고 싶은 사람들로서, 정부는 무역의 규칙만 공정하게 만들어놓고 그 이후

론 간섭하지 않기를 원합니다. 이들은 대부분 월급쟁이 사장으로, 본인의 임기 3~5년 동안 매출 성장과 이익에 방해받는 것을 싫어합니다. 단기 성과와 주식 가치에 의해 월급과 보너스를 받는 경영인들은 10년, 20년 뒤 미국의 패권에는 별로 관심이 없는 것이지요.

월가 금융기관과 애널리스트들도 마찬가지입니다. 기업 가치를 분석하는 데 장기적인 패권은 별로 중요하지 않다고 생각합니다. 그동안 부당한 방식으로 중국이 지적재산권을 탈취한 것에 대한 응징이 있으면 좋겠지만, 이를 계기로 중국에 진출하여 더 많

**| 경제중심적 시각을 보이는 미국 월가 금융인들 |**

은 이권을 얻으려는 이들로 넘치죠. 지난 1980년대부터 미중 관계는 이들에 의해 주도되었습니다. 실제로 미국의 대형은행들은 중국 고위관료들의 자제를 취업시켰고 '꽌시'를 통해 많은 딜을 따냈습니다. 그게 월가 투자은행의 전통적인 방식이기도 했고요. 이런 월가의 무리한 수익 위주의 경영이 2008년 서브프라임발 글로벌 금융위기를 가져오기도 했습니다. 따라서 이에 대한 강한 문제 제기가 2009년 '월가를 점령하라Occupy Wall Street'란 구호하에 나타나기 시작했습니다.

이러한 뉴욕의 입장은 돈 버는 것에만 집중한 단견일 경우가 많았습니다. 기업인들과 월가 금융인들에게 "WTO가 중국에 유리하게 기울어졌기 때문에 이런 식으로 계속되다가 10~20년뒤 중국이 패권국가가 되면 어떻게 하냐"고 물어보면, "내 알 바가 아니다"라고 대답합니다. 그들에겐 어떤 상황이건 돈 버는 게 중요하기 때문입니다. 반대로 워싱턴 정치인들은 향후에도 계속해서 패권을 유지하는 것이 중요하기 때문에 지금 손실이 생기더라도 확실하게 싹을 잘라야 한다는 입장입니다.

세계 최대 헤지펀드 브리지워트 어소이에이츠의 레이 달리오는 "중국 증시에 투자하지 않는 건 매우 위험하다"고 말했다고 합니다. 그는 중국 증시에 대한 대표적인 강세론자로 꼽힙니다. 그는 지난 500년간 외환보유고와 관련해 제국의 흥망성쇠를 연구한 결과 중국이 기축 통화국 역할로 진화하고 있다고 봅니다. 따라서 중국 자본시장에 투자하지 않는 것은 매우 위험하다고 얘기한 것이죠. 또한 미 달러의 펀더멘탈이 훼손되고 있다고 지적합니다. 미국이 많은 부채를 만들고 많은 돈을 찍어내고 있는데 이는 역사적으로 볼 때 기축통화의 역할에 위협이 될 것이라고 주장합니다. 따라서 패권이 미국에서 중국으로 넘어갈 것이며 새로 부상하는 중국에 더 많은 투자를 하는 것이 합리적이라는 겁니다. 전형적인 경제 중심적인 생각입니다.

레이 달리오는 또한 "앤트그룹이 은행이라는 측면에서 완전히 새로운 개념이며 중국에서는 은행 시스템을 대체하거나 위협할 수 있다"면서 "규제 검토 등의 측면에서 아직 제대로 정착되지 않았다"고 설명합니다. 또한 "국가자본주의이기 때문에 중국 규제당국은 새로운 리스크를 통제해야 한다"고 말했습니다. 그는 자신의 관점이 객관적이라고 주장했는데, 이것 또한 월가의 전형적인 경제 중심적인 생각이라고 판단됩니다. 정치적 가치를 배제한 자신들의 생각을 객관적이고 합리적이라고 포장하는 것이죠. 그들은 정치체제가 어찌되었던 경제적인 흐름에 따라 패권도 중국으로 변할 것이고 투자도 그에 따라야 한다고 생각하고 있습니다.

### ② 공화당 강경파와 트럼프의 시각

반면 워싱턴의 속내는 복잡합니다. 공화당 강경파의 경우, 중국의 부상은 결국 패권 경쟁으로 갈 수밖에 없고 어떤 식으로든 무릎을 꿇게 해서 다시는 도전할 수 없게 만들어야 한다고 생각합니다. 전통적인 공화당의 입장은 공화당의 강경파, 네오콘의 존 볼턴John Robert Bolton, 브루킹스 연구소, 존 미어샤이머John J. Mearsheimer 시카고대 교수로 대표됩니다. 이들은 중국의 부상이 미국 패권에 중요한 도전이 되기 때문에 강한 압박을 통해 박살내야 한다고 생각합니다.

공화당은 전통적인 강경파와 함께 실용주의 중도파도 공존하는데, 트럼프의 경우 전통적인 공화당 시각과는 다른 실용주의 중도파로 분류할 수 있었습니다. 트럼프는 공화당 중에서도 특이한 편이었는데요. 트럼프는 중국과의 관계에서 실리를 챙기려고 했

**| 강경한 대중 외교 정책을 보이는 공화당 |**

습니다. 중국에 대한 관세 부과 등 미중 무역 합의를 통한 경제적 이익을 볼 수 있다고 생각하면서 다소 유연한 대중국 정책을 실시하기도 했습니다.

### ③ 바이든과 민주당 외교엘리트의 관점

1990년대 미국 민주당 엘리트들은 중국이 변화할 것이라는 믿음을 갖고 있었습니다. 당시 클린턴 대통령이 중국을 세계체제로 끌어들였을 때 "나중에 중국이 커지면 통제할 수 없는 문제가 생긴다"라는 이유로 미국 내에서도 많은 반발이 있었습니다. 그러나 민주당 외교엘리트, 클린턴, 오바마, 바이든으로 이어지는 민주당의 외교 엘

**| 중국의 변화를 기대했던 오바마 전 대통령 |**

리트들은 1990년대 중국이 세계시장에 편입되고 자본주의 물결이 들어가면 중국 정치체제가 변하거나 망할 것으로 생각했습니다.

이렇게 생각한 논리적 배경을 제공한 논문과 책이 프랜시스 후쿠야마가 쓴 『역사의 종언』이었습니다. 그 책의 내용은 "자유민주주의와 싸웠던 소비에트 사회주의, 나치즘, 권위주의 국가 모두 망했고, 역사는 자유민주주의로 수렴한다"는 주장입니다. 클린턴 대통령은 소련과 동유럽이 붕괴한 것처럼 중국도 WTO 체제에 편입되어 시장경제를 점차 받아들이게 된다면 공산당 일당 독재체제가 망하거나 자유민주주의 체제를 언젠가는 받아들이게 될 것이라고 여겼습니다. 그러나 중국은 서구 방식을 따르기보다는 중국 특색의 노선을 고집하면서 서구가 설계한 게임의 법칙에 순응하지 않고 게임 규칙을 스스로 만들려고 했습니다. 그나마 덩샤오핑이 설계했던 집단 지도체제는 시진핑 1인 권력을 강화하는 방향으로 후퇴하면서 최근의 미국 민주당 외교 엘리트들의 시각은 완전히 바뀌기 시작했습니다.

최근 민주당의 외교 엘리트들은 당시의 생각이 나이브했다는 것을 인정했습니다. 중국은 만만한 나라가 아니었던 것이죠. 그들은 겉으로만 평화적인 척, 상대방을 존중해주는 척했을 뿐입니다. 수십 년 동안 몸을 낮추던 중국은 세력이 상대를 능가한다고 판단하면 가차 없이 힘을 과시합니다.

### ④ 2001년 바이든의 중국 방문 경험

2001년 8월 중국의 WTO 가입을 앞두고 당시 바이든 상원 외교위원장은 중국 베이징을 방문해 장쩌민 당시 중국 주석을 만났다고 합니다. 그때 바이든은 다음의 세 가지 메시지를 전달했습니다. 첫째, 중국은 규칙을 따라야 한다는 것이었습니다. 당시 중국은 막 WTO에 가입한 시점이라 규칙을 따르겠다고 말했죠. 둘째, 중국은 미국의 국가 안보를 위협해서는 안 된다는 것이었습니다. 당시 중국은 이란에 군수품을 판매하고 있었는데, 바이든은 이란으로의 군수품 판매 중단을 원했고 중국은 실제로 이를 따랐다고 합니다. 셋째, 인권문제입니다. 바이든은 중국에 티베트 문제를 지적했고 달라이 라마와 대화할 것을 촉구했습니다. 하지만 이 세 번째는 받아들여지지 않았습니다. 대통령으로서 바이든은 중국에 2001년에 제시했던 세 가지 원칙을 계속 고수하면서 확대할 것으로 보입니다.

한편 바이든은 상하이 푸단대학 학생들과의 질의응답에서 중요한 교훈을 얻었다고 합니다. 그가 학생들에게 천안문 사건을 어떻게 생각하고 있었는지를 물었을 때 한 학생으로부터 들은 스마트한 대답은, "그들은 중국의 방향을 바꾸려 했으나 실패했고 그러한 변화의 방향과 속도를 결정하는 것은 미국이 아니라 바로 중국인 자신들"이었습니다. 바이든은 "중국의 변화는 반드시 중국 국민으로부터 나와야 하고 외부인들이 할 수 있는 것은 한계가 있다"는 사실을 일깨워주었다고 합니다.

### ⑤ 중국이 신뢰할 수 있는 파트너가 될 수 있을까?

이런 점에서 미국의 외교 엘리트들은 중국이 신뢰할 수 있는 파트너가 될 수 있는지에 대해 심각한 질문을 던져왔습니다. 1990년대나 2000년대 중국이 세계 경제에서 차지하는 비중이 적었을 때는 내부정치체제가 공산주의든 자유민주주의든 별로 중요하지 않았습니다. 그러나 경제규모로 세계 1위가 조만간 가시화되고 있기 때문에 미국은 이제 중국과 힘겨운 싸움을 시작해야 할 것으로 보입니다. 빠르게 성장하는 중국과의 경제적인 협력이 매력적일 수 있지만 생각과 의식구조가 다르기 때문에 신뢰하기 어렵기 때문입니다. 특히 중국이 국가자본주의 모델의 수출에 나서면서 서방과 중국 간 체제 경쟁과 이데올로기 전쟁이 다시 벌어질 것이라는 우려가 높아지고 있습니다.

이런 상황에서 서방 진영은 세 가지 고민에 빠졌습니다. 첫째, 중국과 척을 지지 않으면서 경제적, 기술적 우위를 유지할 수 있을 것인가? 둘째, 민주주의 가치를 부활시키면서 글로벌 협력 관계를 회복할 수 있을 것인가? 셋째, 어떻게 하면 중국의 정치개혁을 유도할 수 있을 것인가?

2005년경 브루킹스 연구소에서 '중국의 부상에 따른 미국의 대중정책'에 대한 논의를 한 적이 있습니다. 논의의 결론은 첫째, 중국이 미국을 뛰어넘는 경제 성장을 저지할 수 없으며, 둘째 중국을 봉쇄정책으로 견제할 수 없고, 셋째, 중국의 대외정책이 향후 미국의 글로벌 전략에 주요한 위협이 될 가능성이 있어 사전에 미국 중심의 질서 내로 유도해야 한다는 결론에 도달했습니다. 그런데 이렇게 인정할 수 있는 전제 조건은 중국이 유사한 정치체제로 변화했을 때 가능하다는 것입니다. 당시 분위기는 중국의 정치체제가 점진적으로 변화할 것이라는 생각이었다는 것입니다. 만일 변화하지 않는다면, 중국은 경쟁자가 아닌 서구의 가치 체계를 위협하는 최대의 적국이 될 것이며 어떻게든 저지해야 한다는 얘기가 됩니다.

## 2) 중국의 3가지 시각

### ① 중국 기업인들의 자유주의적인 문화의 관점

중국에서도 세 가지 입장이 존재합니다. 첫째, 쑨제 씨트립 CEO와 알리바바의 창업자 마윈처럼 중국이 서구처럼 자유시장경제가 되는(정치적으로 민주화되는) 것을 선호하는 집단입니다. 기업인들의 생각은 1980년대~2000년대 초반 중국의 지성계를 풍미했던 자유주의 사상과 맥을 같이 하죠. 미국과 싸울 게 아니라 서구와 같은 금융시장과 인터넷 시장을 개방하자는 주장을 합니다. 알리

| 마윈, 중국 모바일 혁명의 주역 |

바바의 마윈이나 시트립의 CEO로 대표되는 이들은 예나 지금이나 기업이 자유롭게 활동할 수 있는 환경을 원하지요. 그러나 자유주의 사상을 향유한 지식인들은 권력을 갖고 있지 않기 때문에 이들의 주장은 현실성이 떨어집니다.

2003년 미국의 이베이가 중국에 진출했을 때 모두가 중국 전자상거래 시장이 장악될 것으로 예상했지만 결국 마윈의 알리바바가 승리했습니다. 알리바바는 심지어 상하이나 홍콩 상장을 기대한 중국 당국의 생각을 넘어서서 뉴욕에서 기업공개IPO를 성공하기도 했습니다. 이렇게 미국의 안방에서 거대한 자금을 조달한 알리바바는 중국 국가자본주의 첨단산업의 상징으로 우뚝 서게 됩니다.

이후 알리바바는 홍콩의 미디어인 사우스차이나 모닝포스트를 인수했는데요. 이것은 홍콩 언론을 장악하려는 중국 당국이 민영기업인 알리바바를 통해서 구현했다고 볼 수 있습니다. 이렇듯 중국의 민영기업은 정부와 긴밀한 관계를 갖고 있으며, 국가가 쳐놓은 그물 안에 놀고 있는 하나의 새일 뿐이란 것입니다.

이 새가 새장을 벗어나고 싶다고 하면 어떻게 될까요? 2020년 11월 사상 최대규모의 IPO였던 마윈의 앤트그룹이 홍콩, 상하이 상장을 불과 며칠 앞두고 중국 당국에 의해 무산된 것은 좋은 사례였습니다.

2020년 10월 24일 상하이 '와이탄 금융 서밋'에 참석한 마윈은 "중국은 금융시스템이 아예 존재하지 않는 나라인데, 무슨 위기인가"라고 반문하면서 "혁신을 하려 해도 규제가 발목을 잡는다"고 비판했습니다. 한국에서 언론이나 외부 전문가의 규제당국에 대한 비판은 일상적일 수 있지만, 포럼에 참여했던 저우샤오촨 전 중국인민은행장과 천위안 전 국가개발은행장에 의해 마윈은 심혈을 기울인 앤트그룹 IPO를 당분간 포기해야 했습니다.

마윈은 중국에서 국가와 기업의 관계를 잊은 듯 합니다. 국가는 거대한 새장을 쳐놓고, 기업을 그 새장 속에 가둔 것일 뿐이라고 천위안의 아버지인 천윈은 분명히 언급했습니다. 시간이 지날수록 거대해진 새는 국가가 쳐놓은 새장이 점점 좁다고 느껴지면서 새장을 뚫고 밖으로 나가고 싶어 합니다. 그럴 때마다 국가는 강하게 응징을 합니다. 마윈은 그것을 잘못 읽은 것입니다. 이것이 바로 오늘 중국의 국가와 기업의 관계입니다. 이렇듯 중국 정부는 기업과 시장을 만능으로 생각하고 있는 자유주의 사상에 물든 기업가들을 이런 방식으로 적절하게 길들이면서 통제하고 있습니다.

### ② 시진핑의 1인 통치 및 상하이방, 공청단의 집단지도체제

두 번째는 시진핑 정부입니다. 시진핑은 1인 중심의 권위주의적 통치를 장기화하길 바라죠. 2049년을 목표로 서구와 힘을 겨루는 등 자신감을 보여주고 있습니다. 시진핑은 미국과의 갈등은 필연적으로 보고, 중국몽이란 목표를 이루기 위해서는 1인 장기집권이 필요하다고 주장하고 있어요.

세 번째는 상하이방과 공청단입니다. 시진핑의 라이벌로서 집단지도체제를 통한 중국 권력 분할의 복귀를 선호하는 그룹이죠. 이들은 미국과의 대결구도는 성급했고, 도광양회로 더 유연하게 대처했어야 했다고 비판합니다. 이들은 집단지도체제로 회귀를 원하고 있죠.

힘이 없는 기업인 등 일부 자유주의 세력을 제외한다면, 권력을 갖고 있는 시진핑 정부와 상하이방, 공청단은 모두 중국 공산당원입니다. 굳이 서구식 민주주의 체제인 다수당제를 받아들여 기득권을 포기할 이유가 없다고 생각하죠.

중국 공산당의 정치적 정당성(통치의 정당성)은 세 가지에 근거하고 있습니다. 첫째는 서양 및 일본 제국주의와 전쟁에서 승리한 것(반제국주의)으로 마오쩌둥의 공입니다. 둘째는 전제왕정에서 사회주의 국가로 이행한 것(반봉건주의) 또한 마오쩌둥의 공입니다. 셋째는 최근 30년간의 놀라운 경제 성장으로 덩샤오핑의 업적으로 알려져 있습니다.

중국에서는 꺼내서는 안 되는 두 가지 이슈가 있습니다. 문화대혁명과 천안문사태죠. 문화대혁명이란 엄청난 과오에도 중국인들이 마오를 존경하는 이유는 공적이 70%, 과오가 30%라는 마오쩌둥에 대한 평가 때문이었습니다. 특히 천안문사태가 발생하고 수십 년이 지난 이후 중국 사람들은 자신들이 순진했다고 평가했다고 합니다. 정치개혁을 동시에 추진했던 소련은 해체되어 1990년대 엄청난 혼란과 경제적 충격을 경험했고, 그 후에 약간의 회복을 했지만 영원히 G2의 지위를 잃어버리고 말았죠. 반면 중국은 정치개혁 없이 국가 주도로 경제 개혁을 추진하면서 세계 2위의 경제 규모를 얻을 수 있었습니다. 이것이 양쪽 극단적인 좌파와 극단적인 우파의 행동을 저지할 수 있었습니다. 여러 가지 과정에서 실수가 있었지만 중국 공산당은 지난 70년 동안 경제 성장이라는 약속을 지킨 셈이죠. 중국 공산당 정부의 정치적 정당성은 이러한 역사에 근거하고 있습니다. 그러나 최근 코로나19 사태에서 발생한 리원량 의사 사태 등은 이러한 정당성에 균열을 내기 시작했습니다.

### ③ 중국 정치철학의 변화

중국이 1978년 개혁·개방에 나서면서 지난 40년간 중국 정치철학의 담론도 변했습니다. 1980년대 이후 신좌파(중국식 사회주의)와 함께 자유주의, 신유학이 경쟁해왔는데요. 개혁개방 이후 자유주의 정치철학이 부각되었지만, 1989년 천안문 사태 이후 상황은 완전히 변했습니다. 특히 1990년대 중국 전통과 근대화에 대한 반성과 재평가와 반성으로 '신유학'이라고 하는 유교가 핵심 사상으로 부각됐습니다.

1980년대는 중국 문화를 비판하면서 서양 문화를 긍정하는 자유주의 사상의 흐름이 강했습니다. 개혁개방과 함께 글로벌화한 자본주의 체제에 적응해야 하는 중국은 처음에 기존의 사회주의적인 생각을 어느 정도 포기해야 했습니다. 그러나 1990년대 초 동아시아의 성장 모델에 대한 재평가와 더불어 중국에서도 전통 사상에 대한 반성과 재평가가 시작됩니다. 특히 근대화의 장애물은 유교가 아니라고 강조하면서 『프로테스탄트 윤리와 자본주의 정신』 속 막스 베버의 생각에 저항합니다. 기독교뿐 아니라 유교 또한 자본주의 발전에 굉장히 유리했다는 거죠.

단순히 1980년대에 대한 반동이 아니라 소련 붕괴, 냉전 시대의 해체, 글로벌화의 강화에 맞물려 근대화에 대한 반성과 함께 중국 민족주의가 부활합니다. 『문명의 충돌』, 『역사의 종언』 같은 책과 동아시아 네 마리 용의 등장으로 '아시아식 자본주의' 논의가 중국인들에게 큰 자극을 주었고, 1990년대부터 경제 성장이 본격화되면서 자기 회복, 자기 긍정이 시작된 것이죠.

유학 담론을 부활시키려는 신유학의 흐름뿐 아니라 신좌파의 흐름도 1990년대 생겨났습니다. 신좌파는 자유주의를 비판하면서 사회주의를 다시 소환합니다. 자본주의를 통해 경제 성장을 하면서 드러난 문제점에 대한 이의 제기에서 비롯된 것이지요. 서구 지향적인 자유주의자들에게 신좌파가 목소리를 내기 시작한 것도 신유학이 출현한 것과 비슷한 맥락에서 이해할 수 있습니다. 특히 2008년 미국에서 시작된 경제위기를 분기점으로 신유학파와 신좌파가 주류로, 자유주의 사상의 퇴조로 특징지어집니다. 미국이 주도하는 세계가 끝나고 있다, 이제부터 중국식으로 가겠다고 생각하기 시작한 것입니다.

특히 베이징 올림픽 개·폐막식에서 공자를 띄운 것은 중요한 선언이었습니다. 중국몽은 2012년 나온 시진핑의 사상이지만 그 이전부터 존재한, 중국식으로 가겠다는 생각에서 비롯한 것이고,

**| 중국 정치철학의 변화 |**

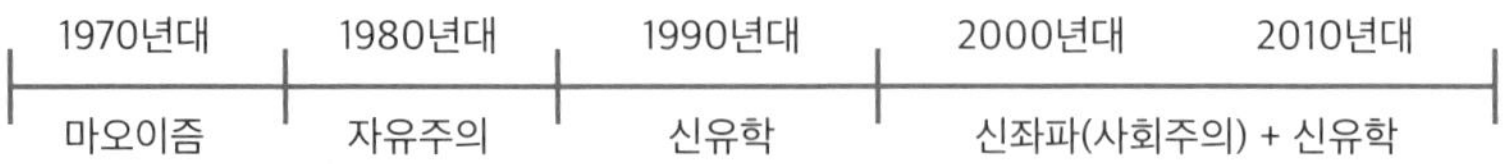

| 1970년대 | 1980년대 | 1990년대 | 2000년대 | 2010년대 |
|---|---|---|---|---|
| 마오이즘 | 자유주의 | 신유학 | 신좌파(사회주의) + 신유학 | |

이것이 '신유학'이라는 하나의 집단으로 형성됐습니다.

중국 정치철학의 변화를 시기별로 구분해보면, 1970년대까지 마오쩌둥의 사상을 담은 마오이즘에서, 1980년대 개혁개방과 함께 자유주의 사상이 유입되면서 천안문 사태까지 커다란 흐름을 만들어냈습니다. 그러나 1990년대 이후 신유학이 부상하면서 2000년대는 신좌파(사회주의 사상)와 신유학이 뒤섞인 채로 발전하게 됩니다. 특히 베이징 올림픽 이후부터 신유가가 커다란 영향력을 가진 담론으로 부상하면서, 자유주의와 신좌파 사회주의 사상을 포괄하는 방식으로 진행됩니다. 따라서 근대 이전의 중국이 유가와 법가를 통해 국가를 통치했다면 2020년대 현재는 신유학과 사회주의가 주된 정치철학이라고 보여집니다.

중국이 향후 글로벌 문화를 리드할 소프트파워를 구상한다면 사회주의와 더불어 유학이 근간이 될 수밖에 없습니다. 유학이 장차 국가 이데올로기가 되리라는 점은 장담할 수 없으나 문화적 영향력은 무시할 수 없는 부분이죠. 그러나 현대 중국 정치철학의 뿌리를 이루는 신유학은 동중서董仲舒가 해석한 유학에서 비롯한 것입니다. 동중서는 유교를 제국의 통치철학으로 만든 기원전 2세기 한漢나라 때 관료입니다. 2000년대 중국 공산당이 2000년 전에 동중서가 해석한 신유학을 정치이데올로기로 선택한 이유는 그가 정립한 유학의 권위주의적 이데올로기가 효과적이었기 때문입니다. 그는 단명한 진秦나라를 보면서 법가만으로는 국가를 통치하기 어렵다고 주장했습니다. 외면은 유학으로 되어 있지만, 내용은 법가를 따르는 거대한 통치 이데올로기를 만든 사람이 바로 동중서입니다. 이러한 신유학의 영향력은 시진핑이 2013년 공자묘를 방문해 제사를 지내는 등 더욱 커지고 있습니다.

### ④ 2049년 중국 중심의 천하질서로 회귀

한편 천하질서라는 개념은 시진핑이 내놓은 '인류운명공동체'라는 것과 맥이 통하고 '중화민족의 위대한 부흥'이라는 국가적 목표와 연결되어 있습니다. 천하질서는 서구의 자유주의적 근대국제질서를 대체하는 근대 이전 중국을 중심으로 주변부와 연결했던 동아시아의 세계질서를 말합니다.

'천하질서'라는 개념은 조공, 사대라는 단어들이 떠오르면서 한국인들을 매우 불편하게 만듭니다. 근대적 천하질서를 제시한 자오팅양趙汀陽에 따르면 "과거의 조공질서에서 위계성을 떼어내고 평화의 문제를 고민하면 서구가 주도한 세계질서보다 진보적인 질서를 구성할 수 있다"고 주장합니다. 그러나 한국인의 입장으로서 이는 굉장히 이상적이고 변명조로 들립니다.

중국이 서구식 근대국제질서에 편입된 이후 동아시아 패권이 일본으로 넘어가면서 중국인들은 정체성의 혼란에 빠진 것 같습니다. 조공국이었던 국가들이 모두 떨어져나가 제각각의 길을 간데다 주변국이던 일본이 산업화로 거대한 제국으로 확장하면서 중국을 침략하기도 했습니다. 수천 년간 유지되어온 국제정치질서의 변화로 오욕의 세월을 보낸 중국이 다시 힘을 되찾으면서 과거로 돌아가고 싶어 하는 것으로 보입니다. 중국이 모색하는 새로운 천하질서를 '패권국과 주변국 간의 역할 차이를 인정하면서 상호 혜택을 주고받는 새로운 국제질서'로 이해할 수 있겠으나 기존의 익숙한 서구의 근대국제질서에 대한 근본적 도전일 수 있기에 불편함과 꺼림직함을 느끼는 겁니다.

서구의 근대국제질서는 형식적인 의미에서 국가 간 평등한 권리Sovereign(일정 영토 내 폭력을 독점하는 권한 보유)를 기초로 합니다. 이러한 서구의 근대가 만들어낸 형식적 평등은 실제적으로는 지켜지지 않을 때도 많았지만 이를 근거로 작은 국가들의 스스로 운명을 결정할 수 있는 권한과 중요한 국제연합의 원칙으로 발전하게 되었습니다.

그러나 중국의 천하질서는 이웃을 강압하는 패도覇道가 아닌 도덕과 인의의 왕도王道로 구축되는 세계 질서를 강조합니다. 그러면서 천하사상과 왕도주의를 연결합니다. 왕도를 실현하면 그것이 본보기가 돼 밖으로 감화된다는 겁니다. 태양이 있고 위성들이 존재하는 형태를 얘기하는 건데요. 중국에서 천하질서를 말하는 사람들과 서구가 만든 근대질서에 익숙한 사람들의 생각은 평행선일 수밖에 없습니다.

한국은 지난 2000년 동안 중국의 천하질서에서 함께 살아온 경험을 갖고 있는 데다, 지난 100년은 미국과 함께 살았던 경험을 동시에 보유하고 있는 매우 특별한 국가입니다. 또한 어느 국가보다 유학에 충실했던 나라이면서, 또한 동시에 그것을 벗어나 많은 나라들이 부러워하는 정치적 민주주의와 경제 성장을 이룩한 나라입니다. 이런 상황에서 우리는 미국과 중국이 추구하는 국제질서, 두 가지 옵션이 주어진다면 어느 쪽을 선택할까요? 중국이 제시하려는 사회가 현재 서구 민주주의 체제의 대안이라면, 한국을 설득해야 합니다. 이런 특성을 가진 한국은 중국의 천하질서든 미국의 근대국제질서든 객관적 평가를 내릴 가장 좋은 경험과 조건을 갖추고 있기 때문입니다.

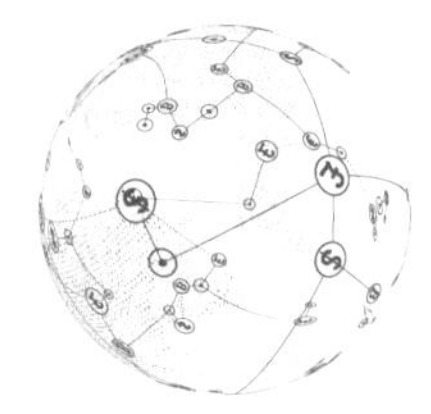

## 무역과 IT 기술 전쟁을 넘어 전방위적인 갈등 확산

### 1) 무역 전쟁: TPP 재건과 글로벌 밸류체인 변화

2008년 금융위기는 미국에서 발생했지만 유럽을 비롯해서 중국, 신흥국 등 전 세계의 공조에 힘입어 극복할 수 있었습니다. 그러나 최근 많은 선진국들의 정치적 분위기가 '세계화'에서 '고립주의와 자국 중심주의'로 바뀌면서 2008년 같은 글로벌 공조의 가능성은 크지 않아 보입니다. 2020년대 미중 갈등은 더욱 첨예해질 것이고 수십 년간 세계 경제 성장을 리드했던 글로벌 교역이 타격을 받게 될 전망입니다.

무역 측면에서도 바이든 정부의 대중국 통상정책은 트럼프 시절과 질적으로 크게 다르지 않습니다. 우선 바이든 정부는 계속되는 인플레이션 부담으로 대중 관세를 철회할 예정입니다. 액면으로는 중국에 우호적인 행동이지만 개별기업에 대한 제재, 첨단 산업 관련 제재는 더욱 강화될 것으로 보입니다. 거기에 바이든 정부는 TPP(환태평양경제동반자협정) 재가입을 통해 중국을 제외한 아시아-태평양 지역과의 무역협정을 통해 중국을 견제하려고 할 것으로 예상됩니다.

또한 화웨이 등 IT 기술 산업에 대한 제재는 더욱 강화될 가능성이 높아 보입니다. 코로나19로 정부의 구제금융을 받는 미국 기업들은 세금으로 지원을 받았으니 회사를 미국이나 동맹국으로 옮

**| 글로벌 밸류체인의 변화 |**

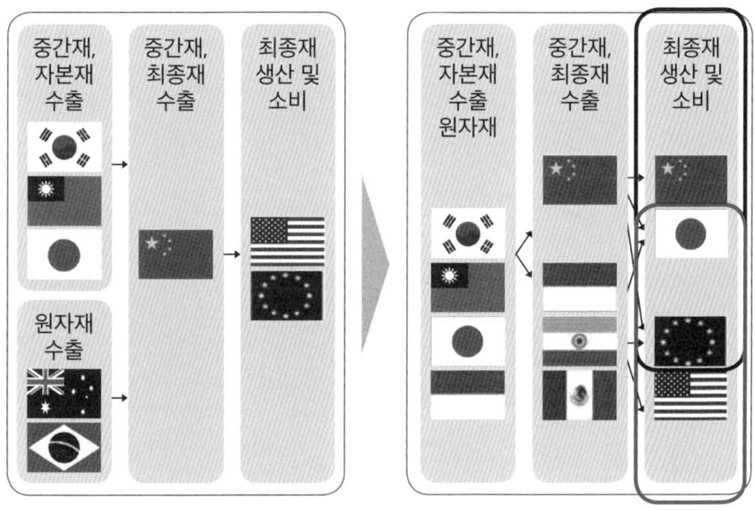


◈ 출처 : NH투자증권 리서치본부

기라는 요구를 강하게 받게 될 수도 있습니다. 화웨이는 미국에서 영업하기 어려워질 것이며, 헤게모니를 둘러싼 미국과 중국의 갈등은 정보통신 분야를 넘어 다차원적으로 확산될 가능성이 커보입니다.

### ① 차세대 핵심 기술 산업의 디커플링 압박과 글로벌 밸류체인의 변화

미중 갈등이 심화되면서 글로벌 무역환경은 지역경제블록으로 재구축되고 있습니다. 특히 코로나19 사태와 우크라이나 전쟁으로 각 국가들이 공급망 단절을 경험하면서 위기관리 능력과 복원력을 갖춘 공급망 확보와 함께 고부가가치 상품, 친환경 중심의 새로운 글로벌 밸류체인의 요구가 높아지고 있습니다. 이러한 상황에서 2020년대 글로벌 밸류체인은 USMCA협정 및 RCEP(역내포괄적경제동반자협정) 등의 지역화 및 리쇼어링이 강화되고 북미, EU, 아시아 태평양을 중심으로 한 산업의 생산 공급망을 자국 내 구축하는 방향으로 전환될 것으로 예측됩니다. 또한 외부 충격에 탄력적으로 대응하기 위해 대체 생산망과 효율적 재고 관리 시스템 구축으로 안정적으로 수급이 가능한 밸류체인을 형성할 것으로 보입니다.

이런 상황이 지속된다면 코로나 사태를 빌미로 중국에 집중된 글로벌 공급망을 다변화하려는 움직임이 더욱 빨라지는 가운데,

| FTA보다 인접 지역의 RTA가 더 활성화 |

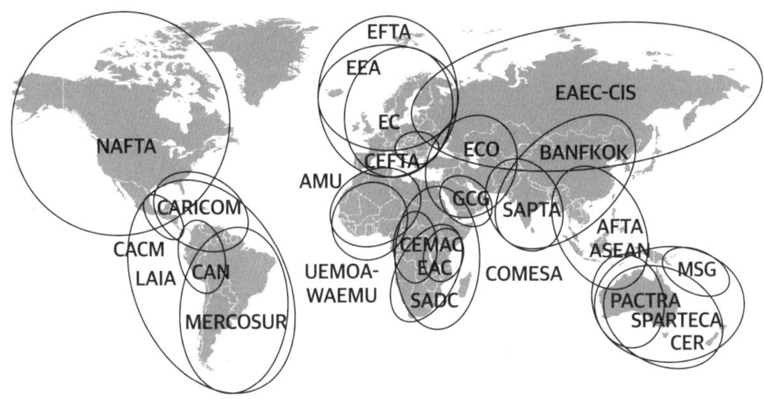


◈ 주 : 주: FTA는 Free Trade Agreement, RTA는 Regional Trade Agreement

◈ 출처 : Science Direct, NH투자증권 리서치본부

| NTFR(Near to Far Ratio) 지수 변화 추이 |

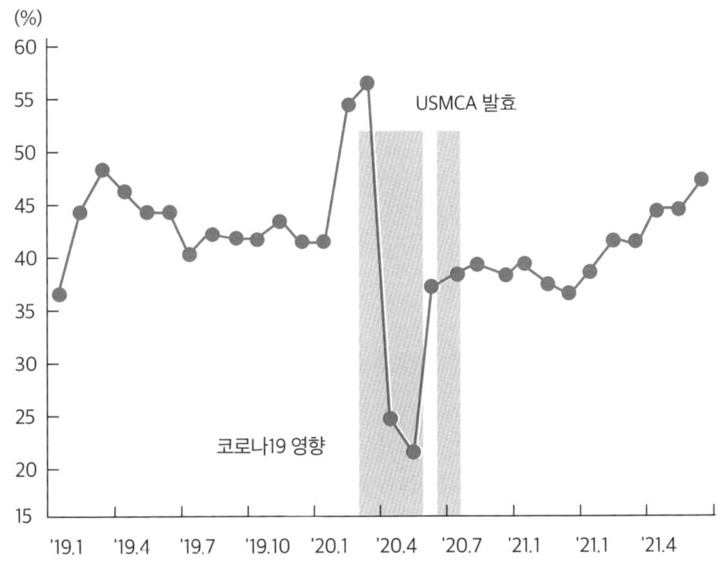


◈ 주 : NTFR지수는 미국의 멕시코 수입규모 대 아시안 LCC 국가 수입 규모 비율. LCC는 인도, 인도네시아, 필리핀, 베트남으로 구성.

◈ 출처 : United States Int'l Trade Commission, Department of Commerce, NH투자증권 리서치본부

미국과 중국이 신냉전과 같은 상태로 냉각되면서 양극 체제 중심으로 다시 재편될 가능성도 있습니다. 미국은 핵심 밸류체인에서 중국을 배제하려고 할 것이고, 중국은 RCEP와 같이 미국을 뺀 유럽, 일본, 신흥국들과 성장을 도모할 가능성이 커집니다.

팀 쿡 애플 CEO와 스티븐 로치 전 모건스탠리 수석 이코노미스트는 중국의 선전 지역에 최적화되어 있는 애플 공장을 다른 지역으로 옮기는 것은 좋은 선택이 아니며 디커플링은 불가능하다고 주장합니다. 그러나 1985년 플라자 합의에서 독일과 일본이 평가절상 요구를 수락할 수밖에 없었던 것처럼 정치적, 지정학적인 이유로 최선이 아닌 차선을 찾을 수밖에 없는 상황이 만들어질 가능성이 높아지고 있다고 판단됩니다.

### 2) IT 기술 전쟁: 자만에 빠져 있던 미국에 스푸트니크적 모멘트 발생

중국의 화웨이와 틱톡, AI와 드론 등 4차산업기술은 자만했던 미국에 '스푸트니크적Sputnik 충격'을 주면서 IT 기술 전쟁을 가속시킬 것으로 판단됩니다. 스푸트니크적 충격은 기술 우위를 확신하던 선발 국가가 후발 추격국가의 기술 우위에 충격을 받는 사건을 말합니다. 1957년 10월 소련이 최초의 인공위성을 쏘아 올리는 데

**| 5대 첨단 부문 미중 향후 잠재력 비교 |**

| | 총평 | 정부지원 | 시장 점유율 | 질적 지표 (특허, 논문) | 양적 지표 (설비, 인력) | 부문별 총합 | 역전 가능성 |
|---|---|---|---|---|---|---|---|
| **5G** | 중국 우세 | 미1, 중2 | 미2, 중3 | 미1, 중3 | 미1, 중3 | 미5, 중11 | 낮음 |
| **신재생 에너지** | 중국 우세 | 미2, 중3 | 미2, 중3 | 미2, 중2 | 미1, 중3 | 미7, 중11 | 높음 |
| **AI** | 중국 소폭 우세 | 미2, 중3 | 미3, 중2 | 미3, 중2 | 미2, 중3 | 미10, 중10 | 높음 |
| **항공우주** | 미국 우세 | 미1, 중2 | 미3, 중1 | 미3, 중2 | 미3, 중1 | 미10, 중6 | 중간 |
| **반도체** | 미국 우세 | 미3, 중3 | 미3, 중1 | 미3, 중1 | 미3, 중2 | 미12, 중7 | 낮음 |

◈ 출처 : 국제금융센터 재인용, NH투자증권 리서치본부

성공하면서 미국 정부와 미국인들은 엄청난 충격을 받았습니다. 이에 따라 미항공우주국NASA이 창설되고 아폴로 계획을 추진하는 등 소련과 무한 우주경쟁을 하게 된 배경이 되었습니다.

중국 IT 플랫폼 기업들은 2000년대 초반 중국 시장을 개방할 당시, 미국의 아마존, 구글, 이베이의 비즈니스 방식을 중국에 맞게 변형하면서 시장 점유율을 높였습니다. 이후 중국 시장에서 미국의 IT 플랫폼 기업들이 철수하면서 중국 기업들은 중국 내 강력한 사업 기반을 바탕으로 자가발전을 해왔습니다. 해외에서 국가별

장벽을 뛰어넘을 정도의 경쟁력을 갖추진 못했지만, 기술등록에서도 미국에 이어 1~2위를 차지하고 있어 이런 속도가 이어진다면 기술격차를 빠르게 따라잡을 것으로 보입니다.

미국에서 유행하던 비즈니스 방식을 모방해서 중국에 도입한 것이 알리바바와 텐센트라고 한다면, 중국에서 시작되어 세계적으로 히트를 친 상품은 화웨이와 틱톡이 처음입니다. 화웨이와 틱톡은 이러한 중국 기업에 대한 인식을 완전히 바꾸는 스푸트니크적 충격을 가져왔습니다. 미국에서는 1950년대 소련을 무시했듯이, 최근까지도 중국의 기술을 무시했었습니다. 그런데 AI를 비롯, 4차산업의 핵심 기술과 비즈니스에서 중국 기술이 급부상하면서 전반적인 패권을 상실할 것에 대한 우려가 높아진 것입니다.

이러한 중국의 기술환경은 알리 페이 등의 모바일 거래처럼 중간산업을 뛰어넘으면서 기득권 산업과의 마찰이 적은 후발주자의 장점을 반영한 점도 있습니다. 그러나 기술 발전을 위해서라면 개인의 권리 보호는 쉽게 무시되는 정치체제의 특징도 중요한 역할을 하고 있습니다. 이렇게 별다른 제한이 없는 실험이 가능한 중국은 2016년 알파고와 커제의 대국 이후 엄청난 AI 빅데이터를 수집해오면서 높은 글로벌 경쟁력을 보유하고 있다고 봅니다.

AI 연구와 빅데이터 수집은 중앙정부가 지침을 내리고 하위직 관료들은 무조건 명령을 따르는 중국식 국가주도의 경제개발 계획이 훨씬 유리합니다. 기술발전기금 지원 시 기술 오남용에 대한 비판을 받고 있는 미국과 달리, 그런 비판에서 자유롭고 정부의 막대한 자금지원으로 실패가 용인되는 중국의 AI 연구가 훨씬 유리한 환경을 갖고 있다는 뜻입니다.

예를 들어 알리바바의 시티 브레인으로 교통흐름을 최적화하려면 도시 전역에서 비디오 피드를 무한정 공급받아야 합니다. 각 지역에 CCTV를 통해 안면인식 등 개인정보가 포함된 대규모 정보를 수집하는 데 서방국가에서는 이 일이 쉽지 않습니다. 이런 가운데 딥러닝 같은 혁신적인 기술은 논문을 통해 실시간으로 후발 국가 연구진들에게 핵심 이론들이 공개됩니다. 이러한 빠른 기술변화와 시장화, 손쉬운 자료 수집과 규제가 약한 연구환경은 중국의 4차산업 기술이 빠르게 부상할 수 있도록 지원하고 있습니다.

차세대 AI칩을 만드는 파워와 아마존 등 첨단 기업들의 AI에서는 아직까지 미국이 중국에 70대 30으로 앞서 있다고 평가받고 있지만 빠르게 추격하는 중국이 미국을 앞서게 될 날이 머지 않았다는 전망이 많아지고 있습니다.

그렇기 때문에 미국은 첨단 기술에 핵심이 되는 중국의 반도체와 5G 통신장비에서는 확실하게 중국의 부상을 차단하려고 할 것으로 보입니다. 화웨이에 대한 반도체 공급을 차단하고 최대 반도체 파운드리(위탁생산) 업체인 SMIC(중신궈지·中芯國際) 등의 자체 반도체 생산에 사용할 수 있는 장비 공급을 차단하는 것이 대표적인데요. 미국의 기술을 사용해서 만든 반도체의 화웨이 공급을 차단하는 것입니다. 미국은 '클린 네트워크'와 '민주주의 정상회담'을 통해 중국의 IT하드웨어의 굴기를 확실히 제어하려고 모색할 것으로 봅니다. 중국은 SMIC를 중심으로 자체 반도체 개발에 나설 것으로 보이지만 외부기술과 지원이 차단된 가운데 얼마나 기술 자립을 이룰 수 있을지 의문이 되고 있습니다. 이러한 중국 5G 통신장비와 반도체 굴기를 차단하는 것이 우리나라 업체들에게는 어부지리가 될 가능성도 높아지고 있습니다.

미국은 중국 최대 반도체 파운드리 업체인 SMIC와 세계 최대 드론 제조업체 SZ DJI(다장) 테크놀로지 등 중국 IT 핵심기업들을 블랙리스트에 올리면서 대중 공세의 고삐를 늦추지 않고 있습니다. 이러한 중국 테크산업에 대한 견제는 바이든 정부에서도 이어질 것으로 봅니다. 특히 차세대 이동통신망에서 중국 업체를 배제하기 위한 노력이 계속될 것으로 생각됩니다. 2020년대 중국을 놔둔다면 중국이 기술패권을 통해 세계를 지배할 가능성이 높기 때문에, 미국은 중국 기업에 대한 제재와 압박은 높은 수준에서 지속될 것으로 보입니다.

미 상무부 역시 미 첨단기술이 갈수록 호전적인 적국의 군사력 건설을 돕도록 허용하지 않을 것이라고 분명히 지적했습니다. 미국 국무장관 토니 블링컨Tony Blinken도 기술 민주국가와 기술 독재국가 간 단층선을 따라 일정 정도 분열되고 있다며 동맹과 함께 중국에 맞서야 한다는 점을 강조한 바 있습니다. 중국이 늑대를 피하려다 호랑이를 만날 수 있다는 분석이 나오는 이유입니다.

### 3) 중국의 일대일로 vs. 미국, 일본, 호주, 인도의 쿼드

중국의 외교 전략은 일대일로로 대표됩니다. 일대일로는 중국 주도하에 35년 간(2014~2049) 고대 동서양의 교통로인 현대판 실크로드(내륙과 해상)를 다시 구축해, 중국과 주변 국가의 경제·무역 합작 확대의 길을 연다는 대규모 프로젝트입니다. 그러나 일대일로를 통해 에너지와 식량 확보 등 자급자족이 어려운 원자재를 확보하고 수출을 통한 글로벌 시장을 개척하겠다는 것이 중국의 속내지요. 중국식 경제개발 방식China Concensus을 수출하면서 미국의 국제질서에 도전장을 내민 것입니다. 이에 따라 중국은 기존 미국과 갈등을 빚고 있는 국가들뿐 아니라, 자금 지원이 필요한 저개발국가를 중심으로 지역에 대한 영향력을 확대하고 있습니다.

미국과 중국의 갈등은 외교와 군사적인 측면에서도 심화되고 있습니다. 특히 남중국해와 대만 해협에서 양국의 무력 시위가 계속되고 있는 데다, 2020년 말에는 영국의 항공모함까지 이 지역에 투입되면서 서방 진영과의 갈등이 심화되고 있습니다. 미국은 2020년에 열두 번 정도 대만해협에 진입하면서 중국을 견제하는 '항행의 자유' 작전을 수행했는데요. 이 지역에 대한 해당 국가들의 영향력 확대와 관련해서 긴장감이 고조되고 있습니다

미국과 일부 아시아 주요 대국이 주도하는 '자유롭고 개방적인 인도-태평양 전략'은 각국의 이익 관점에서 출발해 점차 동맹으로 발전하는 신형 지역 전략인데 이것이 역외 국가인 영국의 참여로 글로벌 수준의 반反 중국 네트워크로 진화할 수 있다는 것입니다. 영국은 영어권 및 영연방 국가 중 핵심 국가로, 영국의 반중 전략은 영연방 나라들엔 물론 영어를 사용하는 세계 모든 국가에 마치 '모델' 역할을 할 수 있지요.

영국은 또 나토의 중요 국가입니다. 인도-태평양 전략에 합류하기를 바라는 프랑스 및 독일 등과 함께 향후 범태평양 및 범대서양 차원의 서방국가 간 동맹을 결성해 중국에 대항하는 중요한 걸음을 항모 파견으로 내딛게 된 것입니다. 이처럼 영국의 참여는 과거 '아시아 회귀'를 계획했던 조 바이든 미 대통령 당선인의 새로운 대중 전략과 맞물려 중국에 대해 전략적이고 장기적인 위협이 될 것으로 보여집니다

미국은 '클린 네트워크'와 '민주주의 정상회담'을 통해 동맹과 연대하여 중국을 다양한 외교 · 군사적 차원에서 압박하는 방식을 사

용할 것으로 전망됩니다. 미국이 중거리 탄도미사일을 서태평양인 한국과 일본, 대만에 배치하게 된다면 중국이 강력히 반발하면서 제2의 쿠바 미사일 위기가 재현될 가능성도 배제할 수 없습니다.

대만의 독립을 희망하는 2기 차이잉원 정부가 출범하면서 미국은 대만과의 관계 격상을 모색할 것으로 보입니다. 미중 갈등이 격화되면서 민주당의 아미 베라Ami Bera 하원의원과 공화당의 테드 오호Ted Yoho 하원의원은 대만 지지 법안Taiwan Fellowship Act을 통과시켰는데요. 지역 안보회의에서 대만을 참가시키고, 민주주의 국가들끼리 지원 방법을 모색하며, 대만과 동맹수준으로 관계 격상을 모색하는 내용을 담고 있습니다.

실제로 2020년 3월 말에 대만의 국제활동을 지원하는 타이베이법, "대만의 안전과 번영에 손실을 주는 국가에 대해 미 행정부가 해당 국가와의 관계 조정을 검토하고, 국제기구에서 대만의 참여를 지원한다"는 내용에 대해 트럼프 대통령이 서명했고 이후 WHO에 대만 가입을 지원하면서 중국과 갈등을 빚기도 했습니다. 그 외에도 타이완 동맹보호 강화법, 대만 여행법 등과 미 국방부가 대만을 국가로 표기하는 등 대만에 대해서 미국의 본격적으로 강한 정책적 지원이 예상되고 있습니다.

2021년 7월 1일 중국은 공산당 창당 100주년 행사를 통해 전면적인 소강사회 달성은 물론, 2049년 중국이 부강한 나라가 되는 대

| 시진핑, 2049년 대동사회 선포 |

동사회(중국몽)를 달성할 것이라고 선포했습니다. 한편 미국의 바이든 대통령은 이때부터 민주주의 국가들의 단합을 유도해왔습니다. 중국은 미국의 연합에 대응하여 한국과 일본을 중국이 주도하는 지역 가치 사슬에 묶는 외교 전략을 추진하고 있습니다. 화웨이 배제를 둘러싸고 전 세계 많은 미국의 동맹국들이 '클린 네트워크' 참여를 고민하는 것도 이러한 맥락의 일환으로 판단됩니다.

### 4) 중국 당국이 가장 우려하는 대상은 BTS

문화적인 냉전도 이미 시작된 것 같습니다. 중국은 인터넷에 대한 통제를 통해 중국인들이 서양의 자유주의 문화와 사상이 확대되는 것을 차단해왔습니다. 2020년 하반기에 발생한 여러 가지 사건들은 중국 내 검열기관이 이러한 자유주의 문화가 확대되는 것을 얼마나 두려워하는지를 역설적으로 보여주고 있는 것 같습니다.

중국은 개방과 통제라는 모순된 두 개의 잣대가 함께 작동하는 복잡한 시스템이죠. 중국은 지난 40년간 개혁개방을 통해 엄청난 성장과 발전을 이루었지만, 2003년부터 인터넷 감시 검열시스템인 '만리 방화벽Great Firewall of China' 프로그램을 운영하고 있습니다. 국가체제 및 사회의 안정을 이유로, 민감한 콘텐츠에 대해서는 정부가 외부로부터 들어오는 트래픽을 차단하는 것이죠.

중국의 국가보안법 및 반간첩법, 반테러법 규정에는 국가체제 및 사회안정을 해치는 행위에 대해 모든 기관, 기업 및 개인을 막론하고 엄격한 처벌 규정이 제시되어 있습니다. 예를 들어 중국 반테러법에는 "통신 서비스 운영자와 인터넷 서비스 제공자는 공안기관과 국가안전기관의 법에 따른 방범과 테러 조사를 위한 접속 기술과 암호 해독 등의 기술지원과 협조를 제공해야 한다"라고 규정돼 있습니다. 과거에는 사람이 일일이 투입되어 민감한 콘텐츠를 검열했지만, 지금은 AI 검열 로봇이 트래픽을 자동으로 차단하고 있습니다.

시진핑 주석은 여러 차례 중국 인터넷 주간 행사에서 "통제 가능하고 개방된 인터넷 환경을 견지해야 한다"고 강조한 바 있습니다. 얼핏 듣기에는 모순적인 말이죠. 하지만 그 내용은 매우 간단명료합니다. 중국 정부가 규정한 '레드라인(민감한 콘텐츠)'을 넘지 않는 범위에서 개방하겠다는 것이죠. 여기서 말하는 레드라인은 단순히 중국을 비방하고 중국인을 폄하하는 것을 넘어 일국양제의 정치 시스템과 국가주권 문제부터 역사 인식, 문화적 정서까지 매우 다양한 분야의 민감한 콘텐츠를 의미합니다.

2008년 이후 중국은 여러 가지 이데올로기 전략을 통해 이러한 문화 전쟁을 수행하고 있습니다. 그중에 대표적인 것이 공자학원으로 대표되는 중국의 권위주의적인 전통 문화를 끄집어내어 현재 권위주의적인 통치구조의 정당성을 부여한 것입니다. 또한 영화 등의 도구를 통해 통치 이데올로기를 홍보하고 있습니다. 2010년대 제작된 영화 「공자」가 대표적인 사례입니다. 또한 「전랑」, 「엽문」 시리즈 등 이러한 이데올로기를 담은 영화들을 통해 현재 정치체제의 정당성을 홍보하고 있습니다.

이런 측면에서 중국 당국이 가장 두려워하는 대상은 BTS가 아닐까 생각됩니다. 선한 영향력이라는 BTS의 노래가 던지는 메시지는 미국에서는 2020년 6월 흑인인종차별에 대한 저항, 아르메니아에서는 전쟁에 대한 반대, 평화 메신저의 역할을 할 수 있었습니다. BTS의 음악에는 정의롭지 못한 사회의 불합리한 권위에 대한 도전이 전반에 깔려 있습니다. 마치 1960년대 서구 자유주의 문화를 통제해야 하는 공산주의 국가들의 고민을 2020년대에 다시 중국 당국을 통해 보는 것 같습니다.

중국 당국은 BTS의 영향력이 공산주의 기득권에 대한 저항으로 나타날까봐 긴장하는 듯 보입니다. 2020년 하반기 BTS와 중국의 갈등은 BTS를 좋아하고 그들의 음악을 듣는 중국의 젊은이들에게 경고한 것입니다. BTS는 밀레니엄 세대가 갖고 있는 꿈과 희망과 좌절을 노래하고 있는데, 이것이 팬덤인 아미를 전 세계로 확대했던 주요한 성공 원인이었습니다. 아미의 구성이 인종과 국가를 초월한 거의 모든 문화권을 포괄하고 있다는 것은 매우 놀라운 일이기도 합니다. 마치 과거 미국과 소련의 냉전 시기, 비틀스가 냉전을 해체하는 데 중요한 역할을 했던 것을 떠올리게 하지요. 과연 중국 당국은 이러한 자유주의적인 문화를 향유하고 있는 중국의 젊은이들을 앞으로도 효과적으로 통제할 수 있을까요?

### 5) 금융시장, 디지털 위안화와 달러 패권의 문제

중국 정부가 금융시장을 적극적으로 개방하면서 위안화 강세와 많은 해외 자금이 유입되고 있습니다. 코로나 팬데믹에도 불구하고 올해 외국인은 본토 주식시장에서 150억 달러의 순매수세를 기록하고 있습니다. 미중 패권분쟁과 같은 불확실성 요인에도 불구하고 글로벌 지수의 편입 확대, 위안화 강세, 경기 회복 사이클 덕분에 중국 주식/채권에 대한 외국인 순매수세가 유지되는 것입니다.

글로벌 주식과 채권 지수에서 중국 비중은 빠르게 확대되고 있습니다. MSCI/FTSE 신흥 지수에서 중국 본토 증시 비중은 지속적으로 확대되는 가운데 2021년 10월부터 세계 국채지수$_{\text{WGBI}}$에 중국이 편입되면서 연초 이후 중국 채권시장으로의 외국인 순매수 유입은 900억 달러에 달하고 있습니다.

위안화 강세는 중국 자본시장 개방과 맞물려서 주식시장으로의 외국인 자금 유입에 기폭제가 되고 있습니다. 2020년 위안화 환율은 달러당 6.5위안으로 절상되었는데 중기적인 관점에서 6.2위안까지 절상될 수 있습니다. 중국 위안화 강세는 달러 약세, 중국 경기회복, 중국 자본시장 개방이라는 동력을 확보하고 있는 데다 바이든 정부에서 '위안화 환율'이 주요한 중국의 정책수단이 될 것이라는 점에서 신뢰성이 높습니다.

중국은 점진적인 위안화 절상을 통해서 '내수부양'과 '자본시장 업그레이드'라는 반대급부를 얻을 수 있습니다. 시진핑 정부는 2035년 선진국 진입 전략으로 '쌍순환과 시장 대개방'을 제시했는데 위안화 가세는 내수 붐과 자본시장 육성 측면에서 유리한 환경을 제공하게 될 것입니다. 중국은 2001년 WTO 가입 이후 20년에 걸친 경상수지 흑자로 4조 달러에 달하는 외환 보유고를 축적하였으나, '수출에서 내수 국가로의 전환'은 경상수지 대규모 흑자 시대의 종료를 의미하며 이제 중국은 20조 달러 달하는 채권/주식시장의 외국인 보유 비중을 높임으로써 향후 10년간 최대 2조 달러의 자본수지 흑자의 공간을 확보할 수 있을 것으로 예상합니다.

그러나 최근 외국인들의 중국 증권 투자가 유출될 것을 우려하는 목소리가 높아지고 있습니다. 중국이 JP모건 글로벌 채권지수 등에 편입되면서 몇 년간 중국으로 많은 자금이 유입되었습니다. 그러나 현재는 지수 편입에 따른 자금 유입이 마무리 단계인 데다가 최근 미국의 빠른 금리 상승 추세로 인해 미국과 중국의 금리차가 축소되면서 중국 채권시장의 투자 매력도가 감소하고 있습니다. 또한 계속되는 규제 리스크와 부실 채권 문제로 중국 채권시장으로의 유입보다는 유출 가능성이 더 높아 보입니다.

주식시장의 경우도 미국 대비 2/3에 불과한 밸류에이션 등 저평가 판단과 MSCI 편입 확대에 따른 추가 투자 여력으로 자금 유입이 계속되어왔으나 우크라이나 전쟁을 둘러싼 러시아 제재 이슈 등으로 향후 미중 갈등이 심화되면서 투자에 대한 불안감이 높아지고 있습니다. 한편 중국은 이미 2017년부터 페트로 위안화 프로젝트를 시작했고 미국에 대한 반감이 큰 이란, 러시아 그리고 사우디아라비아도 에너지 거래에서 결제통화로써 위안화도 함께 쓰고 있습니다. 2020년 7월에는 영국 최대 석유회사 브리티시페트롤리엄에 원유 300만 배럴을 위안화로 지불하기도 했습니다. 중국이 코로나19를 계기로 전 세계적인 석유소비의 위축시기에 페트로-위안화Petro-Yuan 결제를 시도한 것은 나름의 의미가 있지만 아직까지 본격적인 페트로-위안화 시대가 열렸다고 해석하긴 어려울 것 같습니다. 아직 전 세계 외환보유고 2%대에 못 미치는 위안화의 위상이 300만 배럴 석유 결제로 높아졌다고 보는 것은 옳지 않습니다.

세계 일 평균 석유소비량은 9,200만 배럴이고 중국의 일 평균 석유소비량은 1,340만 배럴입니다. 세계 일 평균의 3%, 중국 일 평균의 22%, 월간사용량의 1% 정도의 거래량의 위안화 결제는 큰 의미가 없습니다. 중국이 절묘한 타이밍에 석유 위안화 결제를 시도하고, 디지털화폐의 시범서비스를 하는 등의 시도와 시기 선정은 절묘하고 중국의 선구안에 높은 점수를 줄 만합니다. 하지만 금융패권, 기축통화는 100~120년의 수명을 가진 거대한 프로젝트이고 과도기가 적어도 30~40년이 지속된다는 점에서 위안화 국제화에 대한 기대는 다소 성급해 보입니다.

현재 디지털 화폐DCEP: Digital Currency Electronic Payment의 선두를 달리는 나라는 중국입니다. 중국은 이미 세계 최대 모바일 결제시장 규모를 기반으로 디지털 화폐 리딩 국가로 자리매김했습니다.

DCEP는 현금과 기능이 동일한 법정 화폐로, 중국 내 어느 지불 주체도 거절할 수 없는 전자결제 수단입니다. 정부는 향후 DECP가 본원통화를 대체해 미래 글로벌 디지털 화폐의 핵심으로 성장할 수 있도록 키우겠다고 합니다. DCEP는 2단계 복층 구조로 운영됩니다. 중앙은행이 직접 일반 시민에게 발행하지 않고 공상은행, 농업은행 등 상업은행에 먼저 DCEP를 발행한 뒤 상업은행이 시민들의 디지털 지갑에 다시 보급하는 방식입니다. 따라서 중국 내 각 상업은행은 100% 준비금을 중앙은행에 예치하고 일반 시민들에게 DCEP를 제공하는 것입니다.

DCEP를 발행을 통해 중국이 얻고자 하는 의도는, 첫째 위챗페이나 알리페이 등 민간 회사별로 난립하던 모바일 결제 시스템을 정부 주도로 재통합하면서 민간 주도의 모바일 결제 시장을 정부의 통제하에 두겠다는 것입니다. 둘째는 디지털 화폐 표준화와 상용화를 통해 미래 글로벌 금융시장을 선도함으로써 중국의 디지털 경제의 근간을 구축하려는 것입니다. 셋째는 불법자금의 유통을 원천 차단하여 감시감독을 강화하겠다는 겁니다. 그러나 디지털 화폐가 빠르게 실용화되는 것과 위안화 국제화 및 달러 패권의 지위가 약화되는 것은 별개의 얘기입니다. 미국과 기타 선진국들도 디지털 화폐의 상용화를 준비하고 있는데, 이는 자국 화폐의 일정 부분을 디지털 화폐로 대체하는 방식이 될 것입니다.

홍콩의 인권을 탄압한 중국의 정부 인사들에 대한 미국의 금융 제재는 향후 더욱 확대될 가능성이 높아 보입니다. 이미 미국 정부에 의해서 거래와 투자가 금지된 블랙리스트 기업도 더욱 늘어날 것이며, 경제적 이익과 더불어 인권이란 가치가 중요한 기준점으로 제시되었기 때문에 이 문제는 더 확대될 것으로 예상됩니다.

중국에 대한 금융 압박이 심화된다면 중국은 보유하고 있는 미국채를 대량 매도할 가능성도 있습니다. 이로 인해 미국채 금리가 단기적으로 상승하고 금융시장이 일부 혼란해질 수도 있겠지만 깊고 넓은 금융시스템을 보유한 미국 시장은 충분히 소화할 수 있을 것으로 판단됩니다. 그보다는 미국이 보복 차원에서 글로벌 결제시스템인 스위프트SWIFT에서 중국을 제외시키는 압박을 가한다는 뉴스가 보다 더 큰 충격을 가져올 수도 있습니다. 실제 제외시키는 데는 상당한 시간이 필요하겠지만 이러한 뉴스는 중국의 자산을 보유한 투자자들의 혼란을 가져올 것으로 판단됩니다. 러시아 은행과 기업에 대한 스위프트 제재가 현실화되면서 중국은 이미 독자적인 국제결제시스템을 몇몇 국가들과 함께 준비하고 있는 것으로 알려져 있습니다.

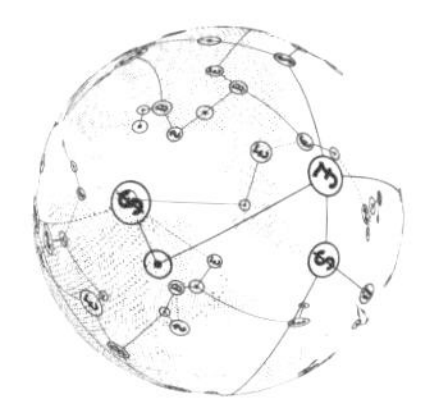

## 중국의 쌍순환 전략 대응

미국의 지정학적인 압박에 대해 시진핑 정부는 '쌍순환 雙順煥, Dual Circulation 전략'을 제시하며 대응하고 있습니다. 2020년 14차 5개년 계획에서 나온 쌍순환 전략은 국내순환과 국제순환의 상호 연계를 의미합니다. 대외 경제 불확실성을 야기하는 미국의 전면적인 압박에 대한 대응과 방어를 위한 내수 경제를 완성하는 것이 목표라고 볼 수 있습니다.

성장동력이 내수 중심으로 넘어가면서 제조업 밸류체인도 중국 국내로 수직계열화하여 외부의 변화에 대응할 수 있는 시스템을 갖추어놓겠다는 의미입니다. '제조2025'로 불리는 중국 내 첨단산업의 수직계열화 육성뿐만 아니라, 자급자족이 어려웠던 에너지 분야, 농산품에서도 자급자족이 상당 부분 가능하도록 대비하겠다는 것입니다. 이에 따라 쌍순환 전략을 중국의 자력갱생, 독자성장

모델로 보는 경우가 많습니다.

내수확대는 수출 중심의 성장을 해왔던 중국의 발전이 한계에 부딪히고 서방 국가들과의 충돌을 야기하고 글로벌 경제위기가 연이어 발생하면서 대안으로 모색된 것입니다. 견고한 내수 시장을 발전시킬 수 있다면 불확실한 글로벌 정치경제 상황에서 안정적인 경제 회복을 이루어낼 수 있다는 점을 강조합니다. 내수확대에는 시진핑 정부 출범 이후 구조조정과 신성장산업 육성과 함께 계속 강조되어온 정책이기도 합니다. 쌍순환 전략에서 강조하는 내수 확대와 기술 자립은 고성장을 해온 수출 기업 중심에서 세계 1위 내수 시장을 완성해 외부 경제와의 대등한 입장을 유지하고 기술 혁신을 이어가겠다는 것입니다.

쌍순환 정책은 크게 세 가지 축으로 추진될 것으로 알려져 있습니다. 첫째는 안정적인 내수 시장 견인, 둘째는 첨단산업 육성, 셋째는 외교 노선 정비입니다. 이를 위해 다섯 가지 구체적인 정책 어젠다가 제기되었습니다. 첫째, 감세, 도시화, 소비육성책을 통한 내수 확대, 둘째, 신형 인프라, 서부대개발, 일대일로와 연계된 인프라의 전면적 투자 확대, 셋째, 5G 생태계 조성을 기초로 한 첨단산업 육성과 원천기술 확보, 넷째, 글로벌 생산기지 위상 유지를 위한 생산 자립과 대외개방 심화, 다섯째 이와 연계된 새로운 부가가치 창출과 공정한 분배를 통한 순환 구조 완성입니다.

첫 번째 안정적인 내수 시장 견인이 중요한 이유는 미중 갈등으로 인한 중국의 지정학적 리스크를 완화할 수 있는 가장 중요한 방법이기 때문입니다. 또한 중국의 경상수지가 2008년 글로벌 금융위기 당시 4,200억 달러 수준에서 2019년 400억 달러로 급감하는 등 대외에서 벌어들이는 달러 수입이 급격하게 줄어들고 있습니다. 신흥국의 성장 과정에서 수출 호조에 따른 국내 임금 상승은 국민들의 자산과 소비의 동반 확대로 연결됩니다. 그러나 최근 임금 상승이 둔화되고 부동산 버블과 글로벌 경제 침체 등으로 중국 내 중산층의 성장이 둔화되고 소득과 자산의 불평등이 심화되고 있는 상황입니다. 이러한 문제를 해결하기 위해서도 내수 소비를 육성하는 전략이 필요한 것입니다.

중국 정부는 그동안 기업에 우선적으로 혜택을 주면서 이익을 축적할 수 있었던 경제 시스템에서 민간이 그 부를 나눌 수 있는 방식으로 전환하고, 4억이 넘는 농민들이 소비할 수 있는 여건을 만들고 저축 중심에서 소비를 확대하는 방식으로 경제 전략을 운용할 예정입니다. 중국 내 임금 상승에 의해 제조업 기지들의 중국 이탈이 계속될 것으로 예상하면서 이에 대응하기 위한 서비스 산업을 육성하고 민간차입을 원활하게 하는 등의 금융 서비스를 확대할 계획입니다. 이런 국내 소비 확대를 통해 수출이 어려워진 중국 제품의 생산 동력으로 활용하려는 것이 목표입니다.

두 번째 중국 정부는 쌍순환 전략을 통한 첨단산업 육성을 제시했습니다. 향후 미국과의 갈등이 장기화될 가능성이 높아지면서 산업구조를 고도화하기 위한 제조2025 등의 첨단산업의 자립을 달성하려는 중국 정부의 강력한 의지의 표현으로 봅니다. 미국의 첨단기술산업에 제재가 심화되면서 중국 정부는 표면상으로 제조2025의 명칭을 지워버렸지만, 실질적으로 내수 육성을 통한 첨단 산업의 자립화를 시도하고 있습니다.

첨단기술산업에서 미국은 많은 원천기술을 확보하고 있어서 중국이 이를 단기간에 따라잡기 어려운 상황입니다. 그러나 중국이 중진국 함정을 극복하고 장기 성장동력을 확보하기 위해서는 첨단산업 육성이 반드시 필요한 상황입니다.

서방국가 외 중진국에서 선진국으로 도약한 국가는 일본, 한국, 대만, 홍콩, 싱가포르가 유일합니다. 특히 일본, 한국, 대만이 선진국에 진입했던 데는 첨단산업이 중요한 역할을 했습니다. 이들 국가가 경쟁력을 확보하는 과정에서는 스마트한 관료들에 의한 정부의 지원이 중요한 역할을 했던 것이 사실입니다.

그러나 중국의 첨단산업 굴기는 미국의 강력한 견제와 제재에 의해 어려워지고 있습니다. 보조금을 통한 지원이 금지되고, 선진국 기업에 대한 M&A를 통한 기술 확보가 어려워졌으며, 미국 기술이 포함된 반도체 수입이 금지되는 가운데 5G 인프라와 중국 IT

플랫폼 기업들의 해외활동이 봉쇄되고 있습니다.

이에 중국은 미국의 제재를 피해 중국 내 수요 확대에 의해 첨단산업 기업을 지원하면서 원천기술 확보에 집중할 것으로 보입니다. 특히 원천기술 확보에는 막대한 자금과 시간이 필요하기 때문에 이를 지원하기 위한 금융시장 개방과 개혁이 더욱 빠르게 진행될 것으로 보입니다.

세 번째, 외교 노선 정비입니다. 코로나19 사태를 계기로 중국의 외교적인 고립은 더욱 심화되고 있습니다. 대부분의 서방 국가들에서 반중감정이 높아진 가운데, 미국의 전문 여론조사 기관인 퓨 리서치 센터에 의하면 코로나 사태 이후 미국인의 약 75% 이상이 중국을 신뢰할 수 없는 국가로 보고 있다고 합니다.

코로나 사태 발원지로서의 책임 회피, 홍콩 인권 탄압으로 일국양제 약속의 실질적인 폐기, 대만에 대한 압박, 신장 위구르와 티켓에 대한 인권 탄압 등의 사건과 함께 중국은 국제사회에서 빠르게 고립되고 있습니다.

이에 중국은 기존의 강경한 외교와 경제적 연대의 두 가지 노선을 동시에 모색하고 있습니다. 한편으로는 홍콩, 대만, 신장 위구르 등 중국의 핵심이익에 대한 서방의 압박은 내정 간섭이라는 이유로 계속해서 강경한 대응을 하겠다는 것입니다. 다른 한편으로는 동시에 번영 공동체 형성이라는 목표로 시장 개방과 경제 연대를 확대하겠다는 것입니다. 이에 따라 일대일로의 확장, 아프리카와의 연맹 강화, 핵심 국가와의 경제공동체 건설, 대외 개방 확대가 제시되고 있습니다.

미국이 중국을 포위하기 위해 미국이 일본, 인도, 호주와 쿼드 Quadruple 안보 전략을 구축하고 이를 확장하기 위해 노력하고 있는 상황에서, 중국은 향후 성장률이 가장 높을 것으로 주목받고 있는 아시아 주요 국가들과 지역경제공동체RCEP를 구축하는 데 성공했습니다. 미국과 가치 체계는 공유하고 있으나 중국과 경제적 협력 관계가 높은 유럽과는 7년만에 투자협정 체결에 합의하면서 중립을 지켜줄 것을 요구했습니다.

이에 대한 대가로 중국은 유럽 기업들의 중국 진출 시 외국기업의 강제 기술 이전 조항과 합작 투자사 설립 조건을 폐지했습니다. 이처럼 중국 시장에 대한 접근권을 전례없이 확대하면서 유럽과의 경제적 연대를 강화하고 있습니다. 같은 논리로 한국과 일본 등 중국과 경제적으로 긴밀한 국가들과의 관계도 강화해나가면서 중국을 배제하려는 미국과의 충돌에 완충 장치로 활용할 가능성이 높아 보입니다. 미국은 대중국 배제 전략에 유럽, 일본, 한국 등 동맹과의 연대가 중요하기 때문에 동맹국과의 관계 개선을 위해 미국과 중국 간의 치열한 외교 전략이 예상됩니다.

우크라이나 전쟁 이후에도 글로벌 원자재 시장에서 중국의 영향력은 상당할 것으로 보입니다. 쌍순환 전략을 통해 해외 자원 확보 노력을 해왔고, 내수 시장을 중심으로 한 자립정책도 꾸준히 진행되고 있기 때문입니다. 특히 해외 자원 확보를 위해서 약 20년 동안 아프리카와 중남미 등에 직접 투자를 확대하고 원자재 조달 인프라를 구축했던 것이 주효했던 것 같습니다. 중국은 2014년 발표된 일대일로 프로젝트와 2016년 국가 광물 자원 조달 계획을 통해 해당 국가와 관계를 개선하고 해외 자원을 적극적으로 개발해왔습니다. 특히 중국은 희귀 광물들이 밀집해 있는 아프리카에서 대규모 자본 투입과 인프라 구축 지원, 인권과 부패 등 국내 이슈에 간섭하지 않는 조건 없는 지원 등을 통해 중국 해외광산의 30%를 차지할 정도로 긴밀한 관계를 유지하고 있습니다.

또한 미국과의 갈등으로 반도체 등 첨단 산업에서의 경쟁력이 약화되고 글로벌 공급망에서 중국을 배제하려는 서방의 압박이 계속되면서 첨단 원자재 확보의 필요성이 높아졌습니다. 중국은 코로나19 사태 이후 높아진 반중 정서에 대응하여 쌍순환 전략을 통해 국산화율을 높이고, 이에 필수적인 첨단 원자재 확보 노력을 강화해왔습니다. 특히 부품을 수입해서 조립한 뒤 선진국에 완제품을 판매하던 밸류체인에 균열이 생기면서, 공급망의 전 과정을 장악하기 위해 단순 조립뿐 아니라, 고부가가치 산업까지 자체 생산을 고도화하려는 시도를 계속해오고 있습니다.

중국의 에너지 소비는 1999년 이후 생산을 초과했으며, 에너지 수급 불균형은 계속되고 있습니다. 이렇듯 만성적으로 에너지가 부족한 중국에게 에너지 강국 러시아와의 관계가 긴밀해진 것은 매우 유리한 상황입니다. 게다가 탈탄소화 전략에 맞추어 친환경 정책을 빠르게 추진하면서 알루미늄 및 코발트 등의 녹색 원자재들을 선점하려고 나설 가능성이 높아 보입니다. 특히 리튬과 코발트 등은 전통 원자재보다 상위 몇 개 국가에 편중되어 있어 이러한 원자재의 선점은 자원 무기화로 연결될 수도 있을 것으로 보입니다. 중국은 국유기업들을 통해 협상력을 높이고 원자재뿐 아니라, 거래 및 가공 부문까지 영향력을 넓혀서 서방의 압박에 적극적으로 대응할 것으로 보입니다.

반도체 등의 첨단 산업에서도 반도체 설비에 필요한 첨단 부자재 공급을 제한하면서 대응할 것으로 보입니다. 대표적인 사례로 중국은 반도체 가공설비에 필수적인 희토류를 빠르게 늘려서 점유율을 확대하고 의존도를 높여 무기화하려고 모색할 것으로 예상됩니다. 희토류는 채굴 과정에서 오염 배출이 많아 서방 국가에서는 환경 이슈로 채굴이 어려운 가운데, 초기에 가격을 낮게 통제하면서 타 신흥국들의 진입을 억제하는 전략을 모색하고 있는 것으로 보입니다.

*Land*

*Money*

*Power*

# 8장

L A N D M O N

# 미국 패권에 도전하는 러시아의 유라시아주의

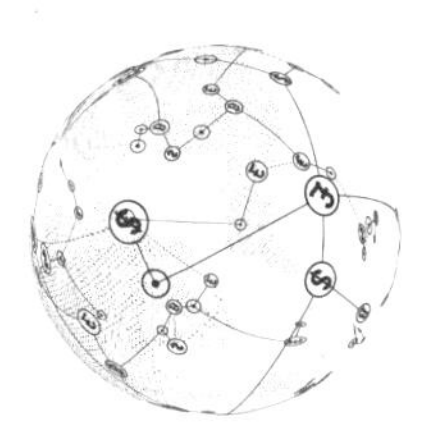

## 우크라이나 침공 이슈의 배경

러시아의 우크라이나 침공 배경은 첫째, 강한 러시아의 부활과 기존 국제정치질서의 변화 요구입니다. 1990년대 소비에트 붕괴 이후 심각한 경기 위축과 정치사회적 혼란을 경험했던 러시아는 2000년대 이후 원자재 가격 상승과 강력한 군사력을 바탕으로 국가 재정비에 나서면서 다시 강력한 지역 강대국으로 부상했기 때문이죠. 러시아는 구소련 국가들의 재결합을 통한 강력한 지역 연합체를 추진하고 있습니다. 한편 중국의 급부상으로 국제정치 구도가 변화되고 있는 가운데, 러시아, 이란 등 기존 미국의 패권질서에 반발하는 지역 강대국들이 부상하고 있는 것입니다.

둘째는 서방과 다른 러시아의 독특한 사고방식입니다. 푸틴의 러시아는 서양과 다른 독자적인 역사와 문화를 바탕으로 정치

사회 발전이 진행되고 있다고 주장합니다. 이들은 러시아가 18세기 이래 서유럽으로부터 끊임없이 압박과 고립의 위협을 받은 '포위된 요새'였다고 생각합니다. 서구의 개인주의와 물질만능주의와 달리, 유라시아주의는 러시아 정교회의 자기 성찰을 중심으로 유럽과 아시아의 공동체주의를 아우르는 동서양 문명의 가교 역할을 수행하고 있다는 것입니다.

셋째, 러시아는 유라시아주의를 기반으로 2015년 유라시아 경제연합EAEU을 창설했고 이를 중심으로 정치, 경제, 안보 공동체를 구축해나갈 생각입니다. 광활한 영토와 인구, 풍부한 지하자원과 농산물, 강한 산업구조를 갖춘 우크라이나가 서방으로 편입될 경우 러시아 공동체 제국의 재건은 상당한 제약을 받을 수밖에 없습니다.

넷째, 푸틴 정부는 러시아 주변국들에서 연쇄적으로 발생한 '색깔 혁명'이 러시아로 유입되는 것을 두려워했고, 색깔혁명의 배후에 서방 정부와 시민단체들이 개입되어 있다고 비난했습니다. 색깔혁명에 따른 친서방정책은 서구식 자유민주주의 문화를 빠르게 전파하면서 권위주의 지배가 계속되고 있는 러시아에 정치사회적 혼란을 가져올 것을 우려하고 있기 때문입니다. 러시아 정부는 이러한 국내 정치체제 유지를 위해서 구소련 국가들의 친서방정책에 대한 강한 거부감을 보여주고 있습니다.

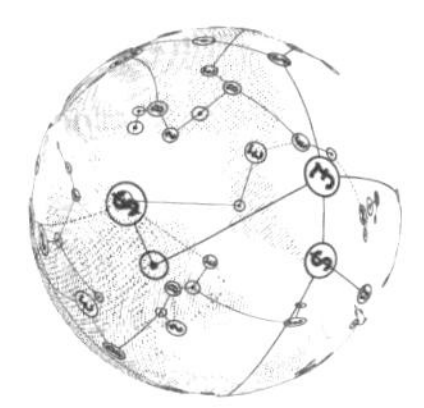

## 왜 2022년인가?

첫째, 볼로디미르 젤렌스키Volodymyr Zelensky 우크라이나 대통령이 러시아어 공용어 폐지, 나토와 EU 가입 추진 등 강한 친서방 정책을 추진했기 때문이기도 하지만, 최근 이슈가 부각된 이유는 러시아 국내 정치 상황과도 연결되어 있습니다. 2020년 7월 러시아 국민투표에서 개헌안이 통과된 이후, 푸틴의 장기집권에 따른 반감과 피로감, 연금개혁에 대한 국민적 저항, 악화일로의 경기 침체, 코로나19 사태 등이 겹치면서 푸틴의 지지율이 50%대로 하락한 것도 이유가 될 수 있을 것 같습니다. 또한 2021년 9월 집권 통합러시아당의 지지율은 30%에 불과했지만 실제 총선에서는 단독 법안 통과가 가능한 약 70%를 웃도는 득표를 얻었습니다. 러시아의 의회체제인 두마는 지역구와 비례대표가 5:5로 선발되는데, 양당제나 지역 구도가 뚜렷하지 않는다면 한 당이 독식할 가능성이 높습니다. 그러나 통합러시아당의 지지율이 낮아지면서 부정선거라는 주장이 제기되고 반체제 리더인 알렉세이 나발니Alexey Navalny에 대한 독극물 사건 등으로 국내 정치가 혼란해졌습니다. 대외적 갈등의 충돌은 국내 정치적인 시선을 해외로 돌리고 지지율을 회복하는 데 효과적입니다.

둘째, 코로나19 사태 이후 유가와 천연가스 가격이 급등하면서 러시아가 에너지 가격의 주도권을 갖게 된 것도 중요한 이유였습니다. 미국은 건설에 110억 달러(약 13조 원)가 들어간 노드스트림 2Nord Stream 2가 개통되면 우크라이나를 거치지 않고 유럽으로 직접 전달되기 때문에 러시아에 대한 유럽의 에너지 의존도가 높아지고 우크라이나의 전략적 중요성이 사라지면서 정치적 분열로 유럽이 갈라질지 모른다고 주장했습니다. 미국이 러시아의 침공 가능성을 부각시키면서 폐쇄해야 한다고 주장하고 있어 가스관 건설은 2021년 9월 완료됐으나 독일 정부가 가스관 운영을 승인하지 않았습니다. 한편에선 러시아가 우크라이나를 침공하면서 유럽에 대한 천연가스 공급을 끊을 수 있다는 우려도 상존하고 있었습니다. 이에 따라 유럽연합은 미국 등 다른 국가의 LNG 수입으로 러시아에 대한 에너지 의존도를 낮추려고 모색하고 있습니다. 미국은 이번 기회에 유럽에 에너지 공급 주도권을 가진 러시아를 견제하기 위해 우크라이나 침공에 대해 러시아에 대한 초강력 제재로 대응하고 있습니다.

셋째는, 나토의 분열입니다. 유럽연합에게 러시아는 전체 천연가스 수입의 40%를 차지할 뿐 아니라 교역 비중도 3,000억 유로가 넘는 정치, 경제, 안보가 직접적으로 연결된 부담스럽지만 중요한 이웃입니다. 미국이 동맹과의 결속을 부각하면서 공동 대응을 강조하지만, 러시아와 이해관계가 밀접한 유럽 국가들은 대러 제재에 신중한 태도를 취할 수밖에 없습니다. 이처럼 대러시아 정책을 두고 나토 국가의 분열이 러시아의 공격적인 행동에 중요한 원인을 제공했습니다.

넷째, 서구의 강력한 제재가 실행되더라도 러시아에게는 중국이라는 카드가 있기 때문입니다. 러시아는 미국 중심의 국제질서에 반발하는 또 다른 국가, 중국이 서구의 제재를 상쇄시키는 출구를 제공해줄 수 있다고 생각했습니다. 유럽으로의 원유 및 천연가스 수출이 감소할 때를 대비하여 러시아는 대규모 에너지원이 필요한 중국으로 수출 규모를 늘려가고 있습니다.

다섯째, 러시아는 달러의 비중을 15% 이하로 대폭 축소하고 금과 유로화 비중을 높이는 등 미국의 제재에 많은 준비를 해놓았습니다. 바이든 정부의 대러시아 제재는 우크라이나 이슈를 둘러싸고 더욱 강화될 가능성이 높아지고 있는 데 반해, 제재에 대한 러시아의 내성도 강화되고 있는 것입니다.

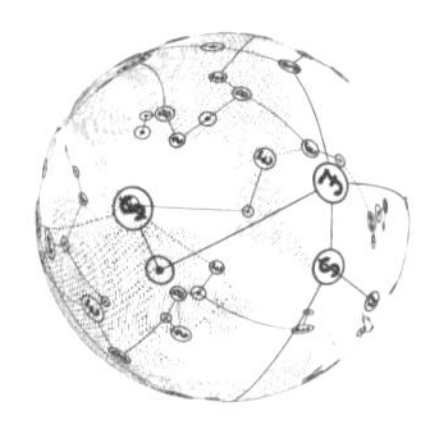

## 전격적인 러시아의 우크라이나 침공과 러시아 제재 영향

——————————— 푸틴은 우크라이나 돈바스 지역에 대한 우크라이나 정부군의 공격이 계속되고 있다는 것을 근거로 루간스크 공화국과 도네츠크 공화국의 분리 독립을 승인하고 평화유지군이라는 명분으로 러시아군의 돈바스 지역 진입을 결정하였습니다. 많은 전문가들이 침공보다는 외교적인 방법을, 우크라이나에 진입한다 해도 루간스크와 도네츠크의 방어를 생각했지만, 푸틴은 우크라이나를 전방위로 침공하면서 모두를 놀라게 했습니다. 특히 푸틴은 군사작전 이전에 우크라이나가 소비에트연합 해체로 만들어진 나라고 고대 러시아 땅이라고 설명하면서 소련 붕괴 당시 러시아가 강탈당한 곳이라고 연설했습니다. 또한 2014년 우크라이나의 친러시아 지도자가 쿠데타로 축출되면서

꼭두각시 정부가 운영하는 미국 식민지라고 비난했고 우크라이나 인들이 이런 정부하에서 고통받고 있다고 비판하였습니다. 그러나 이런 주장은 우크라이나 침공을 정당화하기엔 매우 빈약했습니다. 푸틴은 기습적인 우크라이나 침공을 통해 빠르게 항복을 받고 러시아가 원하는 것을 직접적으로 얻을 수 있을 것이라고 생각했던 것 같습니다. 그러나 우크라이나의 강한 저항으로 전쟁이 장기화되고 있는 가운데, 러시아의 침공에 대한 전 세계의 비난이 집중되면서 강력한 초강력 제재를 받게 되었습니다.

푸틴은 미국이 강력한 제재를 하더라도 유럽연합이 거기에 동참하기 어려울 것이라고 생각했던 것 같습니다. 많은 친러시아 세력이 현재 유럽 정부에서 활동하고 있는 데다 러시아와 유럽이 금융, 무역, 에너지 산업 측면에서 긴밀하게 연결되어 상호의존성이 높았기 때문이었습니다. 그러나 일방주의적 논리에 기반한 전방위적인 우크라이나 침공은 이러한 상호의존성을 넘어설 만큼 중요한 전략적 안보의 문제로 대두되면서 유럽연합도 러시아에 대한 초강력 제재에 동참하게 됩니다. 러시아를 옹호하거나 최소한 중립주의자들도 러시아가 분쟁지역인 루간스크와 도네츠크뿐 아니라 우크라이나 전역을 침공했기 때문에 유럽연합 내 친러시아 인사들의 발언권이 명분을 잃게 된 것으로 판단됩니다.

서방의 고강도 제재 조치가 다방면에 걸쳐 진행되면서 경제 상황이 불안해진 것은 물론이고 지정학적 긴장이 고조되었습니다. 특히, 국제금융결제망SWIFT 퇴출 등 예상보다 강력한 수위의 제재들이 대거 포함되면서 금융시장이 혼란을 겪게 되었습니다. 교역 측면에서는 러시아 첨단산업과 전략물자 생산 등에 필수적인 핵심 기술 및 관련 부품의 대러 수출을 차단하고, 자국 영공·영해 폐쇄를 통해 러시아 항공·선박의 운송을 통제했습니다. 에너지 측면에서는 노드스트림2 사업 승인을 보류하고, 에너지 기업에 대한 투자 중단 및 해외 자금조달을 제한시켰습니다. 그러나 유럽의 의존도가 높은 러시아산 가스 수입에 대한 직접 제재는 아직까지 부가하지 않고 있습니다.

금융 측면에서는 국제금융결제망에서 러시아 은행의 25%가량을 퇴출시키고, 중앙은행과 국부펀드RDIF, 정부기관, 국영기업, 주요 은행 등과의 거래, 러시아인들의 예금·증권 거래도 제한시켰습니

**| 러시아 외환 보유액 중 동결자산 vs. 가용자산 |**

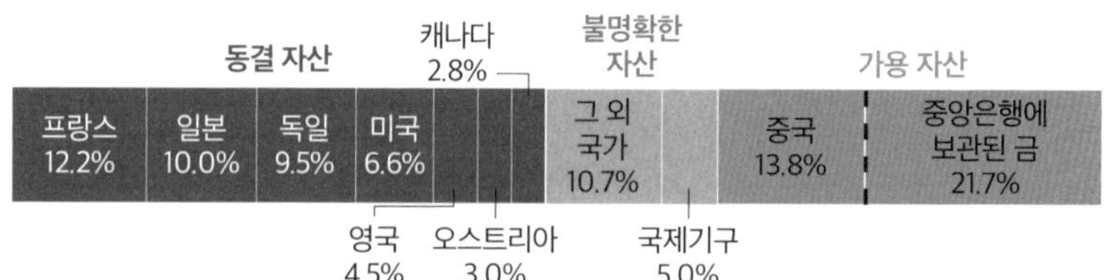


◈ 자료 : CBR, NH투자증권 리서치본부

니다. 미국과 영국, 유럽연합은 푸틴 대통령을 비롯해 이번 사태와 관련된 정부 관계자들의 자산을 동결하고 입국을 금지시켰으며, 러시아 여행 제한, 언론 통제 등의 조치를 취했습니다. 특히 그동안 중립을 지켜온 스위스 은행에서 러시아에 대한 금융자산을 동결한 것은 상당히 충격적이었습니다.

이렇게 러시아 금융시장과 일부 기업들은 서방으로부터 제재의 직격탄을 맞았으며 시간이 흐를수록 이 피해는 더욱 확대될 전망입니다. 러시아 금융시장은 증권거래소 폐쇄, MSCI 신흥국지수 편출, 루블화 급락, 뱅크런 등 제재 여파가 급격히 확산되고 있으며, 정부 및 중앙은행이 긴급 대응에 나섰으나 급작스런 충격에 대응이 쉽지 않은 상태입니다. 특히 러시아 채권들의 디폴트 우려가 제기됐는데요. 3대 신용평가사는 러시아의 신용등급을 투자부적격junk으로 일제히 강등하고 디폴트 위험이 상당히 높다고 평가했습니다. 또한 서방의 제재는 생산 차질, 물가 급등, 수출 감소, 투자 위축, 구매력 약화 등을 초래해 경기 침체로 연결될 것으로 전망됩니다. 주요 IB들은 2022년 러시아 경제가 최대 마이너스 10~15%까지 역성장할 가능성을 제기하고 있습니다.

서방의 대러 제재는 러시아뿐만 아니라 세계 경제 및 국제금융시장의 하방 압력을 가중시키고 있습니다. 특히 대러 제재로 에너지와 식량 가격이 급등하면서 전 세계 인플레이션이 우려되고 있습니다. 원자재 가격 및 운송료 상승에 따른 인플레이션이 고조되고, 경기회복 둔화, 공급망 차질, 중앙은행 딜레마 심화 등 영향이 불가피해졌습니다. 또한 외교적 해결이 쉽지 않은 만큼 사태 장기화 가능성을 배제할 수 없으며 서방의 추가 제재(에너지 수입 금지, WTO 최혜국 박탈 등)가 이어질 경우 파급력이 훨씬 커질 수 있습니다. 향후 서방이 러시아의 에너지 수출을 완전히 차단할 경우 글로벌 경제성장률은 더욱 타격을 받을 수 있습니다. 이러한 지정학적 갈등으로 인한 에너지 가격 상승은 에너지 안보 이슈를 부각시키면서 각국의 탈탄소화 관련 에너지 정책의 속도를 재조정하거나 신재생 에너지로의 변화를 더욱 빠르게 촉진할 것으로 보입니다.

**| 러시아 은행 중 현재 SWIFT 제재 대상 은행은 약 25% 수준 |**

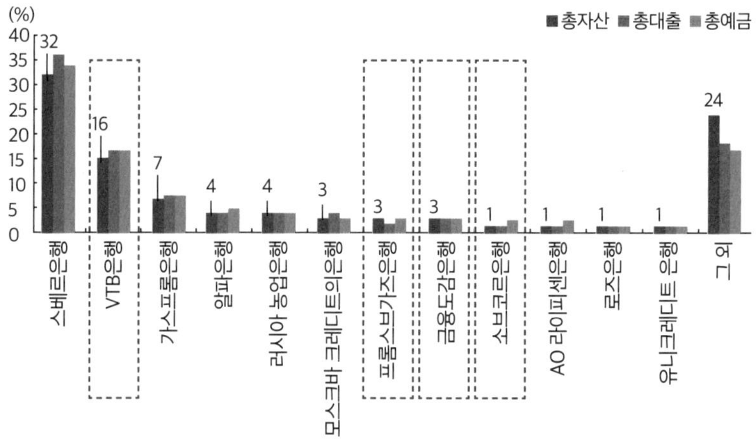

**| 무디스의 러시아 정부 신용등급 변화 |**

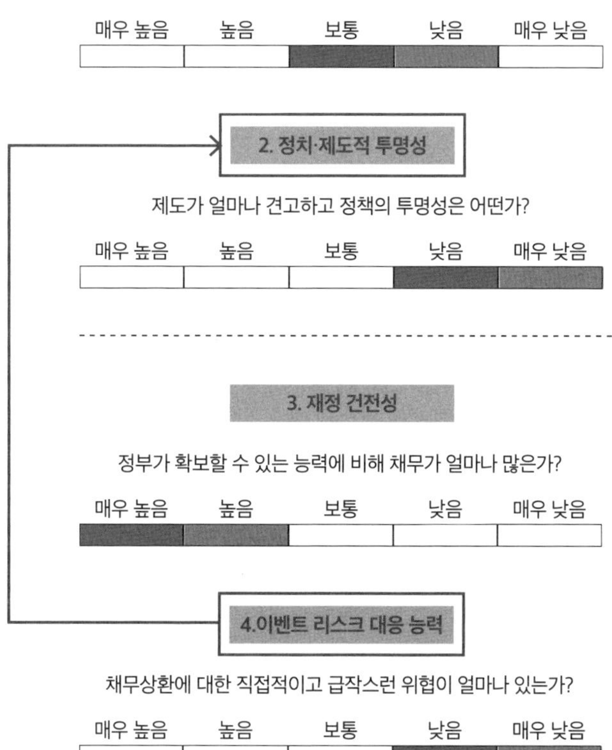


Baa3에서
→C3로
급락

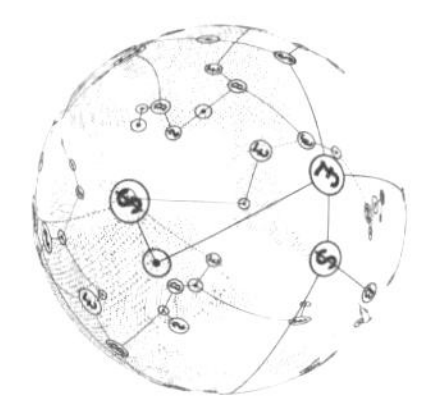

## 우크라이나 전쟁의 의미

### 1) 가치의 차이가 충돌로 이어질 수 있어

러시아는 2000년대 이후 우크라이나, 조지아, 키르기스스탄에서 발생한 색깔혁명이 미국과 서방의 지원에 의해 발생하였으며, 유라시아 각국과 러시아의 체제를 불안하게 하는 요인이라고 비난해왔습니다.

러시아는 그동안 확대된 유라시아 구상을 통해 개별국가의 주권 존중, 정치적/사회적 특성에 맞는 발전 전략 수립 보장, 내정 불간섭원칙, 문화적 다원주의와 상대성 인정, 적대적 군사안보위협 배제 등을 유라시아 국가와의 협력 원칙으로 제시해왔습니다. 특히 미국이 주도한 인권, 민주주의, 자유경쟁, 시장 경제라는 보편적인 가치가 중앙아시아를 비롯한 유라시아 국가에 적합하지 않고 이러한 가치의 차이가 충돌로 이어질 수 있다는 것을 분명히 한 것입니다.

지난 2022년 1월 불거진 카자흐스탄 사태 역시 집단안보조약기구CSTO를 통해 러시아 군대가 빠르게 소요 사태를 정리한 것을 보면 러시아의 전략을 알 수 있습니다. 카자흐스탄에 신속하게 군을 파병한 것처럼 우크라이나와 관련된 상황에서도 러시아는 주저하지 않고 군을 투입할 수 있다는 메시지를 주고자 한 것입니다. 또한 유라시아 국가 내에서 친러 정권이 위협을 받는 상황이 발생하면 언제든지 즉각적으로 대응할 수 있다는 점을 분명히 한 것으로 해석됩니다.

### 2) 신냉전 속도 가속화될 것

한편 러시아에 대한 초강력 제재는 러시아 경제를 중국 경제권으로 빠르게 편입시키는 효과를 가져올 것입니다. 미국이 중국에게 러시아에 대한 제재에 참여하라는 압력을 주어도 중국은 적극적으로 동참하지 않고 러시아와 긴밀한 경제, 외교, 군사 협력을 강화할 것으로 판단됩니다.

이는 러시아 푸틴 정권이 고립되어 붕괴하면 다음 차례는 중국의 공산당 정부라는 것을 정확히 알고 있기 때문입니다. 중국은 미국의 압박에도 여러 가지 핑계를 들어 제재를 피해갈 가능성이 높다고 봅니다. 오히려 '시베리아의 힘' 가스관을 비롯한 러시아의 많은 에너지 자원과 광물자원, 식량 자원이 중국으로 더 많이 수출될 것으로 전망됩니다. 이로 인해 중국과 러시아 간의 새로운 국제금융결제망CIPS 뿐 아니라 무역에서도 중국이 차지하는 비중이 높아지면서 위안화의 위상이 빠르게 높아지는 결과를 낳을 수 있습니다. 이러한 편가르기는 미국과 중국의 신냉전 시기의 속도를 가속화할 것으로 전망됩니다.

### 3) 경제가 아닌 지정학, 전략 논리로 결정하는 시대

우크라이나를 침공한 러시아에 대한 초강력 제재로 인한 금융시장의 혼란과 원자재 가격의 급등으로 인플레이션 부담을 떠안게 되었습니다. 특히 유럽 국가들은 직접적인 에너지 가격 급등과 무역 제재로 인한 고통을 감수해야 합니다.

경제 논리를 생각하면 이러한 초강력 제재를 이해할 수 없지만, 러시아의 우크라이나 침공에 초강수 제재로 대응한 것은 경제 논리가 아닌 전략적 논리가 우위였기 때문에 가능했습니다. 이번 러시아의 우크라이나 침공이 일반적인 수준이 아니라 기존 글로벌 국제질서 패러다임을 붕괴시킬 수 있는 중요한 도전이었고, 무리한 강대국의 일방주의적인 논리였다고 전 세계가 판단했기 때문입니다.

우크라이나 전쟁 이후 국제질서가 어떻게 재편될지에 따라 앞으로도 경제 논리가 아닌 지정학과 전략 논리로 결정하는 사례가 많아질 것으로 판단됩니다.

# 9장

# 2020년대 정치경제, 지정학으로 본 금융 투자

Y P O W E R

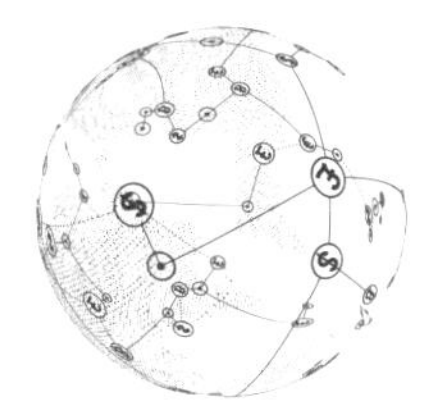

## 2020년대 정치경제와 지정학 패러다임의 변화

코로나19 사태 이후 많은 국가들이 정부 대책에 크게 의존하면서 정부의 권력이 강해지고 있습니다. 역사적으로 볼 때 기근, 전쟁, 자연재해, 전염병 등의 재앙을 겪으면서 취약한 정부가 붕괴하기도 했고, 반대로 위기를 해결하기 위해 정부가 엄격한 제도와 강한 정치권력을 갖는 경우도 많았습니다.

1930년대 대공황은 루스벨트에게 황제적 대통령 지위를 부여했고 미국에서 연방 정부의 위상을 영구히 바꾸어놓았습니다. 대공황 이전 미국은 전반적으로 거대 정부를 거부해왔습니다. 미국 정부는 유럽 국가의 정부보다 작았으며, 권한은 폭넓게 분산되어 있었습니다. '국가산업재건법'을 통해 연방정부가 지정한 산업에서 최대 노동시간과 최저임금을 규제할 수 있도록 했으며, 더욱 급진적으로는 안전망을 제공하는 1935년 사회보장법, 경기촉진책인 공공사업진행청, 노동자의 권리를 강화하는 노조 결성권과 파업권을 제공했습니다. 1930년대 미국 연방정부의 지출은 GDP의 4%에 불과했지만, 2차대전 이후 10%를 상회할 정도로 증가했습니다. 루스벨트 이후 연방정부와 워싱턴은 미국 사회와 경제의 중심부를 차지할 수 있었습니다.

2020년 미국에서 보여지는 사건들, 소요와 흑인인권 시위 등은 표면적으로 1968년과 매우 유사해 보였습니다. 당시 마틴 루터 킹 Martin Luther King 목사가 암살되면서 흑인 인권 개선을 요구하는 시위가 확산되었고 미국 전역이 혼란에 빠졌습니다. 그 와중에 민주당 지지자들의 기대를 받았던 존 F. 케네디의 동생, 로버트 케네디 Robert Kennedy가 또다시 암살되면서 대선에서 공화당의 닉슨이 당선되었습니다. 그러나 1968년의 시위는 마지막으로 30년대부터 40년간 이어졌던 국가중심의 케인지안 정책이 약화되는 마지막 불꽃이 되었습니다.

이후 1970년대의 혼란을 거쳐 1980년대부터 레이건 정부의 신자유주의 정책이 약 40년간 지배하게 되었습니다. 2008년 서브프라임 사태로 인한 금융위기는 최초의 흑인 대통령인 오바마를 선출시켰고 '오바마케어'라는 중요한 진전을 가져왔습니다. 그러나 갑작스런 대형 금융위기 사후처리와 금융시스템 회복, 재발 방지 등에 집중하는 등 이후 경제 성장보다 금융기관의 안정성에 우선을 두었습니다. 또한 거대 정부에 대한 반발에 직면하면서 1980년대 이후 30년 동안 지배적이었던 신자유주의와 세계화라는 흐름을 되돌리긴 어려웠습니다.

2020년 코로나 위기 이후 각국에서 정부의 영향력은 더욱 커지고 있습니다. 세계화를 강조하던 나라들이 자기 나라가 위급해지자 국경을 봉쇄하고 국가주의로 돌아서는 모습이 목격되고 있습니다. 이렇게 효율성과 세계화를 중요시했던 40년간의 신자유주의 경제철학은 코로나 사태 이후 글로벌 공급망 변화와 함께, 자국 중심주의와 보호무역주의가 부각되며 다시 변화되고 있습니다. 미국처럼 선거로 분열이 심각해진 나라들의 경우는 좀더 극단적인 모습을 보이기도 했습니다.

1932년, 2008년, 2020년 글로벌 대형 경제위기 때마다 열린 미국 대선에서 거대 정부를 선호하는 민주당이 승리한 것도 이런 맥락이었습니다. 정부에 대한 의존이 높아지면서 강한 정부가 등장하곤 했습니다. 이러한 흐름은 1932년까지 자유방임주의에서 1932~1970년 초 정부 중심의 케인즈주의로, 1980~ 2019년 신자유주의에서 2020년대 신케인주의로의 변화로 나타났습니다. 이때 시대 정신은 당적보다 중요했는데요. 1970년대 공화당의 닉슨 대통령은 "우리는 모두 케인지안"이라고 말했을 정도로 당시는 케인주의 정책이 시대 정신이었던 때였습니다. 1990년대 클린턴, 2010년대 오바마도 민주당이었지만 신자유주의 한복판 시기에 있어 영국의 토니 블레어가 말한 제3의 길(좌도 우도 아닌 제3의 길, 그러나 실질적으로는 신자유주의에 영향을 많이 받은 중도 정책)을 선택할 수밖에 없었다고 봅니다. 지난 40년간 효율성을 중요시한 신자유주의와 세계화는 이제 코로나19 사태로 거대 정부와 국가주의, 반세계화의 모습으로 상당히 변화될 것으로 보입니다.

한편 코로나 사태 이후 공급된 공격적인 재정 정책의 재원은 실제 중앙은행의 무제한 국채 매입이며, 이 방식은 정부의 신인도가 견조할 때 가능합니다. 따라서 궁극적인 미국의 리스크는 미국 정부의 신인도에 달려 있다고 해도 과언이 아닙니다. 대규모 경제위기 직후 그랬던 것처럼 향후 10년은 결국 뉴욕보다 정치의 중심 워싱턴에 의해서 움직여질 가능성이 높아보입니다.

특히 우크라이나 전쟁으로 1970년대와 유사한 스태그플레이션이 재현될 것인지에 대한 우려가 높아지고 있습니다. 만일 그렇게 된다면 향후 경제 성장이 둔화되는 데다가 인플레이션과 금리가 더욱 높아질 것으로 보입니다. 그러나 1970년과 같은 충격이 아닐 경우 적절한 수준에서 인플레이션과 금리가 안정을 찾을 수 있을 겁니다.

1970년대와 유사한 점은 먼저, 2020년대가 기존의 시장과 효용 중심의 신자유주의가 아니라 국가 중심의 케인즈주의 경제 철학이 주도하고 있다는 점입니다. 코로나 사태 이후 더욱 심화된 빈부격차는 각국의 정치사회적 갈등으로 부각되고 있습니다. 이에 대한 대책으로 주요한 선거를 통해 집권한 정부들이 계속해서 재정과 통화정책을 통해 유동성을 공급할 것이라는 우려가 상존하고 있습니다.

또 다른 유사한 점은 지정학 위기 발생에 따른 에너지 가격 급등입니다. 1970년대 베트남전의 실패, 연이은 중동전쟁으로 미국 중심의 국제정치질서에 대한 심각한 도전이 있었고, 이는 에너지 가격 급등으로 연결되었습니다. 2022년 러시아의 우크라이나 침공도 탈냉전 이후 국제질서에 대한 중대한 도전이며 러시아에 대한 제재가 에너지 가격 급등으로 나타나고 있는 것도 유사하다고 볼 수 있습니다.

그러나 1970년대와 상당히 다른 측면도 있습니다. 먼저 1970년대 아서 번스 연준 의장은 닉슨의 아바타로 불리며 연준의 독립성을 훼손되고 물가 관리에 실패했던 경험을 갖고 있습니다. 하지만 이후 연준은 많은 변화를 거치면서 상당한 독립성을 달성하고 있으며 시장과의 소통을 통해 현재는 강력한 통화 긴축 의지를 보이고 있습니다. 1970년대 무기력한 중앙은행이 아니라 인플레이션 파이터로 강력한 유동성 축소가 예고되어 있는 점은 인플레이션을 통제하는 데 상당 부분 기여할 수 있을 것으로 판단됩니다.

또한 1970년대는 브레튼우즈 체제가 붕괴되면서 달러와 금의 연결고리가 끊어졌고 달러의 가치가 엄청나게 급락했습니다. 미국이 주도했던 전후 글로벌 경제질서가 크게 흔들렸고 그로 인해 달러가 '위기 상황'이었던 겁니다. 그에 비해 2022년 현재 달러가 심각한 도전을 받는 상황일까요? 사우디아라비아가 위안화로 석유 대금 결재를 하고 러시아가 비우호국에게 루블화로 석유를 결재하겠다는 것으로 달러의 위상이 크게 흔들릴까요? 달러에 흠집을 내거나 위안화와 루블의 비중이 무역결재에서 소폭 증가할 수는 있어도 그런 이유로 단기간에 달러의 위상이 크게 흔들릴 가능성은 크지 않아 보입니다. 비트코인 등의 가상 화폐와 중앙은행이 발행하는 디지털 화폐CBDC도 현재의 틀 안에서 크게 벗어날 가능성은 낮아 보입니다. 따라서 이렇게 정치경제적 불확실한 시기에는 달러 자산으로 자금이 몰리게 되는 겁니다.

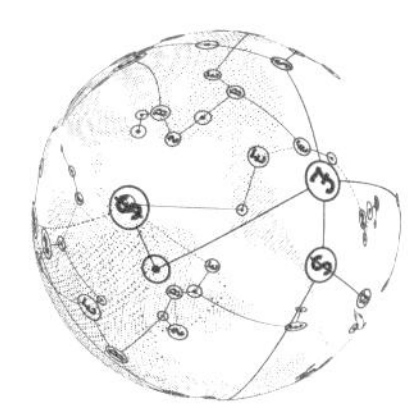

## 우크라이나 전쟁 이후 세계질서에 대한 시나리오

향후 미국과 중국의 갈등을 중심으로 하는 국제 정세는 어떻게 될까요? 우크라이나 전쟁 이후 세계질서를 가장 가능성이 높은 순서대로 다섯 가지로 구분해보려 합니다. 첫 번째는, 민주주의 동맹국, 권위주의 국가들, 기타 신흥국의 블록화 시나리오입니다. 2022년 우크라이나 전쟁 이후 러시아 제재에 참여한 미국을 중심으로 유럽연합, 일본, 한국 등 선진국들이 중심이 된 민주주의 동맹과 러시아 제재를 반대한 러시아와 중국 등 권위주의 국가들, 그리고 우크라이나 전쟁을 비판하고 있지만 러시아 제재에는 직접 참여하지 않는 신흥국이라는 세 가지 블록으로 나눠질 가능성입니다.

우크라이나 전쟁 이후 미국은 국제금융결재망에서 러시아 중앙은행을 제외하고 러시아와의 무역을 제한하는 러시아에 대한 초강력 제재를 추진하면서 유럽연합, 일본, 한국 등 주요 선진국들에게 참여를 요구했습니다. 그러나 권위주의 정치체제를 갖고 있는 중국은 오히려 러시아의 에너지 및 제품 수입을 늘림으로써 점차 선진국과의 금융, 무역에서 배제되는 시나리오입니다. 민주주의 동맹은 권위주의 국가들이 세력을 확장하는 것을 우려하고 있기 때문에 이들을 핵심적인 첨단 산업과 필수 산업의 밸류체인에서 배제함으로써 국력의 위축과 체제의 변화를 모색할 것으로 예상합니다. 그러나 인도, 멕시코, 브라질, 남아공 등 많은 신흥국들은 러시아에 대한 제재에 직접적으로 나서지 않으면서 민주주의 동맹국가들과 권위주의 국가들 모두와 금융, 무역 관계를 유지하는 중간자로서 역할을 하게 될 것으로 봅니다.

두 번째는 미국과 중국을 중심으로 한, 양극화 대결 구도라는 신냉전이 시작되는 시나리오입니다. 우크라이나 전쟁 이후 러시아 제재에 찬성하는 자유민주주의 연합과 이에 반대하는 권위주의 국가라는 이분법적 구도로, 미국과 중국의 신냉전이 가속화될 수 있습니다. 미국이 강력한 금융 권력과 제도적 힘을 기반으로 러시아 제재에 참여하지 않는 국가들을 상당 부분 '세컨더리 보이콧'으로 제재하면서, 자유민주주의 연합으로 포섭하는 동시에 러시아와 중국, 북한, 이란, 베네수엘라, 아프리카와 아시아, 중남미의 작은 국가들을 권위주의 국가로 몰아붙인다면 이런 구도가 만들어질 수 있습니다.

세 번째는 미국, 유럽연합, 일본, 러시아와 중국, 인도, 브라질, 사우디아라비아, 터키, 이란 등 지역 강대국의 이해관계에 따른 각자도생의 국제정치질서가 만들어질 가능성입니다. 민주주의 동맹에서도 미국과 유럽연합, 일본 등 각국의 이해관계가 달라 자국 중심적으로 합종연횡하는 다극화된 시나리오입니다. 이러한 시나리오에서는 미국이 세계의 리더 역할을 포기하고 고립주의로 선회하면서, 각국의 이해관계에 따라 러시아를 철저히 고립시키는 데 실패하게 됩니다. 이때 러시아와 관계가 복원되고 다양한 지역 세력이 각축할 가능성이 있습니다. 이런 세계는 극단적으로 불확실성이 높아지며 혼란스러운 상태가 전개될 수 있습니다.

네 번째는 다시 한번 미국이 패권을 확보하는 평화의 시대가 재현되는 '팍스 아메리카나 2.0'입니다. 조지 프리드먼과 같은 많은 미국의 보수적 지정학자들은 태평양과 대서양이라는 두 대양을 장악한 미국에 정치, 군사, 경제적으로 맞설 수 있는 나라는 향후 한 세기 이내에 존재하지 않는다고 생각합니다. 지금 미국이 겪는 어려움은 구조적인 것이 아니라 사회경제적 주기 현상으로 2020년대와 2030년대 초 사이의 혼란스러운 시기를 잘 극복하고 나면 다시 미국의 자유주의적 패권을 통한 풍요의 시대가 온다고 생각합니다. 그리고 미국도 과거의 일방주의와는 다른 신중한 모습을 보일 것이라고 전망합니다. 미국 우선주의는 세계 보편주의로, 일방주의는 다자주의로, 거래주의는 보편적 가치와 원칙에 바탕을 둔 호혜주의로 전환하게 됩니다. 그 결과 국제사회에서 미국의 리더십이 회복되고 자유주의적 국제질서가 새롭게 재구축될 것이라는 주장입니다.

이렇게 글로벌 리더십 회복을 통한 팍스 아메리카나 2.0를 실현하기 위해서는 극대화되고 있는 미국 내의 갈등을 완화시킬 필요가 있습니다. 또한 세계 경찰 역할에 따른 자유주의 패권으로 미국의 국익을 늘릴 수 있다고 생각하는 미국인들이 감소하고 미국의 이익을 먼저 챙겨야 한다는 미국인들이 계속 증가하고 있는 것도 부담입니다. 여기에 경기침체, 인플레이션, 인종 갈등, 경제적 불평등 구조 등 미국 내부의 구조적 갈등도 팍스 아메리카나의 부활에 큰 걸림돌이 되고 있습니다.

다섯 번째는 패권을 물려받는 중국에 의한 세계 평화, '팍스 시니카'입니다. 중국이 미국과의 패권 경쟁에서 승리하여 전 세계 최강대국으로 영향력을 행사한다는 것이죠. 중국이 2030년까지 막강한 경제력을 확보하고 2035년까지 군사력의 현대화를 완성하고, 외교력을 보완하여 2049년 미국을 압도하는 세계적 차원의 강대국으로 등장하는 것을 의미합니다. 이는 중국이 최강대국이 되어 수백 년간의 서양 중심의 세계 질서를 중국 중심으로 재편하는 것을 말합니다.

중국은 전 세계 인류와 더불어 조화롭게 공생, 번영하는 인류운명공동체를 제시해왔다고 주장합니다. 그러나 현실적으로, 중국은 보편적인 인권과 민주주의를 요구하는 서방의 요구에 대해 권위주의적 정치모델을 유지해왔습니다.

서구인들이 가장 우려하는 것은 팍스 시니카가 현실로 다가오면 서구의 가치, 제도, 지향성이 거부되고 중국적 가치, 제도, 지향성이 새로운 세계질서의 성격을 규정하게 될 수도 있다는 점입니다. 시장이 아니라 국가가 주도하는 경제 발전, 중국 공산당의 일당지배, 관료 중심주의, 그리고 권위주의의 용인 등은 서구에서 수용할 수 없는 가치와 제도이기 때문입니다. 국제사회는 이러한 중국 정치모델에 내재해 있는 권위주의적 성격 때문에 이 모델의 확산을 두려워합니다. 무역, 기술, 소프트 파워 분야에서는 치열한 경쟁은 서로 타협할 수 있지만, 서구 근대화의 핵심 개념인 민주주의와 인권의 가치는 양보하기 어렵기 때문입니다.

이런 시나리오가 현실화되기 위해서는 우선 중국의 정치체제가 변화해야만 합니다. 중국의 특수성만으로는 세계의 지도국이 될 수 없습니다. 중국 공산당도 21세기의 가치 지형에 맞게 국제사회에서 인정받을 수 있는 보편적인 가치를 공유해야 하고, 민주주의와 인권에 대한 새로운 성찰이 있어야 합니다.

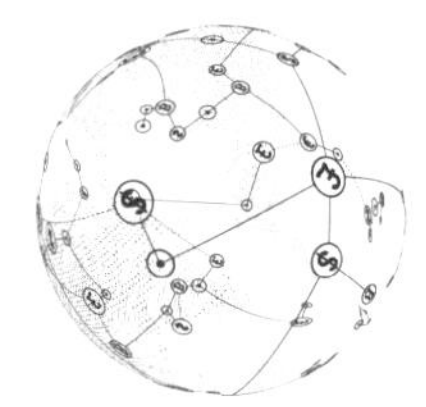

## 2020년대 금융시장의 최대 리스크는 지정학

미중 갈등이 2020년대 금융시장의 최대 리스크가 될 것으로 보는 이유는, 개별 정당의 문제가 아니라 미국의 글로벌 패권 유지가 달린 문제이기 때문입니다. 뭐가 되든 돈만 벌면 되는 뉴욕과 달리, 워싱턴은 수십 년 간 패권을 유지할 수 있느냐가 중요한 상황입니다. 경제적으로는 2028년경 중국의 GDP 규모가 미국을 상회할 것으로 전망되고, 군사적으로는 2045년쯤엔 미국을 넘어설 가능성이 있다고 합니다. 만일 2020년대 미국이 중국의 도전을 제어하지 못하면 2030년대 이후에는 군사력은 미국이 앞서고 있지만, 경제력에서 중국이 앞서는 위험한 상황이 발생할 수 있습니다. 이러한 상황이 위험한 이유는 이럴 때 상대를 저지할 방법은 군사적 충돌뿐이기 때문입니다. 실제로 그라함 앨리슨 교수는『예정된 전쟁』에서 열여섯 차례 패권에 대한 도전 중에서 여덟 차례가 전쟁으로 귀결됐다고 밝혔습니다. 따라서 미국으로서는 향후 10년이 중국을 평화적으로 압박할 수 있는 마지막 기회인 것입니다.

2015년 중국이 국내 자본시장을 개방하는 후강퉁(상해와 홍콩을 교차하여 투자)을 시행할 때 국내 금융기관들이 앞다퉈서 중국에 깃발을 꽂으려 했던 이유는 중국의 거대한 금융시장이 개방되면서 엄청난 규모로 성장할 잠재력을 갖고 있기 때문에 약간 손실을 보는 한이 있더라도 초반에 진입하는 것이 필요하다고 생각했기 때문입니다. 게다가 앞으로 중국이 세계 패권국가가 되면서 가장 큰

**| 1970년대 인플레이션과 2022년 비교 |**

1) 국가 중심의 케인즈주의 시대. 정부 만능, 성장과 고용에 대한 집착

2) 지정학적 위기: 베트남, 중동전쟁 등 국제정치질서 도전, 오일쇼크

3) 브레튼 우즈 붕괴와 달러의 위기: 글로벌 경제질서 격변기

→ 여전히 달러 패권에 대한 신뢰 높아

4) 연준 독립성 약화/아서 번즈: 닉슨에게 휘둘려 70년대 물가 관리 실패

→ 2022년, 연준의 유동성 축소 의지와 사회적 합의

금융시장으로 성장할 것이라고 생각했죠. 그러나 2022년 현재 사람들에게 질문을 한다면 중국이 세계 넘버원이 될 것이라고 보는 의견은 높지 않을 것입니다. 바로 미국이 그렇게 되도록 가만 놔두지 않을 것이라는 믿음이 있기 때문이지요. 이것이 향후 10년간 미국과 중국의 갈등이 심화될 것으로 보는 핵심 이유입니다.

### 1) 만약 중국이 패권국가가 된다면

만일 공산당이 지도하에 중국이 미국을 넘어서는 패권국가가 되어 세계를 지배하게 된다면 무슨 일이 발생할까요? 여전히 사회주의를 표방하고 있는 권위주의 중국이 세계에서 가장 힘이 센 국가가 된다면 우리의 정치체제는 어떻게 될까요? 다른 국가들이 자유로운 민주주의 정치체제를 유지할 수 있을까요?

먼저 정치 부문에서는 권위주의와 국가자본주의 모델의 확산이, 경제 부문에서 차이나 모델(베이징 컨센서스)의 확산이 예측됩니다. 베이징 컨센서스는 정부가 시장 경제 발전을 하는 중국식 모델일 뿐 아니라, 각 나라가 자국의 독자적인 가치를 보존하면서 세계 경제체제에 편입되어야 한다는 정책 이론이기도 합니다. 경제개발이 낙후된 국가의 경우 제도적 투명성이 높지 않고 부정부패와 인권 착취 등 다양한 정치 사회적 문제가 상존하고 있습니다. 이러한 국가에 대한 선진국은 제도적 투명성 개선, 인권 환경 개선 등을 요구 조건으로 자금이 지원되는 경우가 많지만, 중국은 그런 것 따지지 않고 자금 지원하겠다는 것이죠.

또한 대니얼 벨이 말하는 중국의 현능주의가 확산될 가능성도 존재합니다. 중국에서는 전통적으로 천자나 제후는 군림하고, 재상이 실질적으로 통치했습니다. 미국과 서방에서는 이러한 중국 모델의 확산에 크게 우려하고 있습니다. 시장이 아닌 국가 주도의 경제 발전, 중국 공산당의 일당 지배, 관료 중심주의, 그리고 권위주의의 용인 등은 서구에서 수용할 수 없는 가치와 제도이기 때문입니다.

중국 공산당 일당 지배체제와 중국 특색 민주주의는 중국 특유의 역사적 맥락에서 구축된 것이기 때문에 다른 나라들이 모방하기가 쉽지 않다는 주장도 있습니다. 권위주의적 성격 때문에 국제사회의 지지를 받기도 어렵기 때문입니다. 그러나 중국이 패권국이 되면 아시아와 아프리카 등 신흥국의 여러 나라에서 모방을 시도할 가능성이 있어 보입니다. 뿐만 아니라 선진국에서도 극단화되는 정치체제를 선호하는 흐름이 커질 가능성을 배제할 수 없습니다.

과거에도 로마가 왕정에서 공화정으로 바뀌었지만, 결국 다시 제국으로 변화되고 말았습니다. 이는 로마가 상대해야 하는 경쟁국들이 모두 제국이었고, 그런 페르시아 제국과 싸우기 위해 로마도 제국체제로 변화했던 것입니다. 우리나라가 자유민주주의 정치체제를 갖게 된 이유는 세계에서 가장 힘센 국가가 전쟁에서 이기면서 같은 정치체제를 전 세계에 수출했기 때문입니다. 반대로 세계에서 가장 힘이 센 국가의 정치체제가 변화한다면 그보다 작은 국가들의 정치체제도 영향을 받지 않을 수 없습니다. 이에 우리 역시 중국의 영향을 받게 될 가능성이 높지요.

### 2) 만일 중국 정치체제가 서구식으로 민주화된다면

아마도 중국에 엄청난 정치경제적 테일 리스크가 발생할 수 있습니다. 중국의 민주화는 중국 공산당의 해체를 의미하고 중국의 지역분열로 연결될 가능성이 높습니다. 민주화는 필연적으로 권력의 분산과 지방 분권을 수반하기 때문이죠. 티켓, 위구르, 홍콩, 대만, 중국 남부와 북부 등 지역별 특색이 강한 지역은 분리를 요구하면서 심각한 혼란이 발생할 가능성도 높습니다. 1990년대 구소련과 유고슬라비아가 해체되면서 국가의 분할로 연결됐던 사례가 발생할 가능성도 배제할 수 없습니다. 반면 2000년대 인도네시아처럼 동티모르를 제외한 나머지 정치 단위들이 하나의 국가를 계속해서 이어가는 경우도 있기 때문에 반드시 분열될 것이라고 단언하기는 어렵습니다.

중국은 과거 역사 속에서 숱한 분리와 독립을 통해 국가가 붕괴되는 경험을 했습니다. 따라서 태생적으로 분리와 독립에 민감할 수밖에 없습니다.

중국을 옹호하는 일부 분석가들은 "중국의 개방과 통제 매커니즘이 한국과 다르다고 무조건 비판할 게 아니라 그들의 시스템을 이해하며 접근하는 유연한 자세가 필요하다"고 주장합니다. 그러나 과연 이 문제를 모른 체하면서 경제적 이익에만 집중하는 것이 2020년대 국제사회에서 적절한 행동인지에 대해서는 다시 한번 생각해봐야 할 것 같습니다.

### 3) 아시아식 민주주의, 아시아적 가치라는 문제

1994년 싱가포르에서 열여섯 살 미국인 소년이 자동차 열 대에 스프레이를 마구 뿌리다가 경찰에 체포되어 태형 열여섯 대를 맞은 적이 있었습니다. 이를 들은 미국인들은 싱가포르 정부의 미국 소년에 대한 처벌을 야만적이라며 비난한 적이 있습니다. 이에 싱가포르 리광요 총리는 한 기고문을 통해 "아시아식 민주주의가 있는 것이다. 아시아는 미국과 다르다는 것을 인정해야 한다"고 주장한 적이 있습니다. 1990년대는 일본에 이어 아시아의 네 마리 용(한국, 대만, 싱가포르, 홍콩)이 놀라운 경제성장을 이루면서 동아시아의 문화가 근대화와 경제발전에 저해되지 않는다는 주장이 부각되고 있을 때였습니다.

이것을 본 한국의 김대중 대통령이 바로 반론을 제기했습니다. "아시아적 민주주의는 웃기는 소리다. 그런 것은 없다. 민주주의는 보편적 가치다." 왜냐하면 이 말은 한국의 박정희, 전두환 대통령 때, 권위주의 정부가 권력을 장악하면서 했던 바로 그 주장이었기 때문입니다. 한국인들은 그래서 아시아적 민주주의라는 말에 숨은 그 의미를 정확히 알고 있는 거죠. 이렇게 가치 판단의 배경이 다른 두 나라 사이의 갈등은 결코 타협하기 어려울 것으로 예상합니다.

### 4) 역사의 종말 vs. 문명의 충돌

역사는 계속 진보할까요? 아니면 약간씩 변형되면서 반복될까요? 또 민주주의는 보편적인 가치일까요? 아니면 문화권마다 다른 것일까요? 전자는 역사의 종말이라는, 후자는 문명의 충돌이라는 이론을 깔고 있습니다. 서양은 전자를, 중국은 후자를 주장하고 있습니다. 중국이 서구 자본주의의 대안을 제시하면서 진정한 리더십을 키우려면 정치체제가 변화되어야만 합니다.

## 5) 미중 갈등 격화 속 우리의 대응

실용주의와 안미경중(안보는 미국, 경제는 중국). 미중 갈등이 부각될 때마다 오르내리는 단어입니다. 코로나19 방역에는 강했던 한국이 미중 갈등에는 매우 취약한 모습을 보일 때마다 가장 많이 언급되기도 하지요.

비용 절감을 꾀하려는 수출용 제조 공장은 이미 모두 중국을 빠져나갔습니다만, 많은 자유민주주의 국가들이 중국과 경제활동을 계속하고 있습니다. 중국에 진출한 우리 기업들(현대차, LG화학 등)을 위해서라도 지금은 양쪽 사이에서 실리를 추구할 수밖에 없는 상황이죠. 그러나 시간이 지나면서 양 진영의 편 가르기가 심각해질 때는 결정을 할 수밖에 없습니다. 예를 들어 미국에 의한 세컨더리 보이콧 등이 나오면 미국을 따를 수밖에 없을 것입니다.

1990년대 소비에트가 붕괴된 이후 더 이상 이념과 가치의 전쟁은 끝났고 지난 30년간의 효율과 시장을 중심으로 한 세계화와 신자유주의 패러다임은 지정학적 리스크를 크게 중요하지 않은 요인으로 만들었습니다. 그러나 미국과 중국의 갈등이 지난 30년과 다른 새로운 패러다임으로 진입하면서 지정학적 리스크는 기업과 금융 투자에서 가장 중요한 요소로 부각될 가능성이 높아졌지요.

미국은 중국을 중요한 산업의 분업체계에서 배제하려고 할 것이고, 중국은 미국 외 다른 국가들과 연합을 통해 글로벌 분업체계를 유지하려고 할 것입니다. 이러한 디커플링과 편 가르기는 기존과는 다른 새로운 10년의 글로벌 분업체계를 변화시킬 가능성이 높아 보입니다. 또한 이러한 디커플링이 심화된다면 글로벌 차원의 높은 부채비율, 대규모 유동성의 부작용과 함께 구조적 저성장에 상당한 영향을 미치게 될 것으로 보입니다. 금융시장은 이러한 리스크를 크게 간과하고 있습니다.

**| 정치경제와 지정학적 변화가 동시 진행되는 2020년대 |**

# • 더 읽을거리 •


## 1. 지정학과 국제정치에 관해 더 읽어볼 자료

투퀴디데스, 천병희 역, 『펠레폰네소스 전쟁사』, 숲, 2011

임마누엘 칸트, 이한구 역, 『영구 평화론』, 서광사, 2008

알프레드 마한, 김주식 역, 『해양력이 역사에 미치는 영향 1, 2』, 책세상, 1999

핼포드 매킨더, 이병희 역, 『민주적 이상과 현실』, 공주대 출판부, 2020

니콜라스 존 스파이크먼, 김연지 외 역, 『평화의 지정학』, 섬앤섬, 2019

즈비그뉴 브레진스키, 김명섭 역, 『거대한 체스판』, 삼인, 2017

즈비그뉴 브레진스키, 황성돈 역, 『전략적 비전』, 아산정책연구원, 2016

존 J. 미어샤이머, 이춘근 역, 『미국 외교의 거대한 환상』, 김앤김북스, 2020

조지 프리드먼, 홍지수 역, 『다가오는 폭풍과 새로운 미국의 세기』, 김앤김북스, 2020

피터 자이한, 홍지수 외 1명 역, 『21세기 미국의 패권과 지정학』, 김앤김북스, 2018

피터 자이한, 홍지수 역, 『셰일혁명과 미국 없는 세계』, 김앤김북스, 2019

피터 자이한, 홍지수 역, 『각자도생의 세계와 지정학』, 김앤김북스, 2021

김동기, 『지정학의 힘』, 아카넷, 2020

대니얼 예긴, 우진하 역, 『뉴맵: 에너지, 기후, 지정학이 바꾸는 새로운 패권 지도』, 리더스북, 2021

한스 모겐소, 이호재 · 엄태암 역, 『국가들간의 정치 1, 2』, 김영사, 2014

케네스 왈츠, 정성훈 역, 『인간, 국가, 전쟁: 전쟁의 원인에 대한 이론적 고찰』,

아카넷, 2007
그레이엄 앨리슨, 정혜윤 역, 『예정된 전쟁』, 세종서적, 2018
Alexander Wendt, 『Social Theory of International Politics』, Cambridge University Press, 1999
김용구, 『세계외교사』, 서울대학교 출판문화원, 2012

## 2. 미국과 중국의 정치철학을 비교하기 위해 더 읽어볼 자료

알래스데어 매킨타이어, 이진우 역, 『덕의 상실』, 문예출판사, 1997
존 롤즈, 황경식 역, 『정의론』, 이학사, 2003
마이클 샌델, 김명철 · 김선욱 역, 『마이클 샌델 정의란 무엇인가』, 와이즈베리, 2014
마이클 샌델, 함규진 역, 『공정하다는 착각』, 와이즈베리, 2019
마이클 샌델, 폴 담브로시오 엮음, 김선욱 · 강명신 · 김시천 역, 『마이클 샌델, 중국을 만나다』, 와이즈베리, 2018
김도균, 『한국 사회에서 정의란 무엇인가』, 아카넷, 2020
소공철, 최명 · 손문호 역, 『중국정치사상사』, 서울대출판문화원, 2000
김영민, 『중국정치사상사』, 민음사, 2020
치량, 이승모 역, 『현대 신유학 비판』, 심산, 2012
레이첼 보츠먼, 문희경 역, 『신뢰이동』, 흐름출판, 2019
가지타니 가이 · 다카구치 고타, 박성민 역, 『행복한 감시국가 중국』, 눌와, 2021
쇼샤나 주보프, 김보영 · 노동욱 역, 『감시 자본주의 시대』, 문학사상, 2021
데이비드 샴보, 최지희 역, 『중국의 미래』, 한국경제신문, 2018
후안강, 성균중국연구소 역, 『중국 공산당은 어떻게 통치하는가』, 성균관대학교 출판부, 2016
옌지룽 편저, 성균관대 성균중국연구소 역, 『중국의 국가 거버넌스』, 책과함

께, 2021
조영남, 『중국의 엘리트 정치』, 민음사, 2019
프랜시스 후쿠야마, 이상훈 역, 『역사의 종말』, 한마음사, 1992
새뮤얼 헌팅턴, 이희재 역, 『문명의 충돌』, 김영사, 1994
에드워드 사이드, 박홍규 역 『오리엔탈리즘』, 교보문고, 1994

### 3. 정치경제적 접근을 위해 더 읽어볼 자료

대런 애쓰모글루 · 제임스 A. 로빈슨, 최완규 · 장경덕 역, 『국가는 왜 실패하는가』, 시공사, 2012
대런 애쓰모글루 · 제임스 A. 로빈슨 저, 장경덕 역, 『좁은 회랑』, 시공사, 2020
마리아나 마추카토, 안진환 역, 『가치의 모든 것』, 민음사, 2020
폴 콜리어 저, 김홍식 역, 『자본주의의 미래』, 까치, 2020
김승욱, 『제도주의 경제사』, 김영사, 2010
더글라스 C. 노스, 이병기 역, 『제도, 제도변화, 경제적 성과』, 자유기업센터, 1996
멘슈어 올슨, 최광 역, 『국가의 흥망성쇠』, 한국경제신문사, 1990
프랜시스 후쿠야마, 구승회 역, 『트러스트: 사회 도덕과 번영의 창조』, 한국경제신문사, 1996
루치르 샤르마, 서정아 역, 『브레이크아웃 네이션』, 토네이도, 2012
루치르 샤르마, 이진원 역, 『애프터 크라이시스』, 더퀘스트, 2017
이언 브레머, 진영욱 역, 『J 커브』, 베리타스북스, 2007
앨런 그린스펀 · 에이드리언 울드리치, 김태훈 역, 『미국 자본주의의 역사』, 세종, 2020
S&P, <Sovereign method>, standard & poor's, 2018,
Moody's, <Sovereign Rating Methodology>, 2017

정치경제와 지정학으로
배우는 금융투자 이야기

# 땅, 돈, 힘

**초판 1쇄 인쇄** 2022년 3월 31일
**초판 1쇄 발행** 2022년 4월 11일

**지은이** 신환종
**펴낸이** 김선준

**책임편집** 임나리 **편집1팀** 이주영 **디자인** 김세민
**마케팅** 권두리, 신동빈 **홍보** 조아란, 이은정, 유채원, 권희, 유준상
**경영관리** 송현주, 권송이

**펴낸곳** (주)콘텐츠그룹 포레스트 **출판등록** 2021년 4월 16일 제2021-000079호
**주소** 서울시 영등포구 여의대로 108 파크원타워1 28층
**전화** 02) 332-5855 **팩스** 070) 4170-4865
**홈페이지** www.forestbooks.co.kr
**종이** (주)월드페이퍼 **출력·인쇄·후가공·제본** 더블비

ISBN 979-11-91347-78-4 03320

• 책값은 뒤표지에 있습니다.
• 파본은 구입하신 서점에서 교환해드립니다.
• 이 책은 저작권법에 의하여 보호를 받는 저작물이므로 무단 전재와 복제를 금합니다.

포레스트북스(FORESTBOOKS)는 독자 여러분의 책에 관한 아이디어와 원고 투고를 기다리고 있습니다. 책 출간을 원하시는 분은 이메일 writer@forestbooks.co.kr로 간단한 개요와 취지, 연락처 등을 보내주세요. '독자의 꿈이 이뤄지는 숲, 포레스트북스'에서 작가의 꿈을 이루세요.